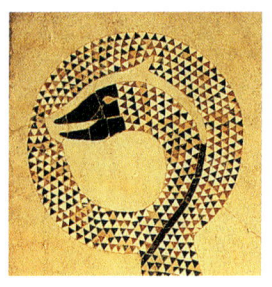

KALABRIEN

W0235682

DuMont REISE-TASCHENBUCH

Ilona Witten

KALABRIEN

LAND & LEUTE

Landschaft mit vielen Gesichtern

Kultur und Leben

Inhalt

Die Sila und das Alto Ionio Cosentino

Inhalt

Inhalt

REISEINFOS VON A BIS Z

KALABRIEN-ATLAS

LAND & LEUTE

»... Als der Tag von Kalabrien kam, hatte Gott in der Hand 15 000 km² von grünem Ton mit violettem Abglanz ... Er wollte, dass das Meer immer violett sei, die Rose im Dezember blühe, der Himmel klar, das Land fruchtbar, die Ernte reichhaltig, das Wasser reichlich, das Klima mild, der Duft der Kräuter berauschend sei.«

Leonida Rèpaci

Bei Tropea werden die roten Zwiebeln *(cipolle rosse)* angebaut

Landschaft mit vielen Gesichtern

In der Sila bei Lorica

BELLA CALABRIA

Die wohl älteste literarische Darstellung einer – allerdings unfreiwilligen – Kalabrienreise findet sich bei Homer (8. Jh. v. Chr.): Sein Held Odysseus macht auf seiner zehnjährigen Irrfahrt nach der Eroberung Trojas zunächst in der Meerenge von Messina Bekanntschaft mit der kalabrischen Küste – er sieht sich eingekeilt zwischen den Meerungeheuern Skylla und Charybdis. Später erleidet er vor Kalabrien Schiffbruch und rettet sich zu den Phäaken, weil ihn die schöne Königstochter Nausikaa am Strand aufliest. Nachdem er am Hof ihres Vaters von seinen Abenteuern berichtet hat, wird er endlich heim nach Ithaka gefahren. Nach den Erkenntnissen der Gebrüder Wolf ist das Land der Phäaken an der Westküste Kalabriens zu suchen: Homer beschreibt demnach den Fußweg vom Golf von Sant'Eufemia über den Königssitz der Phäaken bei Tiriolo und zum Golf von Squillace.

Und tatsächlich, auch wenn es nicht Odysseus höchstselbst war, der in der Südspitze Italiens seine Spuren hinterlassen hat, so waren es jedenfalls seine griechischen Landsleute, die sich hier bereits im 8. Jh. v. Chr. ansiedelten. Ihnen folgten Römer, Byzantiner, Normannen und Staufer. Französische und spanische Herrscherhäuser machten sich gegenseitig das Land streitig. Sie alle haben in Kalabrien ihre Spuren hinterlassen, und so wird die Fahrt durch die Region zu einer wahren historischen Entdeckungsreise. Zwar sind viele Bauten durch Erdbeben, Unwetter und menschliches Zerstörungswerk verschwunden. Zu sehen gibt es gleichwohl noch genug: Archäologische Parks zeigen Zeugnisse der Magna Graecia und der Römerzeit, byzantinische Kirchen und Sarazenentürme, normannische Kastelle und Stauferburgen lassen vor unseren Augen das Mittelalter erstehen.

Erst recht wird man sich an den landschaftlichen Schönheiten gar nicht satt sehen können. Der von Frühjahr bis Herbst meist strahlend blaue Himmel, die Farbnuancen des Meeres, das satte Grün der Pflanzen, die Blütenpracht und die einzigartigen Lichtverhältnisse tauchen das Land in ein wunderbares Farbenspiel, das Geist und Sinne anregt. Schon ein erster Blick auf die Landkarte genügt, um zu erahnen, was Kalabrien alles zu bieten hat: Umgeben vom Tyrrhenischen und Ionischen Meer bildet die schmale Landzunge den äußersten Süden des italienischen Stiefels. Die vom Apennin durchzogene Landschaft hält für jeden Geschmack etwas bereit: eine abwechslungsreiche Küste mit Buchten, wunderbaren Stränden und spektakulären Felsformationen, Gebirge, Hochebenen, dichte Wälder sowie eine reiche Flora und Fauna. Der im Aufbau befindliche Nationalpark *Parco Nazionale della Calabria* soll diese Vielfalt vor menschlichen Eingriffen schützen.

An der Küste wie in den Bergen laden kleine pittoreske Ortschaften und Städtchen zu Spaziergängen ein: das auf dem Felsen liegende Städtchen

STECKBRIEF KALABRIEN

Lage: Kalabrien liegt im äußersten Süden der italienischen Halbinsel zwischen dem Tyrrhenischen und dem Ionischen Meer.

Fläche: 1,5 Mio. ha, davon 630 000 ha Gebirge und 740 000 ha Hügelland, 780 km Küste längs des Tyrrhenischen und Ionischen Meeres

Flughäfen: Lamezia Terme, Reggio di Calabria, Crotone

Nationalpark: Der Parco Nazionale della Calabria besteht aus mehreren Gebieten im Pollino (ca. 65 000 ha), der Sila Piccola (ca. 6000 ha), Sila Grande (ca. 6000 ha) und dem Aspromonte (ca. 76 000 ha).

Hauptstadt: Catanzaro

Provinzen: Cosenza (6650 km^2), Reggio di Calabria (3183 km^2), Catanzaro (2391 km^2), Crotone (1717 km^2) und Vibo Valentia (1139 km^2)

Bevölkerung: 2,1 Mio., Bevölkerungsdichte: 138 Einwohner pro km^2. Die Bevölkerung ist überwiegend katholisch und spricht italienisch. In den Dörfern des Aspromonte wird grekanisch, in den albanischen Dörfern der Sila Greca arbëresh gesprochen.

Städte: Reggio di Calabria (177 600 Ew.), Catanzaro (96 600 Ew.), Cosenza (86 700 Ew.), Crotone (59 000 Ew.), Vibo Valentia (34 800 Ew.)

Wirtschaft: Landwirtschaft (vor allem Oliven, Wein, Zitrusfrüchte, Schafs- und Ziegenprodukte), geringe Industrieproduktion (Lebensmittel, Chemie, Metall- und Holzverarbeitung, Textilherstellung), Dienstleistungen. Kalabrien liegt mit einem Bruttosozialprodukt von 12 427 € pro Kopf deutlich unter dem Landesdurchschnitt (20 264 €) und weit hinter der Lombardei mit 26 174 €.

Arbeit: 25,7 % Arbeitslosigkeit (gegenüber 9,5 % im Landesdurchschnitt und 5 % in Norditalien); dramatisch ist die Jugendarbeitslosigkeit: 59,4 % (28,2 % in ganz Italien, 14,6 % in Norditalien).

Tourismus: In den letzten Jahren steigende Tendenz; auch der Anteil ausländischer Touristen ist deutlich höher als früher. Aus dem deutschsprachigen Raum kamen laut Italienischem Fremdenverkehrsamt im Jahr 2001 80 000 Gäste nach Kalabrien und verbrachten in den 162 000 Gästebetten insgesamt 640 000 Nächte.

Tropea etwa, das schillernde Scilla an der Costa Viola, der bizarre verlassene Ort Pentedattilo am Hang des Aspromonte, das Gebirgsdorf Morano, das Handwerksstädtchen Tiriolo, die mittelalterliche Schatztruhe Gerace oder Stilo mit der berühmten Cattolica …

Nicht zu vergessen die albanischen und griechischen Dörfer mit ihrer noch heute lebendigen, eigenen Kultur sowie die zahlreichen religiösen Heiligtümer wie die bis heute bestens besuchte Wallfahrtsstätte des hl. Franziskus in Paola oder die Kartause in Serra San Bruno. In den Städten Reggio di Calabria, Catanzaro, Crotone und Cosenza geht es weniger andächtig, aber dafür umso betriebsamer zu.

Lange Zeit blieben diese Reize eher im Verborgenen, und Kalabrien führte touristisch eher ein Schattendasein, höchstens Norditaliener verbrachten hier den Sommer. Der Boom, den Kalabrien in diesen Jahren erlebt, und die Ausdehnung der Saison über die Haupttreisezeit Juli und August hinaus wäre ohne die ausländischen Touristen, vor allem aus dem deutschsprachigen Raum, nicht möglich gewesen. Anfangs fanden vor allem Individualreisende den Weg nach *bella Calabria*. Irgendwann entdeckten die Reiseanbieter die Vorzüge dieser aufregenden Region und arrangierten Pauschalangebote. Ein echtes Massenziel ist Kalabrien aber deshalb noch lange nicht.

Papasidero im Tal des Lao

LANDSCHAFTEN UND NATURRAUM

Meer und Küste

Die 780 km lange Küste ist sicher jenes Merkmal, das die Region am nachhaltigsten prägt. Sandstrände wechseln sich ab mit Kiesstränden, auch felsige Abschnitte gibt es hier. War gerade diese Küste in früheren Jahrhunderten manchmal ein Fluch, weil sie gegen Überfälle vom Meer aus kaum zu sichern war, so ist sie heute ein Segen für Kalabrien. Denn es sind vor allem die Küstenorte, in denen die Urlauber Quartier suchen und wo daher neue Arbeitsplätze entstehen.

Im Osten der Stiefelspitze ist die Küstenregion flach, an der Mündung des Crati öffnet sich eine weite Ebene, die Piana di Sibari. Im Süden wird das Panorama durch den im Hinterland dominierenden Aspromonte bestimmt. Jenseits der Küstenstraße liegen überwiegend weiße feine Sandstrände. An der Westküste finden sich wesentlich mehr ruhige, oft in kleineren Buchten gelegene Sandstrände. Felsformationen und kleine, den Stränden vorgelagerte Felsinseln sind sowohl an der Ost- als auch an der Westküste anzutreffen.

Das Tyrrhenische Meer im Westen und das Ionische Meer im Osten treffen am *Stretto di Messina*, der Meerenge von Messina, aufeinander. Die starke Strömung an dieser Stelle war schon der wahre Kern in so mancher Legende: Skylla und Charybdis machten hier Odysseus zu schaffen. Hier soll nun auch die seit Jahrzehnten geplante Brücke vom italienischen Festland nach Sizilien gebaut werden. Ein umstrittenes Projekt, das zwar vermutlich die Wirtschaft beleben, aber auch grundlegend in die Landschaft eingreifen und insbesondere die Unterwasserwelt des *stretto* stark in Mitleidenschaft ziehen wird.

Gebirge und Flüsse

Von rund 1,5 Mio. ha Gesamtfläche sind 630 000 ha Gebirge und 740 000 ha Hügelland. Den Norden beherrscht das mächtige Massiv des Monte Pollino mit dem höchsten Berg der Region, der Serra Dolcedorme (2267 m). Dann folgen (von Nord nach Süd) die weitflächige Sila, die Serre und in der Südspitze Italiens der Aspromonte mit dem Montalto Monte Cocuzza (1955 m). Das Aspromonte-Massiv ist der südlichste Punkt des fast ganz Italien durchziehenden Apennins. Neben diesen Hauptgebirgen gibt es zahlreiche Vorgebirge, wie beispielsweise den Monte Poro (710 m) im Hinterland des Capo Vaticano oder die Küstenkette *(Catena costiera)* im westlichen Cosentino. Die Bergwelt wird nur durch die Ebenen von Gioia Tauro, Sant'Eufemia und Sibari unterbrochen.

In dem überwiegend aus Kalkstein bestehenden Pollino-Gebirge trifft man auf zerklüftete Karstlandschaften. Am nördlichen Ionischen Meer in der Nähe von Trebisacce und Cerchiara Calabro finden sich zahlreiche Karstgrotten.

In den Serre wurde lange Zeit Eisen und Kupfer abgebaut, weiter nördlich

Pini loricati im Pollino-Massiv

vor allem Salz, Kohle und Uran. Das Gebiet besteht überwiegend aus Granit und metamorphem Gestein. Insbesondere die ionische Küste, die Ostseiten der Sila und der Serre bestehen aus Granit. Gneis trifft man hingegen in der westlichen Sila, an der cosentinischen Küstenkette und im Aspromonte-Massiv an. Die typischen Felsen im Aspromonte, die graugrün und als vielschichtiger Schiefer erscheinen, bestehen aus Phyllit und Glimmer.

Zahlreiche Flüsse durchziehen Kalabrien, darunter der Neto und der Crati. Letzterer ist mit seinen 93 km der längste Fluss der Region. Zudem führt er – das ist hier selten – zu jeder Jahreszeit Wasser. Der Crati entspringt am Timpone Bruno (1742 m) in der Sila Grande und mündet, nachdem er das Wasser des Busento und des Coscile aufgenommen und die Piana di Sibari durchquert hat, ins Ionische Meer. Auf der anderen Seite des Apennins fließen der Lao, der Savuto und der Amato hinab zum Tyrrhenischen Meer. Charakteristisch für die kalabrische Berglandschaft sind die *fiumare,* jene im Sommer ausgetrockneten schottergefüllten Flussbetten, die im Winter zu wahren Sturzbächen mutieren können.

Wälder, Wiesen und Seen

Einst zog sich ein geschlossenes Waldgebiet vom Pollino bis zum Aspromonte. Im Laufe der Jahrtausende legten die Menschen hier immer wieder die Axt an. Besonders die Römer brauchten für den Bau ihrer Flotten unermessliche Mengen an Holz. Trotz dieses Raubbaus verfügt das Land noch über einen sehr reichen Baumbestand. In der Sila, im Aspromonte und in den Serre sind sogar noch jahrhundertealte Buchen- und Pinienwälder anzutreffen. In der Gegend des Aspromonte existieren neben reinen Buchenbeständen vor allem Mischwälder mit Pappeln und Weißtannen, Pinien und Fichten. Der Aspromonte hat die wohl dichtesten und undurchdringlichsten Wälder Italiens zu bieten. Zu Recht gilt er als eines der letzten Naturparadiese Europas.

Die Sila und die Serre bestechen zudem durch satte, grüne Wiesen, über die sich herrliche Blicke ins Land eröffnen und von wo aus man schon mal den einen oder anderen See in der Ferne erspähen kann. Zu den größten Seen zählen die Laghi Cecita, Arvo und Ampollino, allesamt Stauseen in der Sila. Der einzige nicht gestaute unter den kalabrischen Seen ist der Lago di due Uomini in über 1000 m Höhe auf dem Binnenausläufer der cosentinischen Küstenkette.

Flora und Fauna

Vegetation und Tierwelt unterscheiden sich je nach Gebirgs-, Wald- oder Küstengegend. Die am weitesten verbreiteten Tiere in Kalabrien sind wohl die kleinen, flinken Eidechsen, die, solange sie sich nicht regen, kaum von der Umgebung zu unterscheiden sind. Am Himmel tummeln sich Rötelfalken, Bussarde, Milane, Schwalben und – nächtens – Fledermäuse.

In den Küstengebieten findet man die typische Mittelmeervegetation, die *macchia mediterranea:* Unverwüstliche immergrüne Büsche (Mastix), Wacholder, Steineichen sowie Wolfsmilchgewächse, Zistrosen, Ginster, Oleander und Oleaster (wilde Olivensträucher) überziehen die Landschaft, dazwischen leuchten immer wieder die prachtvollen Farben des Klatschmohns

In der Sila bei Lorica

und der Glockenblumen. Und natürlich gedeihen entlang der Küsten die Oliven- und – vor allem auf der tyrrhenischen Seite – Zitronen- und Orangenbäume. In der kargeren Zone am Ionischen Meer stehen dagegen die schnell wachsenden und anspruchslosen Eukalyptusbäume.

Im Monte Pollino-Gebiet ist der *pino loricato* (lat. *Pinus leucodermis*, Panzerkiefer) heimisch, die vermutlich älteste Baumart Europas. Manche Exemplare sollen fast 1000 Jahre alt sein. In den tiefen Wäldern ist auch der apenninische Wolf zu Hause. Das scheue Tier ist in der freien Wildbahn kaum zu beobachten, aber im Besucherzentrum des Pollino-Nationalparks (Il Nibbio) in Morano (s. S. 69) kann man sich ausgiebig über den Wolf informieren. Daneben bevölkern Rehe, Dachse, Steinmarder, Hirsche, Wildkatzen, Schlangen und viele Vögel die Höhen des Pollino. Typisch für diese Gegend sind Mäusebussard, Specht, Sperber, Waldkauz, Eichelhäher und Gabelweihe.

In den Laub- und Nadelwäldern der Sila leben vor allem Füchse, Wölfe, Wildschweine, Hasen, Schwarzspechte, schwarze Eichhörnchen und Käuze. In ihren Gewässern schwimmen noch Forellen und Aale, deren Bestand allerdings durch die Schwarzfischerei bedroht ist. Der für die Sila charakteristische Baum ist die Schwarzkiefer *(pino laricio* oder *silano)*, die bis zu 50 m hoch wird. Während über der 1500-m-Grenze diese Nadelbäume überwiegen, zum Teil gemischt mit Buchenbeständen, sind in niedrigeren Höhen zahlreiche Kastanien und Eichen anzutreffen.

Die Serre sind ebenso wie die Sila für ihren Pilzreichtum bekannt und daher ein beliebtes Ausflugsziel der einheimischen Feinschmecker. Hier gibt es Buchen-, Tannen-, Steineichen- und Kastanienwälder. Neben Farn, Stechpalmen und dem Mäusedorn mit seinen schönen roten Beeren fallen vor allem die Alpenveilchen auf.

Die Bergamotte *(Citrus bergamia)*, eine Zitrusfrucht, aus der die begehrte Essenz zur Herstellung von Parfüm gewonnen wird, wächst nur im Aspromonte. An seinen Hängen gedeihen auch gelber Ginster und Klatschmohn, die zusammen mit Margeriten und Glockenblumen ein prächtiges Bild abgeben. Weiter nördlich, an der Costa dei Cedri zwischen Tortora und Paola, wächst eine außergewöhnliche Zitrusfrucht: die Zitronatzitrone (ital. *cedro*, lat. *Citrus medica*, s. S. 58).

In den Feuchtgebieten Kalabriens – an den Laghi Angitola und Tarsia sowie im Mündungsdelta des Crati – wachsen Schilfrohr, Rohrkolben und Binsen. Hier haben sich vor allem diverse Entenarten, Möwen, Stelzenläufer, Säbelschnäbler und die Uferschnepfe niedergelassen.

Alljährlich zwischen September und Januar liegen immer noch viele Italiener auf der Lauer, um Vögel abzuschießen. Immerhin ist die Zahl der Jäger in den letzten 20 Jahren von 2,6 Mio. auf 970 000 gesunken, und die früher zehnmonatige Zugvogeljagd konnte dank des Engagements der italienischen Tierschützer auf viereinhalb Monate verkürzt werden. So sprechen sich in Umfragen auch 90 % der Italiener für die Abschaffung der Zugvogeljagd aus.

Der Nationalpark

Der kalabrische Nationalpark ist kein zusammenhängendes Gebiet, sondern verteilt sich auf mehrere Zonen in der Sila, dem Aspromonte und dem Pollino-Massiv. Insgesamt sind ca. 90 000 ha des kalabrischen Gebiets (ohne das Pollino-Gebirge) zum Schutzgebiet *Parco Nazionale della Calabria* erklärt worden. Davon gehören jeweils ca. 6000 ha zu den Provinzen Catanzaro (Sila Piccola) und Cosenza (Sila Grande) und schließlich 76 000 ha zum Aspromonte (Provinz Reggio di Calabria). Ein Teil des Schutzgebiets erstreckt sich östlich des Lago Cecita in der Sila Grande. In der Sila Piccola ist das Gebiet rund um den Gariglione zur Schutzzone erklärt worden. Im äußersten Süden der Stiefelspitze befindet sich der Nationalpark des Aspromonte. In den tief eingeschnittenen Schluchten ohne Weg und Steg ist es unbeschreiblich einsam. Ganz im Norden Kalabriens liegt der *Parco Nazionale del Pollino,* der sich bis in die Basilikata ausdehnt: Nur etwa ein Drittel der zum nationalen Schutzgebiet deklarierten Fläche des Pollino-Gebirges (insgesamt 192 565 ha) gehört zum kalabrischen Terrain.

Informationen erteilen die zuständigen Forstbehörden: **Provinz Catanzaro,** Comandi Stazioni Forestali in Gariglione, Buturo, Tel. 096 19 31 31, 09 61 92 20 30, 09 61 93 12 78. **Provinz Cosenza,** Comandi Stazioni Forestali von Cava di Melis, Tel. 098 37 10 90, Santa Barbara, Germano, Tel. 09 84 99 20 00, Camigliatello, Tel. 09 84 97 82 13, Cupone, Tel. 09 84 97 81 44. **Provinz Reggio di Calabria,** Comando Stazione Forestale von Basilico di Gambarie, Tel. 09 65 74 30 20.

Im Pollino-Nationalpark

WIRTSCHAFT UND UMWELT

›Rückständiger‹ oder ›ausgebeuteter‹ Süden?

Niedriges Bruttosozialprodukt, hohe Arbeitslosigkeit, geringe Industrieproduktion und anhaltende Emigration veranlassen Politiker, immer wieder vom ›unterentwickelten‹ Süden und dem **Mezzogiorno-Problem** zu sprechen. Dass es ein eklatantes Wohlstandsgefälle zwischen Nord und Süd gibt, bezweifelt niemand. So wurde bereits Anfang des 20. Jh. mit der Förderung des Südens begonnen. Nach der *Cassa per il mezzogiorno* (1950–86) ist seit 1998 die *Agenzia per lo sviluppo industriale e dell'occupazione* (Agentur für industrielle Entwicklung und Beschäftigung) für die in den Süden fließenden Subventionen zuständig.

Leider verschwanden die zur Verfügung gestellten Gelder in der Vergangenheit immer wieder in dunklen Kanälen oder wurden in Projekte investiert, die schließlich weit hinter den in sie gesetzten Erwartungen zurückblieben. Auch hier spielt wie so oft die *'Ndrangheta* eine wesentliche Rolle (s. S. 24f.).

Dass der Norden sich auf Kosten des Südens entwickelte, indem Süditalien als Kornkammer des Nordens genutzt wurde, Großgrundbesitzer die Bauern mit enormen Abgaben belasteten und so eine florierende Landwirtschaft verhinderten, und die Kalabresen auf ihr Einkommen mehr Steuern als die Norditaliener zahlten, bleibt allzu oft unerwähnt. Hinzu kommt, dass ein Heer von süditalienischen Arbeitskräften in den Industriebetrieben des Nordens wesentlich am Wirtschaftswachstum beteiligt war und den einheimischen Fabriken fehlte.

Industrie

Die Industrie in Kalabrien ist kaum der Rede wert. Es gibt zwar einige Textil-, Möbel-, Holz- und Lebensmittelfabriken, aber im Vergleich zum Norden ist die Produktion verschwindend.

Einst war die Gegend zwischen Mongiana und Stilo ein Zentrum der **Stahlindustrie.** An den Hängen der Monti Stella und Mammicomito abgebautes Eisen wurde in den Fabriken von Stilo, Assi, Mongiana und Ferdinandea zu Kanonen, Waffen und zu Produkten für zivile Zwecke verarbeitet. Aber mit dem Fall der Bourbonen und der Einigung Italiens 1861 wurde die Stahlproduktion bereits eingestellt.

Landwirtschaft

Lebensgrundlage der Kalabresen ist die Land- und Forstwirtschaft. Vor allem der Anbau von Oliven, Zitrusfrüchten, Kartoffeln, Tomaten und die Herstellung von Schafs- und Ziegenprodukten ist in weiten Teilen Kalabriens anzutreffen. Bedeutend ist auch der Anbau von Wein und Bohnen sowie bei Tropea von milden roten Zwiebeln. Auch der traditionelle Fischfang an der

WALDBRÄNDE

In den Sommermonaten kommt es in Italien, insbesondere im Süden, immer wieder zu Waldbränden, die sehr wahrscheinlich häufig auf Böswillig- oder Fahrlässigkeit zurückzuführen sind. Achtlos weggeworfene Zigaretten, die in der Dürre schnell große Feuer entfachen, Pyromanie, frustrierte Jäger, die für Jagdverbote Rache nehmen: Die genauen Ursachen jedoch sind unklar, und so bietet dieses Phänomen Raum für Spekulationen im wahrsten Sinne des Wortes: Abgebranntes Gelände ist ergiebiges Bauland. Das 1975 erlassene Gesetz über die Nichtbebauung von vom Feuer verheerten Flächen lässt sich offensichtlich nicht durchsetzen.

Wer auch immer da mit dem Feuer spielt, die Brände haben, ganz abgesehen vom Verlust des Lebensraums für Tiere und Pflanzen, schwerwiegende Folgen. Denn im Winter, wenn die ersten im Sommer ausgetrockneten Flussbetten Hochwasser führen, kommt es zu Überschwemmungen, Hänge rutschen ab, Straßen und Gleise werden verschüttet oder unterspült. Dass sich an dieser Problematik nur langsam etwas ändert, ist auch Ausdruck des immer noch mangelhaften Umweltbewusstseins der Süditaliener.

Im Brandfall bitte unter der **Notrufnummer 1515** oder bei der Anti-Brand-Stelle *Servizio Anticendio Boschivo (Centro Operativo Provinciale, Ispettatore Forestale di Catanzaro)* unter Tel. 096 15 34 21 melden: »*C'è un incendio* (es ist ein Feuer) *nel bosco di …* (im Wald von …) oder *vicino …* (in der Nähe ausgebrochen).«

Küste ist weiterhin ein entscheidender Wirtschaftsfaktor.

Tourismus

Der Tourismus beschert der im nationalen Vergleich sehr armen Region dringend benötigte Arbeitsplätze. Ein entscheidender Schritt für die Ausbreitung des Tourismus war die Eröffnung des Flughafens in Lamezia in den 1970er Jahren. Kalabrien wird in den letzten Jahren von immer mehr in- und ausländischen Reisenden entdeckt. Jeden Sommer entstehen an der ionischen und tyrrhenischen Küste neue Angebote für Urlauber. Hotels und Campingplätze werden angelegt, Ferienresidenzen gebaut. Aber auch die Wintersportgebiete in der Sila und im Aspromonte erfreuen sich wachsender Beliebtheit.

Selbstverständlich bringt die sich ausweitende touristische Infrastruktur auch Unerfreuliches mit sich: Küstengegenden wie Capo Vaticano oder Isola di Capo Rizzuto waren einst wahre Naturparadiese und sind mittlerweile stark zersiedelt. Doch das Tourismusgeschäft beschert vielen Kalabresen in der Hauptsaison einen Lebensunterhalt, von dem so manche Familie das ganze Jahr über leben kann.

'NDRANGHETA –
DIE KALABRISCHE MAFIA

Über Kalabrien zu schreiben, ohne die Mafia zu erwähnen, wäre eine Idealisierung dieser ansonsten so wundervollen Region. Um es vorwegzuschicken: Der Tourist setzt sich keiner Gefahr aus, denn die 'Ndrangheta (von dem griechischen *andreios,* tapfer, männlich) hat keinerlei Interesse, den wachsenden Zustrom von Touristen zu bremsen. Die Mafia bzw. in Kalabrien die 'Ndrangheta ist weit mehr als eine kriminelle Vereinigung. Sie ist ein bestimmender Einflussfaktor, indem sie den Alltag, die Mentalität, das Freiheitsempfinden der Menschen und die gesamte Entwicklung des Südens beeinträchtigt. Dennoch kann es passieren, dass Süditaliener im Gespräch entgegnen: »Mafia, Schutzgeld, alles Blödsinn!« So, als hätte es die berühmten Mafia-Prozesse und die Morde an den bekannten Aufklärern und Kämpfern wie Giovanni Falcone, Paolo Borsellino, Carlo Alberto della Chiesa und vielen anderen nie gegeben. Da fällt einem schnell das Bild der drei Affen ein, die ›nichts sehen, nichts hören und nicht sprechen‹.

Die Ursprünge der 'Ndrangheta sind bis heute nicht eindeutig geklärt. Die Entstehung der Mafia wird von vielen Autoren aus der Entwicklung des Großgrundbesitzes abgeleitet. Die überwiegend im Norden lebenden Besitzer hatten ihr Land an die Bauern verpachtet, die unter der hohen Abgabenlast litten und dagegen aufbegehrten. Als es zu Unruhen unter der Bauernschaft kam, setzten die Großgrundbesitzer *gabellotti* (Steuereintreiber) ein, um die geforderten Abgaben einzutreiben oder die Ländereien in eigener Regie weiterzuverpachten. Irgendwann, so lautet eine Hypothese, muss sich dieses Schutzverhältnis umgekehrt haben: Solche, die gern *gabellotti* werden wollten, setzten die Feudalherren so unter Druck, dass sie letztendlich gezwungenermaßen deren Schutz käuflich erwarben. Aufgrund ihrer Macht, Arbeit und Land zu vergeben, gewannen sie an gesellschaftlichem Einfluss. Aus diesen immer mächtiger gewordenen *gabellotti* sollen die Mafiosi hervorgegangen sein.

Ein anderer Erklärungsansatz sieht ihren Ursprung in den *carbonari,* den patriotisch-republikanischen Geheimbünden. Und auch das romantisierende Bild einer Mafia, die sich aus dem Brigantentum entwickelt haben soll und als Rächerin der Ärmsten und Schwächsten wirkte, wird immer wieder gezeichnet. Die Briganten, überwiegend Bauern und Hirten, kämpften gegen die Unterdrückung der restlos verarmten Landbevölkerung durch die Großgrundbesitzer. Spätestens seit der Einigung Italiens (1861) richtete sich ihr Guerillakrieg auch gegen den Staat, unter dessen Steuer- und Abgabenlast insbesondere der Süden litt. Dieses Aufbegehren gegen die als feindlich empfundene staatliche Macht war einst auch konstituierendes Element der 'Ndrangheta.

Die kriminelle Vereinigung besteht aus den unabhängig voneinander agierenden *'ndrine,* die überwiegend aus Mitgliedern einer Familie zusammengesetzt und in sich straff hierarchisch gegliedert sind. Die Mitgliedschaft wird von Generation zu Generation weitergegeben. Dies ist auch ein entscheidender Grund, warum unter den *pentiti* (Mafia-Aussteigern) nur selten Mitglieder der kalabrischen Mafia zu finden sind und das Gesetz der *omertà* (Schweigen) noch immer Gültigkeit hat: Die Zusammenarbeit mit der Justiz würde zwangsläufig zur Auslieferung von engsten Verwandten führen.

Laut der parlamentarischen Anti-Mafia-Kommission hat die kalabrische Mafia inzwischen ihre Macht über die Grenzen der Region ausgeweitet und ist eine der Hauptakteure im internationalen Waffen- und Drogenhandel. Vielleicht trifft die Einschätzung des Soziologen Pino Arlacchi, der die *'Ndrangheta* als unternehmerische Mafia bezeichnet, am besten die gegenwärtige Situation. Ihre ehemals staatsfeindliche Gesinnung habe sich gewandelt. Seit den 1980er Jahren beschränke sie sich nicht mehr auf indirekte Kontakte zur Politik, sondern es seien längst eigene Kandidaten aktiv.

Wie die mafiöse Praxis funktioniert, beschrieb der Richter Giovanni Falcone 1991: »Jeder, der sich um öffentliche Aufträge kümmert, in Sizilien und im Mezzogiorno, weiß bestens, dass er das Material bei dem einen Lieferanten und nicht bei den anderen beziehen muss. Ein ungeschriebenes Gesetz, das beachtet wird. Nichtachtung wird mit brutaler Gewalt geahndet.«

In den 1980er Jahren begann mit den Mafia-Aussteigern eine neue Phase in der italienischen Republik und deren Justiz. Die *omertà* (das heilige Gesetz des Schweigens) wurde von Insidern gebrochen, die Strukturen der Mafia und ihre Verflechtungen mit Politik und Wirtschaft nach und nach offen gelegt. Dank einiger mutiger Richter, allen voran Giovanni Falcone und Paolo Borsellino, gelang es dem Anti-Mafia-Pool, eine Lawine von Prozessen gegen Mitglieder und Bosse der Mafia in Gang zu setzen. Auch dem großen Mann der Democrazia Cristiana, Giulio Andreotti, wurden Verbindungen zur Mafia nachgewiesen.

Es ist dieser Kreislauf aus Unterdrückung, Angst, Nutznießertum, Resignation, Misstrauen gegen den Staat und Ohnmacht, der durchbrochen werden muss, um der kriminellen Vereinigung die Macht zu entziehen. Wenn die Menschen wieder Vertrauen in den Staat und die Rechtssicherheit haben können und nicht länger der Willkür von Staatsbediensteten, Politikern und selbst ernannten Autoritäten ausgesetzt sind, dann verliert die organisierte Kriminalität ihren Nährboden. So meinte Richter Neri 1994, »dass dort, wo die Justiz wirklich glaubwürdig ist, sich die berühmt-berüchtigte *omertà* von selbst erledige«.

Dass die Justiz in Italien aber noch immer einen zu geringen Stellenwert hat, zeigt sich auch an der Wiederwahl Silvio Berlusconis 2001 zum Ministerpräsidenten. Trotz zahlreicher gegen ihn laufender Anklagen, insbesondere wegen Steuerhinterziehung sowie nachgesagter Verbindungen zur Mafia, traute ihm die Mehrheit der Italiener zu, die Geschicke des Landes zu lenken.

GESCHICHTE IM ÜBERBLICK

Von der Steinzeit zu den Römern

vor 10 000 v. Chr.	Fundstücke aus dem Paläolithikum in der Grotte Torre Talao; Steinritzzeichnung in der Grotta del Romito aus der jüngeren Altsteinzeit.
ab 750 v. Chr.	Landnahme der Griechen in Unteritalien *(Magna Graecia)*. Gründung noch heute existierender Städte, u. a. Rhegion (744), Sybaris (um 710) und Kroton (um 708). Machtkämpfe unter den Kolonien.
532 v. Chr.	Pythagoras geht nach Kroton.
530 v. Chr.	Kroton, Sybaris und Metapont zerstören Polieion.
510 v. Chr.	Kroton zerstört Sybaris.
5./4. Jh. v. Chr.	Die Bruttier bedrohen die griechischen Städte.
218–201 v. Chr.	Zweiter Punischer Krieg (Hannibal kämpft gegen Rom).
ab 2. Jh. v. Chr.	Dauerhafte römische Herrschaft in Unteritalien.

Von den Byzantinern zu den spanischen Bourbonen

536 n. Chr.	Sieg Belisars über die Ostgoten. Beginn der byzantinischen Herrschaft.
ab 7. Jh.	Langobarden und Byzantiner streiten um die Macht.
1015	Gründung des Normannenreiches in Unteritalien.
1059	Synode von Melfi: Der Normanne Robert Guiskard erhält von Papst Nikolaus II. Apulien, Kalabrien und Sizilien als Lehen. Mit seinem Bruder, Roger I., bekämpft er erfolgreich Byzanz und die Sarazenen.
1130	Krönung Rogers II., König beider Sizilien (das unteritalisch-sizilianische Reich wächst zusammen).
1194	Krönung des Staufers Heinrich VI. zum König von Sizilien und Geburt seines Sohnes Friedrich II.
1197	Tod Heinrichs VI.
1198	Friedrich II. wird König des Normannenreiches. Seine Mutter Konstanze stellt ihn kurz vor ihrem Tod unter die Vormundschaft von Papst Innozenz III.
1212–50	Friedrich II., seit 1220 auch Kaiser, errichtet einen modernen Verwaltungsstaat. Kulturelle Blütezeit Süditaliens.
1250	Tod Friedrichs II. Seine Söhne Konrad IV. und Manfred versuchen sein Erbe gegen die Ansprüche des Papstes zu verteidigen.
1250–54	Regentschaft Kaiser Konrads IV.
1258	Krönung Manfreds zum König von Sizilien.

1265	Papst Klemens IV. verkauft das Königreich Sizilien dem Franzosen Karl von Anjou, Bruder Ludwigs IX. von Frankreich.
1266	Karl von Anjou wird vom Papst als König von Sizilien eingesetzt und besiegt den Stauferkönig Manfred bei Benevent.
1268	Karl von Anjou schlägt den letzten Staufer Konradin, den er in Neapel hinrichten lässt. Beginn des Niedergangs.
1282	Sizilianische Vesper: Blutige Volkserhebung gegen Karl von Anjou; die Franzosen werden aus Sizilien vertrieben, und Peter III. von Aragon, der Schwiegersohn Manfreds, wird zum König eingesetzt.
1296	Friedrich III., Urenkel Kaiser Friedrichs II., nimmt die Krone Siziliens an. In der Folgezeit zerfällt das Königreich Sizilien durch Kriege zwischen den Dynastien Aragon (Insel Sizilien) und Anjou (festländisches Königreich Neapel).
1442	Alfons V. von Aragon, König von Insel-Sizilien, erobert Neapel und stellt so die staatliche Einheit Süditaliens wieder her.
1469–75	Heftige Bauernaufstände in Kalabrien gegen die Steuer- und Abgabepolitik der aragonesischen Herrschaft.
1469/96	Durch eine doppelte Eheverbindung kommt es zur habsburgisch-spanischen Allianz.
1516	Karl V. ist als Karl I. regierender König der Vereinigten Spanischen Königreiche.
1530	Kaiserkrönung Karls V. in Bologna.
ab 1600	Auflehnung gegen den spanischen Absolutismus. Verelendung der kalabrischen Landbevölkerung.
1701–14	Spanischer Erbfolgekrieg.
1707/08	Österreichische Truppen besetzen Süditalien.
1714	Frieden von Rastatt: Neapel-Sizilien geht an die österreichischen Habsburger über.
1735	Vorfrieden von Wien: Karl von Bourbon, Sohn des spanischen Königs und ab 1759 als Karl III. selbst König von Spanien, erhält Süditalien und Sizilien und versucht erste Reformen durchzusetzen.
1743/44	Ausbruch der Pest im Raum Reggio.
1783	Ein Erdbeben erschüttert weite Teile Kalabriens (etwa 30 000 Tote).

Napoleon, die Einigung Italiens (Risorgimento) und der Faschismus

1798/99	Revolutionäre Unruhen. Einfall französischer Truppen.
1806	Erneute Okkupation durch französische Truppen unter Napoleon.
1860	Aufstände der sizilianischen Bevölkerung. Der ›Zug der Tausend‹ unter Guiseppe Garibaldi, einem der Führer des Risorgimento, setzt am 20. August von Sizilien nach Kalabrien über und leitet das Ende der Bourbonenherrschaft ein.

1861	Am 17. März wird Vittorio Emanuele II. zum ersten König des vereinigten Italien ernannt.
1860–69	Sowohl die Briganten (aufständische Bauern und Hirten) als auch Gefolgstreue des alten Bourbonenkönigs kämpfen gegen die neuen Machthaber. Die italienische Regierung setzt in Süditalien 120 000 bewaffnete Kräfte ein, um die Briganten zu besiegen, was bis 1864 gelingt. Einzelne Gruppen setzen den Kampf fort. Die Ermordung des Bandenchefs Palma im Juli 1869 setzt dem *brigantaggio* in Kalabrien ein Ende.
1876–1905	Exodus aus Kalabrien: Jeder dritte Einwohner emigriert.
1890–1925	Paolo Orsi wirkt als Archäologe in Kalabrien und initiiert bahnbrechende Ausgrabungen (Locri, Crotone, Reggio, Kaulonia, Cirò).
1908	Erdbeben mit verheerenden Auswirkungen, besonders in der Provinz Reggio di Calabria mit 30 000 Toten, 15 000 Verletzten, 18 416 zerstörten Häusern und schwer beschädigten Betrieben.
1922	Mussolini marschiert auf Rom.
1936–39	Im spanischen Bürgerkrieg steht Italien auf Seiten Francos.
1939	Stahlpakt zwischen Italien und Deutschland (bedingungslose Bündnisverpflichtung).
1940	Italien tritt in den Zweiten Weltkrieg ein.
1943	Die Alliierten landen auf Sizilien und in Kalabrien; Großer Faschistischer Rat setzt Mussolini ab und verhaftet ihn. Waffenstillstand mit den Alliierten und Kriegserklärung an Deutschland.

Die Italienische Republik seit 1946

18.6.1946	Italien wird Republik.
1950	Landreform. Enteignung vieler Großgrundbesitzer zugunsten der Kleinbauern und Gründung der *Cassa per il mezzogiorno*.
1961–71	338 079 Emigranten verlassen Kalabrien, um im Norden Italiens und im Ausland Arbeit zu finden.
1970/71	Reform des italienischen Staates: Neben den Provinzen werden Regionen geschaffen. Die Entscheidung für Catanzaro und gegen Reggio di Calabria als Regionalhauptstadt führt zum Aufstand in Reggio. Die neunmonatigen Unruhen werden von der Regierung mit Gewalt (12 000 bewaffnete Kräfte, 5 Tote und zahlreiche Verletzte) niedergeschlagen. Reggio wird der Sitz der Regionalregierung zugesprochen.
1970–80er	Terrorismus der Roten Brigaden und der Neofaschisten.
1982	Mit den Aussagen des Ex-Mafioso Tommaso Buscetta beginnen die Mafia-Prozesse; durch ein neues Gesetz wird die Beschlagnahmung von Mafia-Vermögen ermöglicht.
1989	Gründung der *Lega Nord* unter Umberto Bossi, die einen eigenen norditalienischen Staat aufbauen will.

Anfang der 90er Jahre	Der Richterpool *mani pulite* (saubere Hände) deckt das System der illegalen Besteuerung durch die Parteien auf: 3–20% der veranschlagten Auftragssumme für ein staatlich ausgeschriebenes Projekt gingen an die Parteien. Die Firmen sicherten sich durch diese *tangenti* (Schmiergelder) möglichst viele Aufträge. Ehemalige Regierungschefs wie Bettino Craxi (PSI, Partito Socialista Italiano), Arnaldo Forlani (DC, Democrazia Cristiana) und Giulio Andreotti (DC) wurden der Bestechlichkeit überführt.
April 1992	Parlamentswahlen, starke Verluste der Democrazia Cristiana, starke Gewinne für die Lega Nord.
1992	Ermordung der Anti-Mafia-Richter Giovanni Falcone und Paolo Borsellino.
Juli 1993	Der rechtskonservative Medienzar Silvio Berlusconi gründet die Forza Italia; sein firmeneigenes Werbeunternehmen Publitalia beschäftigt sich mit dem Aufbau eines politischen Netzwerks. Die 2000 Wahlkandidaten werden neben ihrer politischen Eignung vor allem auf Fernsehtauglichkeit geprüft.
1994	Januar: Selbstauflösung der DC. Bei den Wahlen im April erleidet auch die PSI hohe Verluste. Berlusconi gelangt mit dem Wahlbündnis aus Forza Italia, Lega Nord und Alleanza Nazionale an die Macht und beteiligt damit erstmals auch Neofaschisten an der Regierung. Im Dezember Ausstieg der Lega Nord und Rücktritt der Regierung Berlusconi; neue Regierungsbildung unter Lamberto Dini.
1996	Neugliederung der Region in die Provinzen Cosenza, Crotone, Catanzaro, Reggio di Calabria und Vibo Valentia.
1998	Gründung der Nachfolgeorganisation für die Unterstützung des Mezzogiorno, *Agenzia per lo sviluppo industriale e dell'occupazione*.
2000	Rechtsruck bei den Regionalwahlen in ganz Italien, auch Kalabrien wählt rechts; Ministerpräsident D'Alema tritt zurück; sein Nachfolger ist Giuliano Amato.
Mai 2001	Das Wahlbündnis aus Forza Italia, der Spaltungsbewegung Lega Nord und der neofaschisten Alleanza Nazionale gewinnt die Wahlen. Berlusconi wird erneut Ministerpräsident.
April 2002	Generalstreik gegen die Abschaffung des Kündigungsschutzes.
November 2002	Nach der Verhaftung von 20 Globalisierungsgegnern aus Süditalien wegen angeblicher subversiver Aktivitäten und Verschwörung gegen das politische und wirtschaftliche System Italiens folgt eine nationale Protestwelle, die in einer Großdemonstration in Cosenza gipfelt (50 000 Demonstranten). Kurze Zeit später werden die Inhaftierten freigelassen.

Kultur und Leben

Beim Festival del Teatro in Scilla

KALABRISCHE LEBENSART

Familienleben

Das Leben der meisten Kalabresen wird nach wie vor stark von traditionellen Erwartungen bestimmt. Auch wenn der Tourismus in den letzten Jahrzehnten gerade in den Küstengebieten für mehr Freizügigkeit gesorgt hat, so bestimmen die moralischen Maßstäbe der Kirche, die u. a. Scheidung und Abtreibung strikt ablehnt, nach wie vor die kalabrische Gesellschaft. Während die Scheidungsrate in Norditalien seit der Änderung der Scheidungsgesetze 1974 angestiegen ist (10,2 %), blieb sie in Kalabrien konstant (3,8 %).

Der traditionelle Familienverband hat kaum an Bedeutung eingebüßt. Die Ehre der Familie und ihr Zusammenhalt werden fast immer über individuelle Interessen und Selbstverwirklichung gestellt. Dennoch wird die Einigkeit der Familie allzu oft auf eine harte Probe gestellt: Die schlechte wirtschaftliche Situation und die hohe Arbeitslosigkeit zwingen nach wie vor viele Kalabresen zur Emigration – bereits ein Umzug in den Norden Italiens gilt als Auswanderung. Emigration und Landflucht haben dazu geführt, dass es in Kalabrien viele halb verlassene Ortschaften gibt, z. B. Daffina in der Nähe von Parghelia oder Maiera nahe Diamante.

Es ist keine Seltenheit, dass selbst Dreißig- bis Vierzigjährige noch im Elternhaus leben. Oft ist es neben der Bequemlichkeit auch die wirtschaftliche Situation, die es den jungen Menschen nicht erlaubt, eine eigene Wohnung zu beziehen. Tätigkeiten im Saisongeschäft und andere Gelegenheitsjobs reichen auch bei den geringeren Lebenshaltungskosten im Süden nicht immer aus, um einen eigenen Hausstand zu finanzieren. Der Zusammenhalt der Familie ist für viele Kalabresen lebenswichtig, denn der Familienverband leistet soziale Unterstützung für Jung und Alt.

Leben auf der Piazza

Der Wechsel der Jahreszeiten und die damit verknüpften Rhythmen bestimmen sichtlich den Alltag der Kalabresen. Mit den ersten intensiven Sonnenstrahlen im April scheint die Bevölkerung der Küstenorte aus dem Winterschlaf – im Italienischen *letargo* genannt – zu erwachen. Das Strandleben beginnt im Mai und erreicht im August seinen Höhepunkt.

Mit dem Ende der Saison im Herbst wird das Leben wieder gemächlicher: Während auf der Piazza im Sommer vielerorts bis spät in die Nacht munter das Leben pulsiert, ist derselbe Ort nach der Saison abends meist ausgestorben. Doch die Bedeutung der Piazza für das soziale Leben ist nicht zu unterschätzen: Täglich treffen sich hier am frühen Abend die Einheimischen. Schön anzusehen ist der Trubel, wenn die Kinder über den Platz toben, Jugendliche auf Flirtschau gehen, und Jung und Alt Neuigkeiten aller Art austauschen.

EMIGRATION – EMIGRAZIONE

Als Folge der schlechten wirtschaftlichen Situation und der mangelnden Perspektive begann mit der Gründung des Königreiches Italien ein Exodus, der bis heute nicht abgeschlossen ist. 1862–1913 verließen ca. 5 Mio. Kalabresen ihre Heimat. Seit den 1970er Jahren suchten ca. 3,5 Mio. Menschen im Norden Italiens, Europas oder in Übersee eine bessere Zukunft. Berücksichtigt man die Heimat- und Familienverbundenheit der Süditaliener, erahnt man, wie schwer den Emigranten dieser Schritt in die Fremde fallen muss. Die meisten brechen mit dem Vorsatz auf ›Geld zu verdienen, zu sparen und dann zurückzukehren‹. Aber nur wenige kehren heim, die meisten richten sich dauerhaft in der Fremde ein. Denn auch die fernab von der Heimat erzielten Ersparnisse reichen in der Regel nicht aus, um im Süden ohne Erwerbsquelle auszukommen. Außerdem haben sich viele Emigranten durch ihr Leben in der Ferne einen anderen Lebensstil zugelegt, der sie unvermeidlich von den Daheimgebliebenen entfremdet. So beschränkt sich die Rückkehr in die Heimat meist auf die Sommeraufenthalte im Kreise der Familie.

Tipp: Im Museo dell'Emigrazione Giovanni Battista Scalabrini in Francavilla Angitola berichtet eine interessante Ausstellung über das Phänomen Emigration (s. S. 170).

Glaube, Bräuche und Feste

Kalabrien mit seinen 2,1 Mio. Einwohnern ist ein zutiefst katholischer Landstrich. Die großen Ordensgemeinschaften der Dominikaner und Franziskaner, aber auch ein kleiner Orden wie die Kartäuser (Serra San Bruno), prägen die geistige Atmosphäre in der Südspitze Italiens bis heute.

Unübersehbar sind bei einer Reise durch Kalabrien die Spuren der **Basilianer-Mönche,** die sich auf die Lehren des hl. Basilius (der Königliche) stützen. Basilius, geboren in Caesarea (heute Kayseri in der Türkei), verfasste im 4. Jh. Regeln, in deren Mittelpunkt Gehorsam, Gebet und Arbeit standen. Die Basilianer kamen ab Mitte des 1. Jt. aus Byzanz und Sizilien nach Kalabrien, um hier als Eremiten oder in kleinen Gruppen zu leben. Die basilianischen Mönche wirkten auch in den zahlreichen, überwiegend im Osten Kalabriens errichteten byzantinischen Kirchen (z. B. Cattolica in Stilo, San Giovanni Tereste in Bivongi, San Marco in und Santa Maria del Patire bei Rossano, Baptisterium in Santa Severina). Unter der Herrschaft der Normannen im 11./12. Jh. begann die Ablösung des östlichen durch den lateinischen Ritus. Heute praktizieren einige wenige griechische Mönche in Bivongi wieder den orthodoxen Ritus.

Eine bedeutende Rolle im katholischen Jahreskreis spielen die **Heiligen.** Neben Franziskus von Paola, dem Schutzpatron von Kalabrien, werden Franz von Assisi, Bernhardin von Siena sowie die Apostel Petrus und Paulus besonders verehrt. Einen überragenden

KALABRISCHE BRÄUCHE

Wie so häufig im Süden, mischt sich auch in Kalabrien der tief verankerte christliche Glaube mit Aberglauben und ›vorbeugenden‹ Handlungen. So wird der aufmerksame Beobachter an der einen oder anderen Hauswand noch fratzenartige Masken finden. Diese Masken dienen dazu, den *malocchio* (= böses Auge/böser Blick) zu vertreiben. Die Maske soll das Böse fern halten und die Bewohner vor bösartigem Geschwätz und Missgunst bewahren. Die *babbaluti,* Krüge mit eingeritzten Gesichtern, erfüllen einen ähnlichen Zweck wie die Masken. Früher wurden sie zum Teil auf Schornsteine montiert, so dass der Rauch aus Mund, Augen und Ohren hervorquoll – ein furchterregender Anblick! Er sollte böse Geister und Eindringlinge abschrecken. Auch die meist flaschenartigen, mit Stacheln versehenen Dekorationsgegenstände *u rizzu* (Dialekt: Stachelschwein) sollten das Böse abwenden.

In eine andere Richtung weist die Tradition der *coraisime,* der schwarzen Puppen, die eine Spindel in den Händen halten. Sie wurden in der Fastenzeit (kal.: *coraisima*) in die Fenster gehängt und symbolisierten die Emsigkeit der Frauen. Zugleich gemahnten sie daran, dass auch das Leben an einem dünnen Faden hängt. In einer Orange zu Füßen der Puppe stecken Federn, von denen an jedem der Fastensonntage eine entnommen und verbrannt wurde. Am Ostersonntag verbrannte man die Puppe. Damit wurde das Ende der Enthaltsamkeit versinnbildlicht.

Anzuschauen sind diese traditionellen Objekte im Zentrum für Studien und Beobachtungen der bäuerlichen Kultur des Monte Poro in Nicotera (s. S. 166).

Diese Masken sollen den bösen Blick vertreiben

Platz nimmt die Muttergottes ein. In der Vergangenheit hat man die Madonna bei Pestepidemien, Belagerungen und Kriegen um Hilfe angerufen. Auch heute noch wird sie bei Naturkatastrophen und in persönlichen Anliegen um Fürsprache gebeten.

Aus Dankbarkeit und nach Erscheinungen errichteten die Gläubigen zahlreiche Stätten und Wallfahrtsorte zu Ehren Mariens und der Heiligen (etwa in Spezzano Albanese, Praia a Mare, Rende, Cerchiara, Cirò oder Paola).

Jede kalabrische Ortschaft ehrt ihren Schutzpatron mindestens einmal im Jahr mit einer Prozession. Insbesondere in den kleineren Orten ist das **Patrozinium** das zentrale Ereignis im Jahr. Mit den kirchlichen Festen sind oft auch Volksfeste verbunden.

Eine neuere Ausprägung dieser Volksfeste, wohl vor allem eine touristische Erfindung des 20. Jh., sind die *sagre.* Die verschiedenen typischen Produkte eines Ortes oder eines Gebietes (Pilze, *nduja, cipolla rossa,* Fisch, Kastanien) werden mit einer *sagra* (Kirmes, Kirchweih) gefeiert. Oft findet ein Umzug mit gigantischen Pappmascheefiguren statt. Die meisten Volksfeste in Italien enden mit einem Feuerwerk.

Zu **Ostern** sind überall die traditionellen Prozessionen zu sehen. Ein besonderes Spektakel bietet sich in Laino Borgo: Das Passionsspiel währt dort den ganzen Tag. In Rossano beginnen die Gläubigen am Karfreitag schon im Morgengrauen den Kreuzweg, und am Nachmittag findet die beeindruckende Mysterien-Prozession statt.

Ein weiterer wichtiger Tag ist **ferragosto,** der 15. August, mit dem in Italien die noch allgemein üblichen Betriebsferien enden. Diesen Tag der Himmelfahrt Mariens (Madonna dell' Assunta) verbringen die Italiener gemeinsam mit der Familie oder Freunden am Meer oder in den Wäldern.

Karneval startet mit dem *grasso giovedi* (fetter Donnerstag) und endet am Dienstag, bevor am *mercoledi delle cenere* (Aschermittwoch) die Fastenzeit beginnt. Der fette Donnerstag bezieht sich ganz offensichtlich auf die noch immer häufig traditionell im Familien- und Freundeskreis stattfindenden üppigen Tafelrunden. Gefeiert wird der Karneval vielerorts mit traditionellen Umzügen, so u. a. in Montalto Uffugo und Amantea. Eine besondere Erwähnung verdienen die Feierlichkeiten von Castrovillari. Hier präsentieren sich während der ›fünften Jahreszeit‹ ebenso wie im Sommer beim großen Folklore-Festival Trachtengruppen aus aller Welt. Ebenfalls im Norden Kalabriens, in Morano, feiert man im Mai das **Fest der Fahnen** (Festa della Bandiera). In dem mit Fahnen geschmückten Gebirgsort findet während der Festwoche auch ein *palio* statt. Dieser italienische Reiterwettkampf, der meist von Umzügen in historischen Kostümen begleitet wird, ist auch in anderen Städten mitzuerleben, etwa in Stilo und Vibo Valentia.

Volksmusik und Tanz

Musik und Volkstanz haben in Süditalien eine lange Tradition und tragen zum Erhalt der lokalen und regionalen Identität bei. Charakteristische **Instru-**

Albanische Hochzeit

mente sind das Tambourin, die Mundharmonika, das Akkordeon, die Gitarre, die Leier und die Flöte.

Die Gruppe *Agorà* aus Tiriolo verarbeitet in ihrer Musik u. a. orientalische, griechische und türkische Einflüsse und sorgt zugleich mit einer eigenen Fabrikation von Instrumenten für die Fortführung einer Handwerkstradition. Der griechische Name Agorà *(piazza/*Platz) spiegelt das Verhältnis der Musik zum öffentlichen Raum wider: Auf der Piazza trifft man sich, tauscht Gedanken aus, feiert Feste, musiziert und tanzt. Es sind also nicht nur die bekannten Gruppen, die mit ihrer Musik eine Tradition lebendig halten. Gerade in den kleinen Dörfern des Landesinneren kommt man regelmäßig zum Singen und Musizieren zusammen.

In Gallicianò, umgeben von der rauen Natur des Aspromonte, erklingen sehnsuchtsvolle und rhythmische Lieder, gesungen von Jung und Alt in grekanischer Sprache. Hier, in den griechischen Dörfern im Aspromonte (Bovesia), ist die Gruppe *Cumulca* zu Hause.

Der berühmteste Volkstanz Süditaliens ist zweifelsohne die **Tarantella,** die in ihrer Choreographie Geschichte und Legenden überliefert. Beispielsweise erinnert der Tanz ›Mamma, li Turchi‹ an die Besetzung durch die Türken, die auf Kamelen reitend Furcht und Schrecken verbreiteten. Das vielleicht bekannteste **Volkslied** ›Calabrisella‹ erzählt von der ›schönen Kalabresin‹.

Im Mittelpunkt der **albanischen Folklore** steht die *vallja.* Dieser Tanz symbolisiert den Widerstand der Albaner unter ihrem Anführer Skanderbeg gegen die Türken im 15. Jh. Noch heute wird der Tanz am Dienstag nach Ostern in Civita vorgeführt (s. S. 73f). Wie auch bei den anderen Volkstänzen sind die Ausführenden in ihrer traditionellen Tracht zu sehen.

Für alle Freunde des Volkstanzes ein besonders Erlebnis ist ein Besuch beim **internationalen Folklorefestival** in Castrovillari im August (s. S. 71).

KUNST UND KULTUR

Architektur und Kunst

Bauwerke in einem homogenen Stil fehlen in Kalabrien weitgehend. Das liegt nicht allein im häufigen Wechsel der herrschenden Mächte begründet, die bestehende Bauten erweiterten oder modifizierten, sondern auch in der wiederholten Zerstörung durch Erdbeben, Erdrutsch oder Steinschlag.

Die Zeugnisse der **Antike** – in erster Linie aus der Zeit der Magna Graecia ab dem 8. Jh. v. Chr. – sind in zahlreichen Ausgrabungsstätten zugänglich, so etwa die Städte Lokroi und Sybaris. Der reiche Schatz an antiken Bodenfunden – von Münzen über Votivgaben bis zu Statuen und Waffen – füllt neben Architekturfragmenten die Museen Kalabriens. Zwei Bronzeathleten im Museo Archeologico Nazionale in Reggio – die ›Krieger von Riace‹ – laufen allen anderen Fundstücken den Rang ab (s. S. 195).

Aber man findet nicht nur Fragmente. Aus der Zeit der byzantinischen Herrschaft sind einige intakte Kirchenbauten erhalten. Ein Charakteristikum des **byzantinischen Stils** ist das griechische Kreuz als Grundriss des Kirchenkernbaus – wie bei der Cattolica in Stilo: Über dem Mittelquadrat der Kirche befindet sich eine Kuppel, vier weitere wölben sich an den Ecken des Quadrats. Auf dem Dach erheben sich über ihnen fünf runde Tamboure mit Mono- und Biforien, die Rückwand schließt mit drei Apsiden ab. Typisch für byzantinische Kirchen ist auch die Dekoration der Innenräume mit Fresken, die Heilige darstellen, sowie die Auslegung der Böden mit Mosaiken (Sant'Adriano in San Demetrio Corone). Weitere Beispiele byzantinischer Architektur sind die Kirchlein San Marco und Panaghia in Rossano, die Taufkapelle des Doms von Santa Severina und San Giovanello in Gerace.

Byzantinisches Fresko in der Kirche Sant'Adriano (San Demetrio Corone)

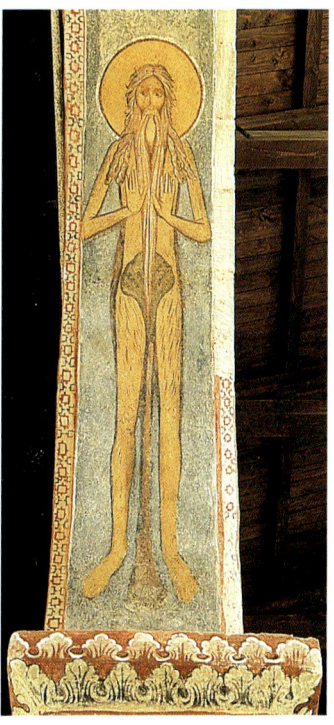

Die **Normannen** brachten im 11. Jh. die Romanik mit aus der Normandie, sie verstanden es aber auch, sich vorhandene Kunstrichtungen zu Eigen zu machen. So entstanden unter ihrer Herrschaft das im byzantinischen Stil errichtete Patirion-Kloster bei Rossano und die Basilika San Giovanni Tereste in Bivongi. Und die Mosaikkunst der Byzantiner erreichte mit den Normannen sogar erst ihren Höhepunkt. Dennoch hielten die Eroberer ihr 1059 in Melfi dem Papst gegebenes Versprechen, Süditalien zu latinisieren: Es entstanden zahlreiche Kirchenbauten wie z. B. Santa Maria della Martina bei San Marco Argentano, die Kartause San Bruno oder das Dreifaltigkeitskloster in Mileto, die zur Zurückdrängung des byzantinischen Einflusses beitrugen. Ganz in diesem Sinne wirkten die im romanische Stil errichtete Kirche Santa Maria della Roccella (heute eine Ruine) und der eindrucksvolle Dom von Gerace, der alle Erdbeben überstand.

Bemerkenswert sind die der Verteidigung dienenden **Befestigungen** längs der kalabrischen Küste. Dort stehen noch zahlreiche so genannte Sarazenentürme, die im 16. Jh. in Folge der häufigen Überfälle errichtet wurden (s. S. 131). Besonders eindrucksvoll sind die noch relativ gut erhaltenen Kastelle, beispielsweise die der Normannen in Nicotera und Vibo Valentia, die Anlage von Cosenza (normannisch-staufisch-angevinisch), die auf einem Inselchen errichtete Burg Le Castella nahe dem Capo Rizzuto, die Stauferburg in Rocca Imperiale und die sehr gut erhaltene Befestigungsanlage in Crotone.

Bei Spaziergängen durch die **mittelalterlichen Stadtkerne** Kalabriens fallen die in Stein gehauenen Wappen, Masken und Ornamente sowie die aufwändig gearbeiteten Prachtportale auf. Kunstvolle Dekorationen zeigen aber nicht nur die Adelshäuser, auch an Bürgerhäusern finden sich vereinzelt Verzierungen sowie Masken gegen den *malocchio,* den bösen Blick (s. S. 34).

Das Innere der kalabrischen Gotteshäuser birgt unzählige Kunstwerke aus den verschiedensten Epochen. So ist etwa im Dom von Cosenza, dessen Baubeginn in die zweite Hälfte des 12. Jh. fällt, neben einem römischen Sarkophag (›Die Jagd des Meleager‹) aus dem 4. Jh. auch das gotische Grabmal von Isabella von Aragon untergebracht (Ende des 13. Jh.). Zum Domschatz gehört die wertvolle Staurothek. In dem aus Messing, Golddraht, Edelsteinen und Email gefertigten kreuzförmigen Reliquiar aus dem 13. Jh. wird ein Kreuzsplitter aufbewahrt. Diese Kostbarkeit ist von Meistern am Hof des Staufers Friedrich II. hergestellt worden.

Der wohl berühmteste kalabrische Maler ist **Mattia Preti** (1613–99), ein Barockkünstler aus Taverna. Auch für die Kirchen seiner Heimatstadt schuf der so genannte *Cavaliere calabrese* – seit seinem 30. Lebensjahr war er Ritter des Malteserordens – zahlreiche Bildwerke. Nach Aufenthalten in Rom, Modena und Neapel wurde er dauerhaft in Malta ansässig.

Kunst ganz anderer Art kreiert der 1918 in Catanzaro geborene **Mimmo Rotella**. Mit seinen Collagen und Bildern ist der heute in Mailand lebende

AUF DER NETZHAUT VON ALBINO LORENZO

Albino Lorenzo: Auf dem Markt

… bildet sich ein Kalabrien längst vergangener Zeit ab: die Rückkehr der Bauern von den Feldern, Ochsenkarren, Bauern und Hirten, Wäscherinnen, Menschen am Brunnen, Kalabresen im Gespräch. Einfachheit und Lebendigkeit kennzeichnen die alltäglichen Szenen, die Albino Lorenzo mit unverkennbarem Pinselstrich und einem Gespür für das eindrucksvolle süditalienische Licht festhält.

Wie der Kunstkritiker Maurizio Calvesi schreibt, drückt sich in der Malerei von Albino Lorenzo die bäuerliche Kultur ohne deformierte intellektuelle Filter aus. Aber nicht nur in seinen Bildern bleibt Albino bodenständig und stets nah am Menschen und an der Natur, auch in der Begegnung ist er authentisch. Der 1922 in Tropea geborene Maler und Vater von 18 Kindern hat seine Karriere 1960 als Autodidakt begonnen. Heute gilt Albino Lorenzo als der berühmteste lebende Maler Süditaliens.

Sein Werk ist untrennbar mit seiner Heimat verknüpft. In einem Interview des italienischen Journalisten Pino Nano entgegnete er auf die Frage, warum er der Einladung, nach Mailand umzuziehen, nicht gefolgt sei: »Ich würde Erfolg haben, sagt ihr. Aber der Preis, den ich dafür bezahlen muss, ist viel zu hoch. Hier bin ich geboren, und hier werde ich bleiben. Ich habe gelernt, dass der Erfolg früher oder später vergeht, und das bisschen, was dir ernsthaft bleibt, ist deine Welt. Wenn du das Glück hast, eine eigene Welt zu haben.« (Übers. der Autorin)

Albino Lorenzo hat ›seine‹ Welt gefunden und verewigt sie in seinen teils lebensgroßen Bildern. Vielfach geehrt und nach zahlreichen Ausstellungen in der ganzen Welt denkt der bescheidene Künstler gar nicht daran aufzuhören. Bleibt zu hoffen, dass die Gemeinde Tropea ihrer jahrelangen Planung endlich Taten folgen lässt und die Werke des Malers einer breiteren Öffentlichkeit zugänglich macht.

Maler, Fotograf und Poet der Pop Art Italiana zuzurechnen. Die Werke aus zerfetzten Plakaten sollen als provokative Antikunst die durch die modernen Medien geschürte Schnelllebigkeit ironisieren. Die Stadt Catanzaro plant, sein Geburtshaus in ein Museum umzuwandeln und dort ein Zentrum für kulturelle Veranstaltungen einzurichten.

Kunsthandwerk

Auf einer Reise durch Kalabrien lohnt es sich, den überlieferten Handwerkstraditionen ein wenig Aufmerksamkeit schenken. Während früher in jedem kalabrischen Haushalt ein Webstuhl stand, ist dieses Gerät heute selten. In Tiriolo werden damit jedoch noch *vancali* (s. S. 142), Schals aus Seide oder Wolle gefertigt, in Longobucco wunderschöne Decken und in San Giovanni in Fiore Teppiche. Bekannt sind vor allem die *pezzare* (Flickenteppiche aus

verschiedenen Materialien). Neben Baumwolle, Wolle, Leinen und Hanf werden in der Gegend des Aspromonte auch Ginsterfasern zu Stoffen verarbeitet. Besonders originell sind die aus Ginster gefertigten Körbchen, in denen die *ricotta* aufbewahrt wird. Diverse Korbwaren werden auch aus Binsen, Schilf und – besonders stabil – aus Kastanienholz hergestellt.

Weit verbreitet, aber überwiegend für den eigenen Bedarf, ist die Kunst des Stickens und Häkelns. So finden sich in zahlreichen kalabrischen Haushalten wunderbar verzierte Tisch-, Bett- und Handtücher, die auch heute noch Bestandteil der Aussteuer sind.

Ein schon zu Zeiten der Magna Graecia ausgeübtes Handwerk, die Keramikherstellung, ist u. a. in Gerace, Soriano, Badia, Tropea, Squillace und Seminara anzutreffen. Besonders interessant sind dabei die Stücke, die nach alten Vorbildern angefertigt werden: *anfore* (Krüge, in denen Wasser transportiert wurde), Masken gegen den *malocchio* (s. S. 34), die *babbaluti* (fratzenartige Krüge) oder auch die *pinakes* (Weihetäfelchen des Persephone-Kore-Kults).

In den Bergen ist die Holzschnitzerei noch verbreitet, wie beispielsweise in den Serre oder im Aspromonte. In Brognaturo (Serre) werden kunstvolle Pfeifen geschnitzt. Die Herstellung alter kalabrischer Musikinstrumente aus Holz ist in Tiriolo und Bisignano (Sila) zu Hause. Die Schäfer des Aspromonte schnitzen ihre Haushaltsgegenstände (Löffel, Schalen, Stöcke, Kuchenformen) selbst und verzieren sie mit religiösen Motiven.

Aus Bergamotten

Die Kooperative Giovanile e Amatoriale del Bergamotto fertigt kleine Kunstwerke aus der Schale der Zitrusfrucht, die sich auch wunderbar als Mitbringsel eignen: Tabakdosen, Tablettendöschen, Blumendekorationen und Glücksbringer. Besichtigung nach Voranmeldung unter Tel. 096 68 13 07 und 330 41 40 59 (Handy), Via Lisello 107, Varapodio (Kalabrien-Atlas: S. 238, C 2).

ESSEN UND TRINKEN

Pilze, peperoncini und andere Köstlichkeiten

Eine Reise durch *Calabria* ist auch eine kulinarische Entdeckungsreise. Die *cucina calabrese* ist äußerst vielfältig und lokal sehr verschieden. Während in den Gebirgsregionen eher deftige Hausmannskost auf den Tisch kommt, servieren die Köche in den Küstenregionen die leichte, feine Mittelmeerküche.

Unbedingt empfehlenswert sind in der reichhaltigen Gebirgsküche **Pilz**gerichte. Vor allem das Sila- und das Serre-Gebiet bieten eine große Auswahl: *funghi rositi* aus der Sila, Steinpilze *(funghi porcini)*, Pfifferlinge *(funghi cantarelli)* u. a. In den Bergen werden auch **Käse**sorten wie *ricotta* (in den griechischen Dörfern im Aspromonte mit Honig), *provolone, caciocavallo, butirri* (mit Butter gefüllt) und *mozzarella* hergestellt. Vor allem um den Monte Poro und im Aspromonte ist der Schafskäse *pecorino* verbreitet. Eine *frittata calabrese* (Omelette) wird mit frischer *ricotta* zubereitet.

Die *nduja,* eine sehr scharfe Wurst aus verschiedenen **Fleisch**sorten, wird vor allem in Spilinga (Monte Poro) produziert. Der Thunfisch- (Pizzo) und der Schwertfischfang an der *Costa Viola* (Scilla, Bagnara und Palmi) haben in Kalabrien eine lange Tradition.

Aber die kalabrische Küche ist auch reich an **Gemüse,** Hülsenfrüchten und Getreide: *peperonata* (Gemüseragout mit Paprikaschoten), *melanzane alla griglia* (gegrillte Aubergine), *fiori di zucchini* (Zucchiniblüten), *minestra di fagioli* (Bohnensuppe) …

Unter den vielen **Kräutern** und **Gewürzen** verdienen die *peperoncini* besondere Beachtung: Als wichtige Zutat in der kalabrischen Küche geben sie vielen Gerichten die unverwechselbare Schärfe. Die *cipolla rossa* ist eine durch ihre Süße und Milde ausgezeichnete rote Zwiebel, die entlang der Costa degli Dei kultiviert wird (s. S. 152ff.).

Antipasti, primi, secondi

Traditionell besteht das italienische Menü aus einer Vorspeise *(antipasto),* einem ersten Tellergericht *(primo piatto),* dem Hauptgericht *(secondo piatto),* Käse und/oder Obst sowie dem abschließenden *caffè* oder *digestivo* (Digestif). Längst sind auch viele Kalabresen dazu übergegangen, einen Gang auszulassen. Bei den lokaltypischen *antipasti* handelt es sich meist um in Öl oder Essig eingelegtes, aber auch frittiertes Gemüse, Käse oder Wurst, an der Küste Meeresfrüchte.

Die *primi piatti* sind lokal sehr unterschiedlich, meist handelt es sich um Nudel-, aber auch Reisgerichte; Gemüse (z. B. *fagiola,* weiße Bohnen) oder Suppen stehen ebenfalls oft auf der Speisekarte. Empfehlenswert ist stets die *pasta fatta in casa* (hausgemachte Pasta), z. B. *maccheroni, fileja, gnocchi* und *pasta e ceci* oder *fagioli* (Pasta mit Kichererbsen oder Bohnen). Gefüllte Makkaroni heißen *maccheroni ripieni.*

Preise

Die Preiskategorien (und konkreten Preisangaben) gelten für ein Menü *(antipasto, primo, secondo)* ohne Getränke pro Person:

günstig: bis 10 €
moderat: bis 15 €
teuer: bis 25 €
Luxus: ab 25 €

Pane e coperta (Brot und Gedeck), ein Festpreis für Tischwäsche und den Brotkorb, wird in vielen Lokalen pro Person zusätzlich berechnet. In der Hochsaison (vor allem in der ersten Augusthälfte) muss man mit stark erhöhten Preisen rechnen.

Das Hauptgericht besteht fast immer aus Fleisch oder Fisch. Schwertfisch *(pesce spada),* Thunfisch *(tonno),* Stockfisch *(baccalà, stoccafisso),* Zahnbrasse *(dentice),* Miesmuscheln *(cozze),* Venusmuscheln *(vongole),* Krabben *(gamberi),* Tintenfisch *(calamari)* kommen auf den Tisch ebenso wie Kotelett *(cotoletta)* oder Schnitzel *(scaloppina)* von Rind, Schwein, Wildschwein *(cinghiale).* Lamm vom Grill *(agnello alla brace)* und Zickleinkoteletts *(costolettini di capretto)* gelten als besondere Spezialitäten.

Nach dem Hauptgang

Je nach Gegend und Jahreszeit werden typische Käsesorten, Obst und Süßspeisen angeboten. Die vielen in der Region angebauten Früchte nehmen einen wichtigen Platz auf der Speisekarte ein: Orangen, Mandarinen, Zitronen, Pfirsiche, Äpfel, Erdbeeren, Pflaumen, Weintrauben, Feigen und Melonen werden ebenso verarbeitet wie Kaktusfeigen *(fichi d'India), nespole* (mirabellengroße gelbliche Früchte) und *anone* (birnenartige Früchte).

Unter den kalabrischen Süßspeisen *(dolci)* ist der *tartuffo* sicher am bekanntesten. Für ihre Qualität gerühmt weden die *dolci* und *gelati* aus Reggio di Calabria, etwa die *torta di mandorle* (Mandelkuchen), die *petrali* (Gebäck aus Mürbeteig) und das cremige Eis. Nach einem üppigen Essen gehört der kleine starke *caffè* fast schon zum Pflichtprogramm.

Zum Abschluss des Mahls wird je nach Gegend ein Limoncello, ein Amaro del Capo (Costa degli Dei), ein *liquore di fichi d'India* (Likör aus Kaktusfeigen) oder ein Bergamotte-Likör (Provinz Reggio di Calabria) serviert. Die Elixiere aus San Giovanni in Fiore, Amaro dell'Abate (Kräuter-Likör), l'Anzu (Anis-Likör) und Magna Grecia (Myrte-Likör) oder weitere, z. T. hausgemachte Kreationen sind auch im Angebot. Ein Grappa, z. B. der hochprozentige Paisanella aus der Sila, tut nach einem üppigen Mahl ebenfalls wohl.

Wein und Wasser

Zu einem guten Essen gehört auch ein guter **Wein!** Der Weinanbau hat in Kalabrien eine lange Tradition. Produziert wird sowohl von den Weinbauern als auch von vielen Kalabresen für den

Hausgebrauch oder die Verköstigung im eigenen Lokal: Die Frage nach dem *vino locale* ist immer angebracht.

Wer hingegen auf die zertifizierten D.O.C.-Weine zurückgreifen möchte, der hat die Wahl zwischen dem Sant'Anna (Isola di Capo Rizzuto), dem traditionellen, bereits von den Mönchen der Sambuccina-Abtei produzierten San Vito di Luzzi sowie zwischen Bivongi, Melissa, Pollino, Savuto und natürlich dem bekanntesten der kalabrischen Weine, dem Cirò (rot, weiß, rosé) aus dem gleichnamigen Weinanbaugebiet nördlich von Crotone. Unter dem Namen Cremissa soll er schon den antiken Olympiasiegern kredenzt worden sein. Ein Großteil der Rotweine wird aus der Rebsorte Gaglioppo hergestellt. Eine der ältesten Weinsorten ist der goldgelbe Dessertwein Greco di Bianco, dessen Reben die Griechen bei ihrer ersten Besiedlung des Capo Bruzzano im 8 Jh. v. Chr. mitgebracht haben sollen.

Neben diesen Spitzenweinen sind auch der Limbadi, der rote Bova, der Roséwein Strogulia (Spezzano Albanese), der rote Pellaro (nahe Reggio di Calabria), der goldgelbe oder rubinrote Verbicaro (Lao-Tal), der Likörwein Balbino d'Altomonte sowie der Zibibbo-Wein von der Costa dei Cedri sehr empfehlenswert.

Ein Getränk, das auf keiner kalabrischen Tafel fehlt, ist das **Wasser** *(acqua minerale),* je nach Geschmack *naturale* (ohne Kohlensäure) oder *frizzante* (mit Kohlensäure). Aus kalabrischen Quellen stammen die natriumarmen Mineralwässer Mangiatorella (Mongiana), Le acque delle Serre unter der

Kalabrische Spezialitäten: Kapern, rote Zwiebeln und Peperoncini

Marke Calabria und das Wasser namens Sila.

Wo und wann?

Ein beliebter Treffpunkt, insbesondere für die jungen Kalabresen, ist die Pizzeria, wo zur Pizza meist Bier getrunken wird. In den *trattorie* hingegen genießt der Gast vorrangig die regionaltypische Hausmannskost, die aber auch in den *ristoranti* oft neben der internationalen Küche angeboten wird.

Zu Mittag *(a pranzo)* isst man gegen 13 Uhr, die Lokale sind von ca. 12.30 bis 15 Uhr geöffnet. *A cena* (zum Abendessen) geht man nicht vor 20 Uhr, so dass in der Saison die Restaurants, Pizzerien und Trattorien durchaus bis 23 Uhr geöffnet sind.

Tipps für Ihren Urlaub

Tropea, Blick auf Isola Bella

KALABRIEN ALS REISEZIEL

Touristische Highlights: Natur und Kultur

Kalabrien ist vor allem für seine wunderschöne Küste bekannt, und so verbringen die meisten Urlauber hier einen Strand- und Badeurlaub. Die lebhaften kleinen **Küstenorte** ermöglichen vorwiegend in den Sommermonaten erholsame Ferien mit einer ausgewogenen Mixtur aus Sonnenbaden, Bummeln, kulinarischen Genüssen und kulturellen Veranstaltungen. In den Top-Feriengebieten, etwa um Tropea, Soverato oder Diamante, sorgen in der Hochsaison Diskotheken für Unterhaltung auch der ausgelassenen Art.

Die einsamen **Gebirgslandschaften** des Monte Pollino, der Sila, der Serre und des Aspromonte liefern ein Kontrastprogramm zur Küste: Mit ihren Bergen, Seen und Wäldern offerieren sie ganzjährig eine Stille, die man im Trubel der Hauptsaison (Juli/August) an den Strandpromenaden kaum für möglich halten mag. Und weil man es in der Stiefelspitze nirgendwo allzu weit zum Meer hat, ist umgekehrt die ruhige Kühle der Wälder von überall in maximal anderthalb Fahrstunden zu erreichen. Den erklärten Naturfreund verführen die Berge Kalabriens in jeder Jahreszeit zu ausgedehnten Entdeckungsreisen, insbesondere durch die **Nationalparks.**

Kalabrien ist – wie jede italienische Region – auch für geschichtsbewusste Kulturreisende ein interessantes Ziel. Zahlreiche Völker haben ihre Spuren hinterlassen, sowohl in der Architektur als auch in lebendigen Traditionen. **Kunsthistorische Highlights** sind sicherlich die Tempelsäule am Capo Colonna bei Crotone, die archäologischen Ausgrabungsstätten bei Locri, Squillace und Sibari, das Nationalmuseum in Reggio di Calabria mit den berühmten Bronzekriegern, die Festung Le Castella auf der Isola di Capo Rizzuto, La Cattolica in Stilo, die Steinritzzeichnung in der Grotta del Romito und das byzantinische Rossano. Eine kulturelle Besonderheit sind jene Dörfer, in denen die Nachfahren albanischer und griechischer Immigranten die Brauchtümer und die Sprache ihrer Ahnen pflegen.

Was immer Sie in den Süden zieht: Nehmen Sie mit allen Sinnen diese vielfältigen Eindrücke auf und entdecken Sie Ihr ganz persönliches Kalabrien.

Sonne, Strand und Meer

Badeurlaub

An der 780 km langen Küste finden sich zahlreiche weitläufige Sandstrände, kleine, versteckte Buchten und vereinzelt auch Klippen. Für einen Bade- und Strandurlaub bietet sich allen voran die Costa degli Dei an der tyrrhenischen Küste an, aber auch die Badeparadiese Soverato und Stalletti sowie die Isola di Capo Rizzuto (teils Felsküste) am Ionischen Meer versprechen schöne Ferien. Feine Sandstrände in wunderschönen Buchten finden sich zudem an der Costa dei Cedri im Nordwesten und der Costa dei Gelsomini im äußersten Süden Kalabriens.

Die Küstenorte sind zunehmend an einer Verbesserung der Wasserqualität interessiert und führen Kontrollen durch. Tropea wurde 2002 von Legaambiente-TCI als einer der besten Badeorte Italiens ausgezeichnet. Die Wasserqualität ist durch den enormen Andrang im August am schlechtesten.

Tauchen

Längs der Küste bietet sich Tauchern fast überall eine interessante Unterwasserwelt. Besonders faszinierend ist der Meeresboden an der Costa Viola und vor der Isola di Capo Rizzuto.

Windsurfen

Wenn Wind und hohe Wellen so manchen Schwimmer schrecken, freuen sich die Windsurfer. Als Surferparadies gilt Steccato di Cutro am Ionischen Meer ca. 30 km östlich von Catanzaro. Im Süden des Capo Rizzuto weht ganzjährig ein konstanter Südwestwind, der Geschwindigkeiten um 70–80 km/h beschert. Surfen ist auch am Capo Vaticano möglich. Besonders empfehlenswert für Surfer sind die Monate Mai, Juni und ab Ende September.

Gebirgswelt erleben

Auf Spazierfahrten und -gängen, wandernd oder Rad fahrend, aber auch auf Skiern kann man die rauen Berge und sanften Hügel Kalabriens entdecken.

Wandern und Radfahren

Zahlreiche ausgeschilderte Routen in der Sila, im Aspromonte und am Monte Pollino bieten sich für **Wanderungen** an. Aber auch am Monte Poro, in den Serre, im Bosco di Stilo und in vielen kleineren Waldgebieten gibt es unzählige Möglichkeiten. Die Wandersaison reicht von Mai bis Oktober. **Radtouren** sind aufgrund der Höhenunterschiede eine besondere Herausforderung. Geeignete Urlaubsgebiete für Radfreunde sind die Sila und die Serre.

Torrentismo und Rafting

Ein Abenteuer der ganz besonderen Art ist der **Torrentismo classico** (Canyoning). Dahinter verbirgt sich die Führung durch eine Schlucht, bei der man auch durch den *torrente* (Sturzbach) waten muss und manche Kletterpartie über steile Felsabschnitte ansteht. Möglich ist dieses anstrengende Vergnügen im Tal des Raganello/Monte Pollino und im Aspromonte. Auch das **Rafting** verspricht Abenteuer pur: Im Monte Pollino schießen Sie – sicherheitshalber mit einer Schwimmweste angetan – in einem Schlauchboot den Lao hinab.

Wintersport

Skifahren kann man in den Wintersportgebieten in der Sila und im Aspromonte. Von Dezember bis Ende Februar warten in Lorica, Camigliatello, Villaggio Palumbo und Gambarie Skipisten auf die Besucher, während man an der Küste seinen Cappuccino unter freiem Himmel genießen kann.

THERMALBÄDER UND SCHÖNHEITSKUREN

Am Hang des Berges Sellaro im Monte Pollino-Gebirge liegen die Thermen von **Cerchiara di Calabria.** Aus dem Kalkgestein sprudelt warmes Heilwasser, das insbesondere bei rheumatischen, Haut- und Gelenkerkrankungen angewandt wird. Im großen Thermalschwimmbad können sich Groß und Klein im Schlamm wälzen, sei es zum reinen Vergnügen oder aus gesundheitlichen Gründen. Nicht weit entfernt, in den **Terme Sibarite** in **Cassano allo Ionio,** ist Schlamm ebenfalls Hauptbestandteil der Thermalanlage. Bereits im Altertum waren die schwefligen Quellen für ihre heilende Wirkung bei der Behandlung rheumatischer Leiden, rhinogener Taubheit, gynäkologischer und Atemwegserkrankungen bekannt.

Brom- und jodsalzhaltige Thermen, vor allem bei Lebererkrankungen indiziert, befinden sich in der Nähe von **Spezzano Albanese** am Fluss Esaro, umgeben von Pinien, Eukalyptus- und Olivenbäumen in einer schönen Anlage. In den **Terme Luigiane** in **Guardia Piemontese** wird das extrem schwefelhaltige Wasser zusammen mit bromjodhaltigem Schlamm bei rheumatischen Leiden, Gelenkerkrankungen sowie bei Erkrankungen des Hals-, Nasen-, Ohrenbereiches angewandt. Schönheitskuren sind hier ebenfalls möglich (Gesichtsmasken aus Schlamm oder Algen).

Nahe dem Flughafen **Lamezia Terme** liegt die berühmte **Quelle Caronte,** deren Wasser mit Schwefel, Sulfat, Alkali, Jod und Arsen angereichert ist. Neben einem Atem- und Bewegungsrehabilitationszentrum ist auch ein Zentrum für Hautkosmetik vorhanden. Die **Quellen von Galatro** wurden bereits im 8./9. Jh. von den basilianischen Mönchen des Klosters Sant'Elia (Galatro nahe Rosarno) entdeckt. Aus der engen Felsspalte des Monte Livia quillt schlammartiges schwefel- und jodhaltiges Wasser. Zahlreich sind die Anwendungen insbesondere bei Lymphdrüsenentzündungen, Asthma und Funktionsstörungen der Leber.

Warme sowie Schlammbäder, Spülungen und Aerosol-Therapie werden in den **Thermen von Antonimina** in der Nähe von **Locri** verabreicht. Die schon zur Zeit der alten Griechen bekannten jod-, sulfat- und alkalihaltigen Quellen werden bei chronischem Rheumatismus, Nerven- und Muskelentzündungen, chronischer Bronchitis, gynäkologischen Erkrankungen, Allergien und vielem mehr angewandt.

Terme di Spezzano: Via C.da Bagni, 87010 Spezzano Albanese Terme, Tel. 09 81 95 37 13, Fax 09 81 95 30 96. **Terme Sibarite:** Via Terme 2, 87011 Cassano allo Ionio, Tel. 098 17 13 76, Fax 098 17 63 66, E-Mail: termesibarite@tiscalinet.it. **Terme Luigiane:** 87020 Acquapesa/Guardia Piemontese, Tel. 098 29 40 64, Fax 098 29 44 78, www.termeluigiane.it. **Grotta delle Ninfe:** Balze di Cristo, 87070 Cerchiara di Calabria, Tel. 09 81 99 11 97. **Terme Caronte:** Ctr. Caronte, 88046 Lamezia Terme/Sambiase, Tel. 09 68 43 71 80, Fax 09 68 43 70 24, E-Mail: info @termecaronte.it. **Terme Galatro:** 89054 Galatro, Tel. 09 66 99 37 00. **Terme Antonimina:** Piazza delle Terme, 89040 Antonimina Terme, Tel./Fax 09 64 31 20 40.

Auch das bietet Kalabrien: Wellness in den Terme Luigiane

Pauschal- oder Individualreisen?

Abhängig ist die Entscheidung für oder gegen einen selbstorganisierten Urlaub nicht allein von den persönlichen Vorlieben, sondern auch von der Urlaubslänge, dem Geldbeutel und den Sprachkenntnissen.

Zwar wird mittlerweile in den größeren Hotels Wert darauf gelegt, dass das Personal zumindest zweisprachig ist (vorrangig Englisch- oder Deutsch-Kenntnisse), aber in den kleineren Pensionen und Hotels und auch im Agriturismo ist dies keinesfalls selbstverständlich. Für eine Individualreise sind daher Grundkenntnisse der italienischen Sprache zu empfehlen. Grundsätzlich sind die Kalabresen aber sehr hilfsbereit und geduldig, so dass etwaige Verständigungsprobleme mit gutem Willen und Ausdauer gelöst werden können.

All-inclusive-Reisen sind sicherlich gerade in der Hauptreisezeit die günstigste Variante. Allerdings sollten Sie bedenken, dass Ihnen durch den Komplettservice die Möglichkeit entgeht, die zahlreichen typischen Trattorien, Pizzerien und Restaurants auszuprobieren. Einen relativ preiswerten Urlaub kann man verbringen, indem man für die Vor- oder Nachsaison einen Charterflug bucht und eine Ferienwohnung anmietet.

Wer eine ausgedehnte Reise von Ort zu Ort plant, reist am besten mit dem eigenen Pkw an. Für kurze Aufenthalte ist es natürlich immer bequemer, auf ein Pauschalarrangement mit Flug zurückzugreifen.

Sprachurlaub

Lernt man Italienisch im Land, kann man das Gelernte sofort anwenden – für Sprachpraxis ist gesorgt, Erfolge stellen sich schnell ein. Morgens zum Sprachunterricht, mittags am Strand relaxen und abends über den *corso* bummeln, gekoppelt mit weiteren Angeboten der Schule – diese Offerte nutzen insbesondere wissbegierige Alleinreisende. Übrigens bieten einige Schulen auch Koch- und Tanzkurse an, die teils auch ohne italienische Sprachkenntnisse besucht werden können.

Sprachcaffè Sprachreisen Capo Vaticano: Schneckenhofstr. 15, 60596 Frankfurt a. M., Tel. 069/610 91 20, Fax 603 13 95, www.sprachcaffe.de.

Villa Dante School: Via Aragona 3, 89861 Tropea, Tel./Fax 0039/09 63 60 72 48, www.villadanteschool.com.

Caffè Italiano Club: Largo Antonio Pandullo 5, 89861 Tropea, Tel./Fax 0039/09 63 60 32 84, www.paginegiale.it/caffeital.

carpediem Sprachreisen GmbH: Münsterstr. 111, 48155 Münster, Tel. 025 06/830 30, Fax 83 03 23, www.carpe.de.

Urlaub mit Kindern

Bambini sind den meisten Italienern und selbstverständlich auch den Kalabresen das Allerliebste. Wie in den nördlichen Gefilden kaum zu sehen, spielen und toben die Kinder im öffentlichen Raum. Es gibt wenige speziell eingerichtete Plätze, auf denen die Kinder unter sich spielen. Vielmehr ist es im ländlichen Süden ganz selbstverständlich, dass die Kleinen überall herumtollen. Der Strand ist natürlich ein ideales Revier für den Nachwuchs. Allerdings sollte er in den Sonnenstunden von 12 bis 15 Uhr gemieden werden. Dies gilt insbesondere in den Monaten Juli und August wegen der hohen Temperaturen und oft erhöhten Ozonwerte.

Für einen Urlaub mit Kindern eingerichtet sind viele *villaggi* (Feriendörfer), die Kinderbetreuung, Animation und verschiedene Sport- und Spielangebote bereithalten. Spaß für Kleine, aber auch für Große versprechen die Aquaparks in Rossano und Zambrone sowie die Trocken-Bobbahn bei Lorica.

Die Kinderliebe und Hilfsbereitschaft der Süditaliener erleichtert Müttern und Vätern die Überwindung etwaiger Hindernisse – Hilfe bekommt man schnell, etwa für das Tragen eines Kinderwagens.

Routenvorschläge

Dank ihrer verkehrsgünstigen Lage sind Tropea, Soverato und Diamante ideale Ausgangspunkte für **Rundreisen** sowie **Tagesausflüge** per Auto oder Zug. Die beliebten Ferienorte an der Küste offerieren pure Entspannung am Strand und kulturelle Angebote am Abend. Wen das städtische Leben reizt, der sollte als Ausgangspunkt Crotone, Catanzaro, Reggio di Calabria oder Cosenza wählen.

Auf den Spuren der Griechen und Byzantiner in Kalabrien (8–9 Tage)

Ausgangspunkt Crotone: die einstige griechische Kolonie Kroton; Besuch von Gerace und der Ausgrabungsstätte Locri Epizefiri; Stilo (Cattolica) und Bivongi; Reggio di Calabria, das antike Rhegion mit seinen zahlreichen, im Nationalmuseum zu besichtigenden Fundstücken aus der Antike; Endpunkt Reggio di Calabria (Flughafen).

Sila – Natur, Kunst und Handwerk (7–8 Tage)

Ausgangs- und Endpunkt Catanzaro (nahe Flughafen Lamezia), Tiriolo (Kunsthandwerk), Taverna (der Maler Mattia Preti), Nationalpark Sila Piccola, San Giovanni in Fiore (Teppichweberei), Rossano *(Codex purpureus),* Santa Severina (Kastell), Cropani (Kunsthandwerk).

Kunst und Natur im Nordwesten Kalabriens (8–9 Tage)

Ausgangs- und Endpunkt Cosenza (nahe Flughafen Lamezia), Künstlerstädtchen Diamante, die Ruinen von Cirella Vecchia, Papasidero und die Grotta del Romito, das Gebirgsstädtchen Morano, Wandern im Monte Pollino, das malerische Altomonte, Cosenza.

Vom Tyrrhenischen zum Ionischen Meer (5–6 Tage)

Ausgangspunkt Tropea, quirlige Provinzhauptstadt Vibo Valentia, Soriano, Serra San Bruno (Kartause des hl. Bruno), Bivongi (Wasserfälle), Stilo (byzantinische Cattolica), Monasterace Marina (Ausgrabungen).

Reisezeit und Kleidung

Die Hauptreisezeit in Kalabrien sind die Monate Juli und August. Dann ist in einigen Orten (z. B. Tropea und Soverato) mit Überfüllung zu rechnen. Strand- und Badeurlaub ist von Juni bis September zu empfehlen. Ideal für Entdeckungsreisen ist die Zeit von März bis Ende Juni und von Ende August bis in den November hinein. Wer den Trubel liebt, sollte sich allerdings auf die Hauptsaison beschränken. Denn vielerorts sind die Touristenlokalitäten, allen voran die Diskotheken, nur im Juli und August geöffnet. Die Saison der Reiseanbieter beginnt meist im April und endet Anfang November, außerhalb dieser Zeiten steht man häufig vor geschlossenen Unterkünften, Restaurants und Museen.

An den Küsten ist in der Regel von Juni bis September leichte Sommerkleidung ausreichend. Allerdings sollte an langärmelige Kleidungsstücke für die Stunden nach Sonnenuntergang gedacht werden. Bei Kirchenbesuchen achte man auf angemessene Kleidung. Im Frühjahr und Herbst sowie bei Reisen in die höheren Lagen im Landesinneren sind leichte Pullover angebracht. Da die wenigen Regengüsse meist sturzbachartig auftreten und nach wenigen Stunden enden, kann auf eine Regenausrüstung in den Monaten von Mai bis Oktober meist verzichtet werden. Zum Wandern sollte man in jeder Jahreszeit unbedingt festes Schuhwerk tragen. Wer im Winter nach Kalabrien kommt, sollte daran denken, dass nicht alle Unterkünfte beheizt werden können.

UNTERWEGS
IN KALABRIEN

Ein Leitfaden für die Reise und viele Tipps für unterwegs.

Genaue Beschreibungen von Städten und Dörfern, Sehenswürdigkeiten und Stränden sowie Ausflugszielen.

Kalabrien erleben: Ausgesuchte Familienhotels und Pensionen, Restaurants und Pizzerien, Wanderungen und Bootstouren.

Die Cattolica von Stilo

Der Nordwesten Kalabriens

Die Bucht von Scalea

Kalabrien-Atlas S. 230–232

COSTA DEI CEDRI

Die Costa dei Cedri am nördlichen Tyrrhenischen Meer lädt nicht nur zum Sonnenbaden ein, sondern bietet jede Menge Kultur: die Grottenkirche in Praia a Mare, archäologische Funde im Antiquarium von Scalea, die Ruinen von Cirella Vecchia, Wandmalereien in Diamante, alte Palazzi in Cetraro, Ausstellungen zur Waldensergeschichte in Guardia Piemontese. Wohlige Entspannung versprechen die Terme Luigiane.

Praia a Mare

Kalabrien-Atlas: S. 230, B 2

Das kleine Praia a Mare im äußersten Norden der westkalabrischen Küste ist ein beliebter moderner Badeort. Am Meer laden zahlreiche Strände mit feinem dunklen Sand zum Faulenzen und Wassersport ein. Der Küstenstrich blickt auf eine lange Geschichte zurück: Bei Ausgrabungen in der Grottenkirche am Ortsrand von Praia fand man Spuren menschlicher Besiedlung aus dem Paläolithikum. Die Fundstücke sind teils im Paläontologischen Museum in Rom zu besichtigen, teils im **Museo Comunale città di Praia,** das außerdem über eine Abteilung für moderne Kunst verfügt (Via Dante Alighieri, Mo–Sa 9–12, 17–20 Uhr).

Ein steiler Weg führt hinauf zur Grotten-Wallfahrtskirche **Santuario della Madonna della Grotta.** Die weiße Kirchenfassade kontrastiert reizvoll mit dem dunklen, schroffen Felsen, dem Grün der Pflanzen und dem meist strahlend blauen Himmel. Im Laufe von Jahrtausenden ist durch Erosion eine 19 m hohe Höhle im Monte Vinciolo entstanden. Sie birgt die als wundertätig geltende Holzstatue der ›Madonna mit dem Kind‹. Der Legende nach gelangte sie im August 1326 hierher. Damals stoppte aus unerfindlichen Gründen unterhalb der Grotte ein Schiff aus Sizilien. Alle Bemühungen, das Schiff vorwärts zu bewegen scheiterten. Die Besatzung gab der an Bord befindlichen Madonnenstatue die Schuld an dem Desaster und wollte sie ins Meer werfen. Doch der Kapitän, ein tiefgläubiger Mann, ließ sie zur Grotte hinaufschaffen. Nachdem sie dort aufgestellt worden war, konnte das Schiff seine Fahrt fortsetzen. Alljährlich am 15. August wird das Fest der Madonna della Grotta gefeiert und die Figur in einer Prozession durch den Ort getragen.

In der Grottenkirche ist außer einer Kopie der Holzfigur auch die Marmorstatue ›Madonna della Neve‹ von Antonello Gagini (16. Jh.) zu sehen sowie ein Ausgrabungsschacht, dessen einzelne Erdschichten (bis zu 8 m Tiefe) sich mithilfe eines Riesenlineals nachvollziehen lassen.

3 km südlich der Küstenstraße gelangt man in den Ortsteil Fiuzzi, bekannt vor allem wegen der ihm vorgelagerten **Isola di Dino.** Das vom Strand nur 200 m entfernte Eiland ist ein beliebtes Ziel für Bootsausflüge. Von den zahlreichen Grotten der Insel verdient vor allem die **Grotta Azzurra** wegen ihres wunderbaren Farbenspiels Erwähnung.

Schräg gegenüber der Insel erhebt sich der wuchtige Sarazenenturm **Torre di Fiuzzi** aus dem 16. Jh. Am Strand bietet sich ein fast schon bizarrer Anblick: dunkler Sand, umgeben von schwarzen Felsen, die alte Befestigungsanlage, das strahlend blaue Meer, die grüne Insel und am Berghang

Isola di Dino bei Praia a Mare

COSTA DEI CEDRI

Der Küstenabschnitt des Tyrrhenischen Meeres im äußersten Norden von Kalabrien hat seinen Namen von der *cedro* (= Zeder, hier aber Cedrat- oder Zitronatzitrone) erhalten. Während im Italienischen ein Begriff für diese zwei so unterschiedlichen Pflanzen verwandt wird, differenziert die deutsche Sprache hier sehr wohl, und so ist die immer wieder verwandte Bezeichnung ›Zedernküste‹ für diesen Küstenabschnitt faktisch falsch. An der Riviera dei Cedri ist nicht die Zeder, das Kieferngewächs, zu Hause, sondern die *Citrus medica*. Diese Zitruspflanze wird in 26 Gemeinden zwischen Tortora und Paola längs der tyrrhenischen Küste angebaut. Im Frühjahr, wenn die Bäume mit ihren weißen Blüten erblühen, sind Gärten und ganze Straßen von einem wunderbaren Duft erfüllt. Im November schließlich werden die Früchte geerntet und aus der Essenz Likör, Speiseeis und *granita* (ein Getränk mit zerstoßenem Eis) hergestellt.

Aber die Früchte haben noch eine weitere, ganz besondere Verwendung: Sie sind unter dem Namen Etrog Teil des Feststraußes beim jüdischen Laubhüttenfest Sukkoth, das im September/Oktober gefeiert wird. Die Früchte müssen eine spezielle Form haben und von ›reinen‹ Pflanzen stammen. Im August kommen Rabbiner an die ›Zedernküste‹, um die Cedratzitronen nach eingehender Prüfung eigenhändig zu pflücken. Die Prüfung ist schwierig, da viele dieser Pflanzen Anfang des 20. Jh. mit dem wilden Apfelsinenbaum gekreuzt worden sind und die Rabbiner ausschließlich an den ungekreuzten Pflanzen interessiert sind. Die ausgewählten kleinen, noch grünen Früchte werden dann an jüdische Gemeinden in aller Welt verschickt, vor allem nach Nordamerika.

eine futuristische (Ferien-)Siedlung. Die Kontraste, alt und modern, saftige und karge Natur, lösen sich in einem wunderschönen Zusammenspiel auf. Das weiter südlich gelegene **Kastell** gehört zu den wenigen bewohnten Burgen Kalabriens und ist daher leider nicht zu besichtigen.

Informazione Accoglienza Turistico: Via A. Vespucci, 87026 Praia a Mare, Tel. 098 57 25 85, Fax 098 57 25 55.

Hotel Club Bridge: Loc. Vannefora, San Nicola Arcella, Tel. 09 85 33 85,

Fax 09 85 39 30. Futuristische Siedlung nahe Praia a Mare in wunderbarer Panoramalage, jeglicher Komfort vorhanden, Restaurant. Halbpension ca. 43–62 € (Vor- und Nachsaison), ca. 100 € (Hauptsaison).

Villaggio Turistico La Manitinera: SS 18, Loc. Manitinera, Tel. 09 85 77 90 23, Fax 09 85 77 90 09. Gegenüber der Isola di Dino, wahlweise Hotel, Residence oder Camping, verschiedene Sportangebote, Disko, Babysitting. Halbpension 37–48 € (Vor- und Nachsaison), ca. 85 € (Hauptsaison).

Enoteca Salzano: Via P. Longo 23, Weine und typische lokale Produkte.

Il Coccio: Laboratorio Arte Ceramica, Via Fratelli Bandiera 5. Keramikwerkstatt.

 Festa della Madonna della Grotta: 13.–18. Aug., mit Veranstaltungen und Jahrmarkt, 15. Aug. Prozession.

 Bahn: vom Bahnhof Praja-Ajeta-Tortora tagsüber stdl. Richtung Paola und Sapri/Salerno.

Bus: tgl. außer So (ca. 8 x, im Sommer häufiger) längs der Costa dei Cedri und nach Cosenza (Tel. 09 84 41 30 01), 2–3 x tgl. außer So Richtung Diamante (Tel. 097 32 29 43).

Scalea

Kalabrien-Atlas: S. 230, B 3

Scalea gehört zu den ältesten Städten Kalabriens. Der Ort geht auf das griechische Laos zurück, einer im 6. Jh. v. Chr. von Sybariten gegründeten Tochterkolonie, die sich vom Capo Scalea bis zur Punta Cirella erstreckte. Bei Ausgrabungen auf dem Gebiet der Gemeinde Santa Maria del Cedro (Località Perato) wurde die antike südliche Stadtmauer freigelegt.

Nach der Zerstörung von Sybaris verbündete sich Laos, in das viele Bewohner der Mutterkolonie geflüchtet waren, mit Thurium gegen die Lukaner. In einer verheerenden Schlacht im Jahr 389 v. Chr., in der 10 000 Soldaten fielen, unterlagen die Verbündeten den Lukanern. Dies bedeutete das Ende der Kolonie Laos.

Bei Ausgrabungen in der Località Foreste fand man Überreste der römischen Siedlung Lavinium. Unter den Byzantinern entstand dann um 600 n. Chr. auf einem ca. 60 m hohen Hügel La Scalea, das heutige Scalea. Der mittelalterliche Teil der Stadt ist treppenartig (ital. *scala* = Treppe) an den Hang gebaut. Charakteristisch sind die schmalen Gassen und Torbögen. Hoch oben thronen die Ruinen des normannischen **Kastells,** das auf den Resten einer Befestigungsanlage der Langobarden (7./8. Jh.) im 11. Jh. errichtet und später unter den Anjou und Aragonesen erneuert wurde.

In der Kirche **Santa Maria d'Episcopio** (12. Jh./17. Jh.) in unmittelbarer Nähe des Kastells wird die Madonna del Carmine verehrt. Die Holzstatue soll bei einer Choleraepidemie 1875 wundertätig gewirkt haben. Zu sehen sind außerdem die ›Beschneidung Jesu‹ von Paolo de Matteis aus dem 18. Jh. und Fresken der Madonna und der Engel (13. Jh.).

In der **Chiesetta dello Spedale** kann der Besucher byzantinische Fresken bewundern. Interessant ist auch die einer Festung gleichende Pfarrkirche **San Nicola in Plateis** (14. Jh.), die u. a. das Mausoleum des aus Scalea stammenden Admirals Ademaro Romano beherbergt. Der um 1300 errichtete **Palazzo dei principi** in der Via Lido wurde im 18. Jh. von der Familie Spinelli umgebaut und ist vor kurzem restauriert worden.

Im **Antiquarium Torre Cimalonga** am südlichen Rand der Altstadt sind archäologische Funde aus Laos zu besichtigen (Sommer 9–13, 16–19, Winter 9–13, 15–18 Uhr, Mo geschl.). Die bedeutendsten Stücke aus dem 4. Jh. v. Chr. befinden sich allerdings im Nationalmuseum in Reggio di Calabria.

Scharfe Dinger

In Diamante wirkt seit einigen Jahren die **Accademia del Peperoncino,** deren Anliegen es ist, dem fundamentalen Bestandteil der kalabrischen Küche gerecht zu werden. Im September jeden Jahres veranstaltet die Akademie das Festival del Peperoncino unter dem Motto ›Kunst, Kultur und Gastronomie in pikanter Sauce‹. Im Rahmen dieses Festivals finden Ausstellungen und kulturelle Vorführungen statt, gleichzeitig werden in diversen Restaurants *cene del diavolo* (Abendessen des Teufels) angeboten (Via Amendola 21, Tel. 098 58 11 30, Fax 09 85 87 77 21, www.peperoncino.org). Im benachbarten Maiera widmet sich ein Museum der scharfen Roten (s. S. 63).

Unterhalb der Altstadt steht die **Torre Talao,** die 1568 von Mastro Paulo Personne errichtet wurde. In den **Grotten** von Talao wurden Fossilien aus dem Pleistozän gefunden sowie Objekte, die eine Besiedlung des Gebietes in der Steinzeit belegen.

Ufficio turistico: Viale Kennedy, 87029 Scalea, Tel./Fax 098 59 06 79.

Hotel Talao: Corso Mediterraneo 66, Tel. 098 52 04 44, Fax 098 52 09 27. Direkt am Strand, unterhalb der Torre Talao, modernes Hotel mit Klimaanlage, Balkon, Tennisplatz, Schwimmbad, Restaurant, Halbpension in der Vor- und Nachsaison 22–60 €, Hauptsaison ca. 85 €.

Bar Ristorante Genova: Via Lido 10, Tel. 098 52 02 09, im Winter So geschl. Holzofen, lokale Küche, moderat.

Karneval mit fröhlichem Umzug (Tanz der Fischer, *Pizzica'ndo*). **Fest der Schutzpatronin Madonna del Carmine:** 15./16. Juli, Prozession, Konzert und Markt. **Festa della Madonna del Lauro:** 7./8. Sept., Meeresprozession der Fischer und Markt *Fiera delle cretaglie* (vorwiegend Terrakottaprodukte).

Centro Lao Action Raft: Via Lauro 10/12, Tel. 09 85 214 76 u. Handy 33 82 23 67 44, laoraft@labnet.it. Rafting.

Bahn: tagsüber stdl. Richtung Paola und Sapri/Salerno. **Bus:** tgl. außer So (ca. 8 x, im Sommer häufiger) längs der Costa dei Cedri und nach Cosenza (Tel. 09 84 41 30 01), 2–3 x tgl. außer So Richtung Diamante und Praia a Mare (Tel. 097 32 29 43).

Cirella Vecchia

Kalabrien-Atlas: S. 230, B 3

Gespenstisch ragen die Ruinen des verlassenen Ortes Cirella hoch über dem Meer auf. Seine wechselvolle Geschichte begann im 8. Jh. v. Chr. mit seiner Gründung als Tochterkolonie der Sybariten. Mehrfach wurde *Cerillae* zerstört: u. a. im 3. Jh. v. Chr. von Hannibals Truppen und im 9. Jh. von den Sarazenen. Pest und Erdbeben taten ihr Übriges. Den Todesstoß versetzte 1806 Napoleons Flotte dem Ort. Heute sind noch die Reste des Kastells, der Kirche und des Konvents zu sehen.

Der Mitte des 16. Jh. errichtete Konvent **San Francesco di Paola** wurde 1810 nach der Konfiszierung durch Napoleons Truppen von den Mönchen verlassen.

In den Seitenkapellen der einst einschiffigen Kirche **San Nicola Magno** (15. Jh.) kann man noch einige Fresken erkennen. Auch der Glockenturm und der Kreuzgang sind noch auszumachen. Einen Kontrast zu den alten Gemäuern bildet das erst kürzlich erbaute moderne **Anfiteatro**, in dem kulturelle Veranstaltungen stattfinden.

Nicht nur die Ruinen lohnen den Besuch von Cirella Vecchia, sondern auch das wunderschöne Panorama, das sich von oben bietet. Unterhalb von Cirella Vecchia liegt das neue Cirella, ein beliebter Ferienort.

🛈 Infos zu den Veranstaltungen im **Anfiteatro** halten die Touristinformationen in Scalea, Diamante und Praia a Mare bereit.

🛏 **Hotel Ducale Villa Ruggieri:** Via V. Veneto, Cirella, Tel. 098 58 60 51, Fax 098 58 64 01, www.ducalehotel.net. Kleines, kürzlich restauriertes Hotel in einer Villa (18. Jh.) mit Garten direkt am Meer. Heizung, Klimaanlage, TV, Telefon, Bar und Restaurant. Vollpension in der Vor- und Nachsaison pro Person 44–68 €, in der Hauptsaison 78–86 €, zuzüglich Clubkarte (beinhaltet Sonnenschirm, -liege, Sport- und Animationsangebot, Diskothek, Kinderbetreuung), pro Aufenthalt 21–26 €.
Hotel Solemare: Via Pietra Rossa, Cirella, Tel./Fax 098 58 16 09. Kleines, modernes Hotel, 16 Zimmer mit Bad, TV und Telefon. 300 m zum Strand. DZ mit Frühstück 45–105 € (Hauptsaison).

🚌 **Bus:** tgl. außer So (ca. 8 x, im Sommer häufiger) längs der Costa dei Cedri und nach Cosenza (Tel. 09 84 41 30 01), 2–3 x tgl. außer So Richtung Diamante (Tel. 097 32 29 43).

Diamante

Kalabrien-Atlas: S. 230, B 4
Das lebhafte Städtchen Diamante ist vor allem für seine zahlreichen *murales* bekannt. Sie machen den Spaziergang durch die verwinkelten Gassen des Ortes zu einer wahren Entdeckungsreise. Die Wandmalereien wurden im Sommer 1981 von rund 80 Künstlern gestaltet, 1986 besuchten Dichter den Ort und hinterließen ebenfalls ihre Spuren auf Hauswänden und Mauern.

Diamante gehörte im 15. Jh. zum Besitz des neapolitanischen Fürsten Carafa, der sich – im Gegensatz zu anderen Fürsten seiner Zeit – nicht als Feudalherrscher verstand. Da die Bewohner von Diamante keine Abgaben an den *principe* leisten mussten, gelangten sie selbst zu etwas Wohlstand. Aus dieser frühen, nicht nur wirtschaftlichen Freiheit mag die liberale Geisteshaltung resultieren, die man den Diamentesern nachsagt.

Neben den *murales* ist besonders die 1645 im Auftrag des Fürsten von Carafa errichtete **Chiesa dell'Immacolata Concezione** sehenswert. Sie birgt die von Gläubigen sehr verehrte Altarfigur der Madonna dell'Immacolata, deren Geschichte jener der Madonna von Praia a Mare ähnelt (s. S. 56). Auch vor der Küste von Diamante soll ein Schiff in Seenot geraten und erst wieder manövrierfähig gewesen sein, nachdem die Besatzung eine zur Schiffsladung gehörende Statue der Muttergottes in die Kirche des Ortes gebracht hatte. Von der Wunderkraft der Madonna überzeugt, wollten die Bewohner des Ortes die Statue unbedingt behalten. Als der Pfarrer die Figur tags darauf mit einer zum Himmel geöffneten Hand in der Kirche vorfand, war man überzeugt davon, dass auch die Madonna ihr Verbleiben im Ort guthieß. Fortan erflehten die Gläubigen von ihr den Schutz vor den drei ›kala-

brischen Plagen‹ Krieg, Pest und Erdbeben. Die Glocken, ein Taufbecken, ein Messbuch und die Holzfigur des hl. Nikolaus im Inneren des Gotteshauses stammen aus der Vorgängerkirche San Nicola.

Zu den ältesten Bauwerken von Diamante gehört die um das Jahr 1500 entstandene **Torre** nahe der Mündung des Corvino. Um den Turm herum ließ der Principe Carafa Häuser für die aus Neapel, Maiera und Buonvicino geflohenen Rebellen errichten, die gegen die dortigen Fürsten aufbegehrt hatten.

Peperoncini in allen Varianten: Gemüseladen in Diamante

Von der Befestigungsanlage, zu der die Torre gehörte, sind noch Treppen- und Mauerreste erhalten.

Während des Risorgimento kämpften Bürger aus Diamante gegen König Ferdinand II. Einer der berühmtesten Söhne der Stadt ist Arcangelo Caselli, der als Garibaldianer an der Befreiung Kalabriens beteiligt war. So verwundert es nicht, dass in dem Städtchen einige Straßen nach Freiheitskämpfern und Revolutionären benannt sind.

 Ufficio turistico: Piazza Mancini, 87023 Diamante, Tel. 09 85 87 60 46.

 Hotel Cristina: Via Pietrarossa 94, Tel. 098 58 12 10, Fax 09 85 87 62 24. Modernes Hotel mit Restaurant, eigener Strand, direkt an der SS 18, daher Zimmer zur Bergseite bevorzugen, Übernachtung mit Frühstück von 23 € (Vorsaison) bis 55 € (Hochsaison), Halbpension 36–65 € (Preise inkl. Sonnenschirm und Liegestuhl).

Ristorante Pizzeria La Stella del Tirreno: Corso V. Emanuele, Tel. 09 85 87 68 26, ganzjährig, Di geschl. Nähe Lungomare, traditionelle lokale Küche, moderat.

Peccati di Gola: Piazza XI. Febbraio. Typisch kalabrische Produkte, u. a. Cedratzitronen, Likör, getrocknete und gefüllte Feigen.

Prozession: 3. So im Mai, die Madonna Addolorata wird von den Fischern übers Meer gefahren.
Patrozinium, Jahrmarkt: am 12. Aug. und 8. Dez. wird die Schutzpatronin Madonna Immacolata gefeiert.
Festival del Peperoncino: erste Septemberhälfte.

 La Rosa dei Venti: Piazza 11 febbraio, Tel. 09 85 87 67 89, Handy 33 85 87 02 13. Trekking, Rafting, Tauchen, Wasserski, Tennis, Windsurfen.

Bahn: tagsüber stdl. Richtung Paola und Sapri/Salerno.
Bus: tgl. außer So (ca. 8 x, im Sommer häufiger) längs der Costa dei Cedri und nach Cosenza (Tel. 09 84 41 30 01), 2–3 x tgl. außer So Richtung Praia a Mare (Tel. 097 32 29 43).

Maiera

Kalabrien-Atlas: S. 230, B 3

Auf einem Felsvorsprung erbaut, sollte der Ort seinen Bewohnern einst Schutz vor den Angriffen der Sarazenen bieten. Noch heute erinnern Schießscharten in den Häuserwänden an diese Zeiten. Nachdem im letzten Jahrhundert viele Bewohner des Ortes ans Meer gezogen oder emigriert sind, leben heute nur noch rund 150 Menschen in Maiera.

Der Spaziergang führt durch enge Gassen in Schwindel erregender Höhe und Torbögen, die nur mit viel Geschick mit dem Auto zu passieren sind. Immer wieder bieten sich atemberaubende Ausblicke.

Der Palazzo Ducale ist Sitz des **Museo del Peperoncino** und vermittelt Wissenswertes rund um die ›scharfe Rote‹ (1. Juni–30. Sept. tgl. 17–24, übrige Zeit Sa u. So 10–13, 16–19 Uhr).

Ristorante Aligia: Loc. Vrasi, Tel. 09 85 87 66 09, Mo geschl. Modernes Landrestaurant in künstlerischem Ambiente, moderat–teuer.

Cetraro

Kalabrien-Atlas: S. 232, A 1/2
Die Stadt Cetraro steht ebenfalls in der Tradition des Cedratzitronen-Anbaus an der *Costa dei Cedri* (s. S. 58). Die Stadt selbst ist höchstwahrscheinlich eine der ersten Küstenstädte der Bruttier gewesen. Später schenkte Robert Guiskard seiner Braut Sichelgita die Stadt zur Hochzeit. Nach dem Tod ihres Gatten übergab die Witwe Cetraro an den Abt Desiderio IV. Epifanio von Montecassino. Die Stadt verblieb anschließend über 700 Jahre im Besitz der Abtei von Montecassino, die sie als *feudo* (Lehen) vergab.

Wie andere Küstenstädte besitzt auch Cetraro eine ›Dependance‹ am Meer: **Cetraro Marina.** Hier befindet sich der Bahnhof. Am Hafen legen u. a. Schiffe zu den Äolischen Inseln ab.

Von Cetraro Marina die Straße hinaufsteigend oder -fahrend, sieht man hoch oben, südlich des Zentrums, die kleine Kirche **San Francesco.** Zur ihr gelangt der Besucher über eine lang gezogene schmale Straße, die von kleinen Heiligenbildern gesäumt wird. Das schlichte Gotteshaus mit seinen Holzfiguren und dem Marmoraltar ist ein Ort der Stille in wunderbarer Panoramalage.

Sehr lebhaft geht es dagegen im Zentrum zu. Zahlreiche Geschäfte und starker Autoverkehr bestimmen das Straßenbild. Die Seitengassen sind allerdings oft so eng, dass Autos sie nicht mehr passieren können. Wegen des Gefälles kommt man hier aber auch zu Fuß nur mühsam voran. Um den beschwerlichen Auf- und Abstieg zu vermeiden, lassen sich viele Bewohner ihre Einkäufe bringen und ziehen sie in Körben zum Fenster hinauf.

Ein ausgeschilderter Rundgang führt durch das Gassengewirr über die kleinen Piazze, vorbei an Hinterhöfen und durch Torbögen zu hübschen Kirchen und imposanten Palazzi, deren Wappen immer auch ein Stück Stadtgeschichte erzählen.

Vorbild für die mit Deckengemälden und Kunstwerken reich geschmückte Barockkirche **Arcipretale San Benedetto** soll die Basilika der Abtei von Montecassino gewesen sein, zu deren Besitz die Stadt einst gehörte.

Pro Loco Civitas Citrarii: C.S. Benedetto 11, 80722 Cetraro, Tel. 098 29 16 51.
Consorzio Turistico Cetrarese: Via Libertà 13, 80722 Cetraro, Tel. 098 29 14 37.

Grand Hotel San Michele Cetraro: Loc. Bosco 8/9, Tel. 098 29 10 12, Fax 098 29 14 30, sanmichele@sanmichele.it. Exklusives, wunderschönes Hotel nah am Meer mit Golfplatz, Garten, Schwimmbad, eigenem Obst- und Gemüseanbau, Halbpension ca. 85–115 € (Vor- und Nachsaison), ca. 145 € (Hauptsaison).
Centro Residenziale Colonia San Benedetto: Via Suor Crocefissa Militerni 1, Cetraro Marina, Tel. 098 29 10 07, Fax 098 29 21 05. Diese einfache, zweckmäßige Herberge in einem Konvent wird von Nonnen geleitet. Sie liegt im Grünen ca. 80 m vom Strand entfernt. Traditionelle Küche. Übernachtung mit Frühstück in der Vor- und Nachsaison 35–45 €, Hauptsaison ca. 50 € (auch Studententarife).

Ristorante Pizzeria Il Cubo: Via Sottocastello, Cetraro Marina, Tel.

098 29 16 74. Oberhalb des Strandes, Meeresküche, Spezialitäten: *pasta al nero di seppia* (schwarze Tintenfischsaucen-Pasta), *risotto alla marinara* (Risotto mit Meeresfrüchten), moderat.

 Bahn: tagsüber stdl. Richtung Paola und Sapri/Salerno.
Bus: tgl. außer So (ca. 8 x, im Sommer häufiger) längs der Costa dei Cedri und nach Cosenza (Tel. 09 84 41 30 01).
Schiff: Agenzia Foderaro, Via Porto, Tel. 098 29 12 19; Ausflüge zu den Liparischen Inseln, in der Hauptsaison 1 x tgl. morgens hin und abends zurück, ansonsten abhängig von der Nachfrage.

Guardia Piemontese

Kalabrien-Atlas: S. 232, A/B 2
Der einer Festung gleichende Ort Guardia Piemontese in rund 500 m Höhe wurde im 12./13. Jh von Waldensern (s. S. 66) aus dem Piemont besiedelt, die vor der Inquisition geflohen waren. Als sich die Anhänger dieser Laienkirche im 16. Jh. der Reformationsbewegung anschlossen, verfolgte man sie auch in Kalabrien: Im Juni 1561 wurden 2000 Waldenser massakriert. An dieses Ereignis erinnert die **Porta del Sangue** (Tor des Blutes), die jeder Besucher Guardias zwangsläufig durchschreitet. Das Blut der Ermordeten soll seinerzeit bis zu diesem Stadttor geflossen sein.

An der **Piazza delle Strage** befindet sich der **Centro di Cultura Giovan Luigi Pascale.** Das nach einem Geistlichen benannte Kulturzentrum beherbergt die waldensische Bibliothek, einen Videoraum, Schautafeln zur Geschichte und eine alte waldensische Küche (Anfragen für Besichtigungen unter Tel. 09 84 62 14 90).

Auch das **Museo della Civiltà Contadina** ist der Kultur der Waldenser gewidmet. Es dokumentiert das Alltagsleben und die Bräuche dieser religiösen Minderheit. Obwohl oder vielleicht gerade weil sie immer wieder religiöser Verfolgung ausgesetzt waren, bewahrten die Waldenser ihre Traditionen und ihre okzitanische Sprache – sie wird noch heute von den Bewohnern des Ortes gesprochen. Zu den Ausstellungsstücken gehören auch eine Reihe von Trachten, beispielsweise eine *tramontana*, die aus einfachem, dunklem Stoff gefertigte Alltagstracht der Waldenser (Juli–Sept. tgl. 17.30–20.30 Uhr).

An der Piazza Pietro Valdo erhebt sich die Kirche des Schutzpatrons von Guardia Piemontese, **Sant'Andrea Apostolo.** Die **Piazza Chiesa Valdese** erinnert an die einstige waldensische Kultstätte *(tempio valdes).* Heute hat dort ein kleiner Felsbrocken seinen Platz, der aus der piemontesischen Schwestergemeinde Torre Pellice stammt. Er trägt die Inschrift »Considerate la roccia da cui foste tratti« (Gedenkt des Gesteins, von dem ihr abstammt).

Sehenswert ist außerdem die **Dominikaner-Kirche,** die nach dem Massaker an den Waldensern im Auftrag der Familie Fuscaldo (16. Jh.) errichtet wurde, um die Vorherrschaft des katholischen Glaubens zu manifestieren. Sie birgt ein kostbares hölzernes Chorgestühl und Fresken aus dem 16. Jh.

WALDENSERVERFOLGUNG

Der Lyoner Kaufmann P. Waldes begründete die Buß- und Armutsbewegung im 12. Jh. und hatte dabei die konsequente Nachfolge Jesu im Geiste der Bergpredigt im Sinn. Die Prediger der Waldenser galten als ›Sandalenträger‹, die ein Wanderleben führten, kein Geld annahmen und von ihren Anhängern beherbergt wurden. Das einfache Leben der Missionare stand in krassem Gegensatz zur feudalen Herrschaft der Bischöfe. Mit ihrem Anspruch auf Repräsentation der Kirche Gottes wurden die Waldenser zur Bedrohung für die Römische Kirche. Grundzüge des waldensischen Glaubens waren die generelle Ablehnung der Sakramente, ritueller Handlungen und der Heiligenverehrung. Waldenser leisteten keine Eide, glaubten nicht an das Fegefeuer und lehnten zudem jede Art von Blutvergießen ab.

Ab 1315 brachen die Waldenser aus dem Piemont nach Kalabrien auf, um der Inquisition zu entfliehen. Ihre erste Ansiedlung errichteten sie nahe Montalto Uffugo, weitere in San Sisto, Vaccarizzo, Argentina, San Vincenzo und Guardia Piemontese. Anfangs fügten sie sich scheinbar dem katholischen Ritus, und ihre eigenen Prediger kamen nur alle zwei Jahre und blieben lediglich wenige Tage.

Ermutigt durch die lutherische Reformation, wollten die Waldenser ihren wahren Glauben nicht mehr verstecken. Sie schickten Marco Uscegli nach Genf, um Prediger nach Italien zu holen. Daraufhin kam Gian Luigi Pascale nach Kalabrien, der die neue Doktrin predigte und Gotteshäuser in San Sisto und in Guardia eröffnete. Als der Abt Giovan Antonio Anania davon Kenntnis nahm, wandte er sich an Kardinal Ghislieri, Chef der Inquisition. Der gab dem Abt den Befehl, die Ketzerei unter der Aufsicht des Bischofs von Cosenza auszumerzen. Der Abt versuchte, die Waldenser mit Drohungen einzuschüchtern – ohne Erfolg. Derweil kamen immer mehr Waldenser in das befestigte Guardia Piemontese, um Schutz zu suchen.

Auch der Markgraf Spinelli versuchte, sie zum Einlenken zu überreden und gab den Predigern Uscegli und Pascale den Rat, einfach zu verschwinden. Als er keine Wirkung erzielte, griff der Markgraf, der befürchtete, selbst der Ketzerei bezichtigt zu werden, zu einer Hinterlist. Er bat im Juni 1561 mit 50 Männern, die alle unter ihrer Kleidung Waffen versteckt hielten, um Unterkunft in Guardia. Die Bewohner, die ihren Feudalherren immer nur höflich und korrekt erlebt hatten, gewährten ihm Gastfreundschaft. Als die Nacht anbrach, nahmen Spinelli und seine Soldaten die Stadt in Besitz. In den folgenden zwei Wochen ließ der Feudalherr 2000 Waldenser umbringen. Er wollte ein Exempel statuieren, ließ 88 Waldenser einzeln vorführen, niederknien und köpfen.

Die Überlebenden durften in Guardia Piemontese bleiben, allerdings unter strengen Bedingungen: Die Heirat unter Waldensern wurde verboten, und an ihren Haustüren waren Gucklöcher angebracht, die teilweise noch heute vorhanden sind. So konnten die Inquisitoren jederzeit kontrollieren, ob die Bewohner auch tatsächlich nach den Regeln der katholischen Kirche lebten.

Comune (Rathaus): Via Municipio 1, 87020 Guardia Piemontese, Tel. 098 29 40 46, Fax 098 29 00 93.

Hotel Mediterraneo: Via Kennedy, Guardia Piemontese Marina, Tel. 09 82 94 12 23 (Sommer), 09 84 93 44 94 (Winter), Fax 09 84 93 42 87. 56-Zimmer-Hotel mit Privatstrand, Sportanlagen, Animation und Ausflugsangebot, Halbpension in der Vor- und Nachsaison 35–45 €, in der Hauptsaison 53–68 €.

Ristorante Carnevale: Via Andrea Doria 8, Guardia Piemontese Marina, Tel. 098 29 01 83, Di geschl. Direkt am Strand, lokale Küche, insbesondere Meeresspezialiäten und selbst gemachte Süßspeisen, teuer.

Fiaccolata della Bella Stella: 6. Jan. (Fackelzug).

Bahn: tagsüber stdl. Richtung Paola und Sapri/Salerno.
Bus: tgl. außer So (ca. 8 x, im Sommer häufiger) längs der Costa dei Cedri und nach Cosenza (Tel. 09 84 41 30 01).

Terme Luigiane

Kalabrien-Atlas: S. 232, A 2
Nur wenige Kilometer vom Meer entfernt wartet das Kur- und Erholungszentrum Terme Luigiane mit einem breiten Angebot für Kurgäste und Touristen auf: Luft-, Physio-, Ergo- und Rheumatherapie, Schlammbad, Massagen, Thermalbad, Beauty-Center. Die Anwendungen sind nicht nur für Kranke gedacht, sondern für alle, die sich einmal so richtig verwöhnen lassen wollen. Die Thermenanlage liegt eingebettet in üppige Vegetation im Tal des Flüsschens Bagni. Am Fuß des Teufelsfelsens Rupe del Diavolo sprudeln die warmen Quellen Caronte, Minosse und Galleria Calda sowie die kalte Quelle Galleria Fredda. Schon in den Schriften von Plinius werden die Quellen erwähnt. Der bourbonische Fürst Luigi Carlo, zu dessen Territorium die Thermen einst gehörten, gab ihnen ihren Namen.

Wer einen schönen Spaziergang in der Natur unternehmen möchte, findet in der Umgebung der Thermen auch dazu Gelegenheit. Der ausgeschilderte Pfad ›Passeggiata Ecologica‹ beginnt an der Piazzetta delle Terme. Er führt an dem Bach Bagni entlang und über kleine Stege an einem Wasserfall vorbei.

Azienda Autonoma di cura soggiorno e turismo: Terme Luigiane, 87020 Acquappesa, Tel. 098 29 40 52, Fax 098 29 47 05, www.termeluigiane.it.

Grand Hotel delle Terme: S.A.TE.CA, Via Terme Luigiane, Acquappesa, Tel. 098 29 40 52/53, Fax 098 29 44 78. Kurhotel, Beauty-Center, Nachtbar, Restaurant, 130 modern ausgestattete Zimmer mit Balkon, Heizung und Klimaanlage, Vollpension von ca. 52 € (Vorsaison) bis 73 € (Hauptsaison).

Hotel Moderno: Loc. Terme Luigiane, Acquappesa, Tel./Fax 098 29 40 48. 53 Zimmer, Bar, Restaurant und Pizzeria (neapolitanische Pizza, ca. 15 €). Vollpension von ca. 47 € (Vorsaison) bis 62 € (Hauptsaison).

Bahn: vom Bahnhof Acquappesa mehrmals tgl. Richtung Paola und Sapri/Salerno.

NATIONALPARK MONTE POLLINO

Kontrastprogramm zum Sonnenbaden an der Costa dei Cedri bietet das Pollino-Massiv mit viel Kultur und aufregender Natur: durch das Lao-Tal nach Papasidero, Prähistorisches in der Grotta del Romito, Besuch des Gebirgsdorfes Morano, Rafting auf dem Lao, Kunst in Altomonte.

Papasidero

Kalabrien-Atlas: S. 230, B 2

Das Lao-Tal ist sicher eine der schönsten Landschaften Kalabriens: Dichte Wälder werden von kahlen Bergen überragt, der Fluss fließt mal sachte plätschernd, mal als Sturzbach zwischen steilen Felsen dem Meer entgegen. Auf Wanderungen oder per Schlauchboot kann man die nahezu unberührte Natur genießen.

Das beschauliche, knapp über 1000 Seelen zählende Papasidero ist byzantinischen Ursprungs und ein ganz besonderes Juwel. Direkt an den steilen Ufern des Lao liegt es in dem grünen Tal. Durch schmale verwinkelte Gassen, vorbei an heruntergekommenen, teils unbewohnten Häusern, erreicht man die hoch oben thronende Kirche **San Constantino** mit einem schönen Glockenturm. Über dem Ort ragen die Ruinen des mittelalterlichen **Kastells** und die Überreste der alten **Stadtmauer** auf. Die Befestigungsanlage ist begehbar, allerdings ist wegen drohenden Steinschlags Vorsicht geboten. In der Kapelle **Santa Sofia** sind Fresken aus dem 16. Jh. zu erkennen. Obwohl

die Ortschaft fern unserer Zeit zu liegen scheint, befindet sich an einer Hauswand in der Via Municipio ein modernes Gemälde von Francesco Ginevra (1993).

Unten in der Schlucht liegt das **Santuario Santa Maria di Costantinopoli**, direkt an den Felsen gebaut. Hier kann man die Fresken eines unbekannten einheimischen Malers aus dem Jahr 1530 bewundern. Sie zeigen die Madonna mit dem Kind und einen Heiligen. Der beschwerliche Abstieg lohnt sich, mit jedem Schritt wird das Rauschen des Lao stärker.

Ob der Fluss nach der einst von den Griechen gegründeten Stadt Laos an der Mündung in das Tyrrhenische Meer nahe dem heutigen Santa Maria del Cedro oder die Stadt nach dem Fluss benannt wurde, kann heute niemand mehr so genau feststellen. Unbestritten ist allerdings, dass in den Grotten des Tals schon in der Altsteinzeit Menschen gelebt haben.

Der wohl bedeutendste Hinweis auf die altsteinzeitliche Besiedlung der Gegend ist das ›Graffiti‹ des *Bos primigenius* (wörtlich: allererster Stier, ca. 13 000 v. Chr.) in der **Grotta del Romi-**

to mit Tropfsteindecke. Eine schmale Straße führt von Papasidero durch Kastanienwälder hinab in das Lao-Tal, wo sich die Höhle mit der berühmten Steinritzzeichnung – der ältesten Italiens – befindet. Bei den Skeletten, die man hier in zwei nachgebauten steinzeitlichen Gräbern sieht, handelt es sich um Kopien. Die Originale (11 000 v. Chr.) werden im Nationalmuseum von Reggio aufbewahrt (Grotte und Infostelle ganzjährig 9–13, 15.30–18.30 Uhr).

 Kurz vor dem westlichen Ortseingang (an der SS 504) befindet sich eine in der Hauptsaison geöffnete **Touristeninformation.** Postadresse (Rathaus): **Comune di Papasidero:** Via municipio, 87020 Papasidero, Tel. 098 18 30 78 (hier auch Infos zur Grotta del Romito).

Fest der Schutzpatronin Madonna di Costantinopoli: Di nach Pfingsten Prozession.
Fest der Madonna delle Grazie: 1. So im Juli Prozession.
Fest des Schutzpatronen San Rocco: 16. Aug. Prozession, Markt und Feuerwerk.

Morano Calabro

Kalabrien-Atlas: S. 230, C 3
Das kleine, fast 700 m hoch gelegene Gebirgsdorf Morano Calabro schmiegt sich eng an den Berg. Lieblich in die Landschaft eingepasst, hat der Ort schon so manchen verzaubert. Wen wundert es da, dass M. C. Escher ihn zeichnete und die von Tommaso Campanella in ›Città del sole‹ beschriebene Stadt so sehr Morano ähnelt? Der Ort soll bereits 317 v. Chr. von den Römern

eingenommen worden und wegen seiner strategisch wichtigen Lage Station der Via Popilia gewesen sein.

Direkt am Ortseingang liegt die schlichte **Chiesa San Bernardino** mit dem Kreuzgang aus dem 15. Jh. Die Kirche ist 1452 im Auftrag von Antonio Sanseverino, Fürst von Bisignano, errichtet worden. Durch eine schöne freskengeschmückte Eingangshalle gelangt man ins mit Holzarbeiten versehene Innere. Beachtenswert ist u. a. die Statue von San Bernardino (17. Jh.) und eine Darstellung der Immacolata, der Unbefleckten, von Daniele Russo, ebenfalls aus dem 17. Jh.

In dem schattigen **Park** gegenüber der Kirche kann man sich entspannen und an dem kleinen Brunnen erfrischen. Der Straße aufwärts folgend, gelangt man in die Stadt, die sich am besten zu Fuß erkunden lässt. Es empfiehlt sich, das Auto auf der Höhe der

Il Nibbio

Unterhalb der Kastellruine werden im Besucherzentrum Il Nibbio sehr realitätsnah Fauna und Flora des Parco Nazionale Pollino vorgestellt – untermalt von Geräuschen aus der Natur. Ausführliche Erläuterungen und ein sehr interessanter Videofilm geben der Vorfreude auf eine Entdeckungstour in die faszinierende Welt des Monte Pollino Nahrung (Vico II Annunziata, 11, Sommer 9.30–13, 16–20.30, Winter 10–13, 15–18 Uhr, www.ilnibbio.it, Eintritt ca. 3 €).

Morano Calabro

Chiesa Maddalena (zu erkennen an dem farbigen Kuppeldach) abzustellen. Sehenswert sind vor allem die Kunstwerke von Gagini (Skulptur von 1505), das Polyptychon (Flügelaltar) von Bartolomeo Vivarini aus dem Jahr 1477 und Gemälde aus dem 18. Jh.

Hinter der Kirche gelangt man in Richtung Sportplatz zur Scuola Elementare, in der das **Museo di Storia dell'Agricoltura e della Pastoriza** untergebracht ist (Mo–Fr 9–12, 16–18 Uhr). Hier findet man Informationen rund um das Leben der Bauern und Hirten des Monte Pollino.

Um zu den Ruinen des Kastells zu gelangen, steigt man oberhalb der Kirche Maddalena durch enge Gassen und Treppen nach oben. Noch unterhalb des Kastells liegt die **Chiesa dei Santi Pietro e Paolo,** die höchstwahrscheinlich um das Jahr 1000 errichtet wurde. Für lange Zeit war diese Kirche das einzige Gotteshaus im alten,

befestigten Bereich der Stadt. Im Laufe der Jahrhunderte sammelte man hier einige wertvolle Kunstwerke: Statuen der Hll. Lucia, Katharina von Alexandria, Petrus und Paulus von Pietro Bernini (16./17. Jh.), das Gemälde ›Madonna mit Kind und vier Heiligen‹ von Giovan Battista Colimodio (17. Jh.), ein hölzernes Kruzifix (15. Jh.) u. v. a.

Vom Largo San Pietro geht es in die Via Castello, über die man schließlich zu den Ruinen des **Kastells** gelangt. Zur Zeit der Römer standen an dieser Stelle bereits Wachtürme. Unter der Herrschaft der Normannen wurde im 11. Jh. eine richtige Befestigungsanlage installiert. Doch die verbliebenen Ruinen sind überwiegend Teil der Burg, die Fürst Sanseverino ähnlich dem Castel Nuovo von Neapel bauen ließ. In knapp drei Jahrzehnten (1514–45) entstand eine Burg mit zylindrischen Türmen und einem Graben. Von hier oben genießt man ein wunderbares Panorama auf die beeindruckenden Gipfel des Monte Pollino, aber auch auf die Stadt.

Pro Loco: Piazza Maddalena, 87016 Morano, Tel. 098 13 05 90, www.morano.org.

La Panoramica: Morano, Tel. 098 13 19 10. Zimmer teils mit eigenem Bad, Swimmingpool, reichliches Frühstück, Spielplatz, Exkursionen, Pferde, Unterkunft inkl. Frühstück pro Person ca. 17 €.

Agriturismo La Locanda del Parco: Contrada Mazzicani-no, Tel./Fax 098 13 13 04. Auf dem Hof ca. 5 km westlich von Morano werden hauptsächlich von Frauen Käse, Salami, Gemüse und Honig hergestellt. Angebote: Wandern, Reiten, Kochkurse, Ausflüge, Schwimmbad. Zimmer mit Dusche/WC, Halbpension ca. 26 €, Vollpension 42 €, im August Zuschlag von ca. 5 €. Restaurant mit ca. 30 Plätzen, typische regionale und jahreszeitliche Küche auf Vorbestellung, pro Person ca. 20 €

Ristorante Villa San Domenico: Via sotto gli olmi 10, Tel. 098 13 05 88, Mi geschl. Elegantes Restaurant, lokale Küche, moderat.
La Cantina: Piazza Croce 21, Tel. 098 13 10 34, Mo geschl. Traditionelle Küche in familiärer Atmosphäre, Spezialität *fusilli, cavatelli, lagana e fagioli*, günstig.

Artigianale Il Moro: Piazza Maddalena 2. Kunstwerke aus Marmor, Gips, Ton, Holz.

Patrozinium: 20. Mai, Prozession für den Schutzpatron San Bernadino da Siena, Umzug in historischen Kostümen.
Festa della Bandiera: Ende Mai, Umzug und *palio*.

Bus: tgl. nach Bari (Tel. 09 81 50 03 31, www.saj.it), wöchentliche Verbindungen nach Salerno, Napoli, Roma und Bologna (Tel.09 83 51 27 93, www.simet spa.it).

Castrovillari

Kalabrien-Atlas: S. 231, D3
Nur einen Katzensprung von Morano entfernt liegt das 23 000 Einwohner zählende Castrovillari. Die Landwirtschafts- und Industriestadt ist in einen modernen unteren und einen historischen, auf dem Berg gelegenen Teil gegliedert. In der Karnevalszeit finden sich einige Touristen ein, die dem seit etwa einem halben Jahrhundert gefeierten *carnevale del pollino* beiwohnen. Das Spektakel ist verknüpft mit einem internationalen Folklorefestival, das mit seinen Festwagen, den Reitern, Masken und großem kulturellem Angebot ein besonderes Erlebnis ist. Im Sommer treffen sich in Castrovillari Folkloregruppen aus aller Welt zu einem Festival.

Ufficio IAT: c/o Pro Loco del Pollino, Corso Garibaldi 160, 87012 Castrovillari, Tel./Fax 098 12 77 50

Trattoria La Locanda di Alia: Via Jetticelle, Tel. 098 14 63 70, So geschl. Eines der berühmtesten Restaurants Kalabriens, in dem die Brüder Alia den Gästen in stilvollem Ambiente wahre Meisterwerke kalabrischer Küche kredenzen, Menü ca. 50 €.

Carnevale del pollino: Karneval und internationales Folklorefestival von Donnerstag bis Dienstag (Umzüge,

DAS POLLINO-MASSIV

Der **Parco Nazionale del Pollino** hat insgesamt eine Ausdehnung von 192 565 ha. Der kalabrische Teil wird im Norden begrenzt vom höchsten Gipfel des Pollino, der Serra Dolcedorme mit 2267 m Höhe. Im Osten des Nationalparks liegt Cerchiara di Calabria mit den Thermalquellen in der Grotta delle Ninfe. Westlich erreicht der Monte Pollino fast das Tyrrhenische Meer, hier ist die Landschaft geprägt durch die wilden Täler des Lao, des Argentino und des Corvino.

Ein ganz besonderer Baum und zugleich das Symbol des Monte Pollino ist der *pino loricato (lat. Pinus leucodermis)*. Die nach ihrer dicken, schuppenartigen Rinde benannte Panzerkiefer wächst auch in höchsten Lagen trotz Eis und Schnee und kommt ansonsten nur noch auf dem Balkan vor. Aber auch Steineichen, Ulmen, Buchen, Weißtannen, Pinien, Pappeln, Sträucher sowie ein artenreicher Unterwald bereichern die Vegetation. Funde im Gebiet des Monte Pollino zeugen von Leben bereits vor 100 Mio. Jahren. Vor wenigen Jahrzehnten ist im Tal des Merkur, nahe Rotonda (Basilikata), einer der wichtigsten paläontologischen Entdeckungen Süditaliens gemacht worden: Beim Pflügen eines Feldes wurden die Knochen des *Elephas antiquus,* eines Waldelefanten, freigelegt.

Von kulturhistorischer Bedeutung sind die Funde in der Grotta del Romito: Eine Steinritzzeichnung und menschliche Skelette belegen die Besiedlung der Gegend bereits vor 15 000 Jahren.

Die aufregende Natur des Pollino kann der Naturfreund auf ganz unterschiedliche Art und Weise entdecken, je nach Gegebenheit, Geschmack und Kondition: Wandern, Klettern und Bergsteigen ist ebenso möglich wie Drachenfliegen, Rafting oder *torrentismo classico* (Canyoning: anstrengender Auf- oder Abstieg durch eine Schlucht mit Wildbach).

Informationen hält bereit:
Ente Parco Nazionale del Pollino: Via Mordini 20, 85048 Rotonda, Tel. 09 73 66 16 92, Fax 09 73 66 78 02, www.parcopollino.it.

Aktivitäten bieten an:
Centro di Esperienza per l'educazione Ambientale: Rifugio Montano, Loc. Folloreto, 87010 Civita, Tel. 03 68 22 02 88, Fax 03 68 48 96 87, cea.pollino@labnet. comm2000.it. Ausflüge, Führungen in den Park, Wanderungen, Vogelbeobachtung, kulturelle Aktivitäten.
Staatlich anerkannte Nationalpark-Führer: Alba Tempone, Via del Mandorlo 6, 85100 Potenza, Tel. 097 15 61 33 u. 34 92 64 33 56 (abends); Emanuele Pisarra, 87010 Civita, Tel. 098 17 30 43 und Handy 33 38 73 28 29, episarra@tiscalinet.it.
Comunità Montana del Pollino: Via Mario Capelli 1, Castrovillari, Tel. 098 14 43 82, Fax 098 14 60 93.

Maskeraden, Konzerte und Folkloredarbietungen).
Internationales Folklore-Festival: Ende Aug.

Bus: tgl. nach Sibari und Cosenza (09 81 50 03 31, www.saj.it), 1x tgl. nach Rossano, San Demetrio Corone und Vaccarizzo Albanese (Tel. 09 83 56 56 35, www.iasautolinee.it).

Civita

Kalabrien-Atlas: S. 230, D 3
Der kleine Ort im Pollino-Nationalpark zählt sicherlich zu den aufregendsten albanischen Dörfern Süditaliens (s. S. 110ff.). Zu Ostern erklingen die *kalimere,* volkstümliche arbëreshë Lieder, im Morgengrauen des Ostersonntag findet eine Prozession statt, und am Dienstag nach Ostern wird die *vallja* getanzt. Das **Museo Etnico Arbëresh** zeigt eine Sammlung von Bildern, Fotografien und Objekten der albanischen Kultur in Italien (Piazza Municipio, Juni–Sept. tgl. 17–19 Uhr, Winter auf Anfrage unter Tel. 098 17 30 43 o. 098 17 30 59, www.arbitalia.net, Eintritt frei). Die **Mostra del Costume Arbëreshë** im ca. 5 km westlich gelegenen Frascineto stellt albanische Trachten und Dokumente aus (Via della Montagna, Juni–Sept. tgl. 10–12.30, 16.30–20 Uhr, Okt.–Mai Mo–Fr 10–12 Uhr, Eintritt frei).

Das beschauliche Dorf mit den auffällig vielen Schornsteinen lädt zu einem Spaziergang ein: Der hier wehende starke Wind *(tramontana)* machte unterschiedlich konstruierte *comignoli* – abgestimmt auf die Lage des Hauses – erforderlich, um den sicheren Rauchabzug zu gewährleisten. Dies gelang nicht immer, und so sind anhand mehrerer Schornsteine unterschiedliche Bauphasen abzulesen. Zugleich sollten sie durch ihre eigenartigen Formen, so erzählt man sich, die bösen Geister abschrecken und Übel vom Haus fern halten.

Einen reizvollen Kontrast zu der stillen Ortschaft bildet das Tal des **Raganello,** das als eines der schönsten und faszinierendsten des gesamten Nationalparks gilt. Der Abstieg hinunter in die Schlucht und der Anblick der steil emporsteigenden Felswände, der spektakulären *timpe,* lässt manchen Betrachter schwindelig werden. Dieses schroffe Ambiente hat dem Fluss auch seinen Namen gegeben. *Ragas* (griech.) bedeutet soviel wie felsiger Abgrund. Aus diesem Namen aus byzantinischer Zeit hat sich schließlich der heutige Name entwickelt. Angesichts der 1998 eingestürzten, rund 37 m hohen Teufels-Brücke (Ponte del diavolo) aus der Römerzeit stellt sich ein gewisser Schauder ein. Bis zur Rekonstruktion des Ponte del diavolo und der Konsolidierung der Zwillingsbrücke Ponte dell'Ilice führt eine hölzerne Behelfsbrücke über den Raganello. Ganz in der Nähe der Teufels-Brücke steht die im 19. Jh. errichtete Spinnerei Filardi mit ihren alten Maschinen (Führungen nur auf Voranmeldung beim Centro di Esperienza per l'educazione Ambientale, Tel. 098 14 44 35 o. Fremdenführer Emanuele Pisarra, Tel. 33 38 73 28 29). Hier wurde einst die Wolle der im Pollino-Gebirge lebenden Schafe verarbeitet.

Der ca. 30 km lange Raganello entspringt hoch oben im Nationalpark

> ## Wellness
>
> Im Tal des Caldanelle befinden sich in der **Grotta delle Ninfe** schwefelhaltige Quellen, die u. a. als Thermalschwimmbad genutzt werden. Bereits in der Antike badeten hier die Sybariten, um ihre Schönheit und Gesundheit zu pflegen. Die Grotte erreicht man über die nach Cerchiara hinaufführende Straße, ca. 6,5 km unterhalb biegt man auf der Höhe des roten Hauses ab und gelangt über das Grundstück des Ristorante Emilio zu den Schwefelquellen (Bade- und Kurservice Juni–Sept., in der übrigen Zeit frei zugänglich).

Monte Pollino. Er schlängelt sich durch ein Tal mit Karstgrotten, zwischen den höchsten Bergen des Pollino, stürzt hinab ins Tal, und mündet schließlich ins Ionische Meer. Das Tal mit seinen steilen Felswänden wird immer wieder durchbrochen von lieblichen grünen Tälern. Buchen, Eichen, Ahorn sind hier ebenso zu Hause wie Pinien, Weiden und Akazien. An der Grande Porta in 2000 m Höhe wachsen die *pini loricati,* eine Pinienart, die außer auf dem Balkan und in Kalabrien nirgendwo auf der Welt anzutreffen ist.

Centro di Esperienza per l'educazione Ambientale: Rifugio Montano, Loc. Folloreto, 87010 Civita, Tel./Fax 098 14 44 35, Handy 368 22 02 88. Bietet Aktivitäten im Pollino-Park (s. S. 72), aber auch Unterbringung mit Frühstück 12 €, Vollpension 32 €.

Ristorante Le Terme Sibarite: Via Terme, Cassano allo Ionio, Tel. 09 81 78 11 51. Spezialität: *orecchiette con ricotta fresca* (Nudelgericht), Menü ca. 15 €.

Osternachtsfeier: im Morgengrauen des Ostersonntags. Die Auferstehung Christi wird in Civita besonders feierlich begangen.
Vallja (auch in Frascineto): Di nach Ostern.

Bus: tgl. nach Bari (Tel. 09 81 50 03 31, www.saj.it).

Cerchiara di Calabria

Kalabrien-Atlas: S. 231, E 2
Im Südosten des Monte-Pollino-Massivs ist das kleine Städtchen Cerchiara di Calabria in 650 m Höhe treppenartig an den Hang gebaut. Archäologische Funde lassen vermuten, dass der Ort bereits im Paläolithikum besiedelt war. Die heutige Stadt soll im Mittelalter unter dem Namen *Circlarium* entstanden sein, als die Bevölkerung auf der Flucht vor den Sarazenen und der Malaria aus der fruchtbaren Ebene in die Berge zog. Um den Ursprung der Stadt ranken sich ebenso viele Geschichten wie um den Namen. Für einige Historiker leitet er sich von der Eiche *(quercia)* ab, die in der Gegend sehr verbreitet ist.

Byzantinische Überbleibsel in der Stadt sind die **Chiesa di San Giacomo** und die Pfarrkirche **San Pietro Apostolo,** eine dreischiffige Kirche aus dem 15. Jh., die an der Westfassade die Symbole der Stadt zeigt: eine Eiche, den hl. Bonifazius und die Madonna dell'Armi. Mitte des 17. Jh. ist die Kirche **Sant'Antonio** errichtet worden. Sie weist einen beachtenswerten Barockaltar und schöne Holzarbeiten auf. Ebenfalls einen Besuch wert, allein wegen des hier aufbewahrten Kirchenschatzes der Santa Maria dell'Armi, ist das ehemalige, an die Kirche grenzende **Monastero di Loreto.** Den schönsten Blick auf die Schlucht von Cerchiara genießt man von hoch oben, dort wo noch die Reste des **Kastells** stehen.

Die Wallfahrtsstätte **Santa Maria dell'Armi** auf der anderen Seite des Berges (10,5 km von Cerchiara) wurde in 1015 m an den Hang des Monte Sellaro erbaut. Man kann die Wallfahrtsstätte von Cerchiara zu Fuß über die Süd-Ost-Seite erreichen (ca. 2 Stunden, vorbei an dem Stahlkreuz oberhalb von Cerchiara). Autofahrer können den Wagen auf dem ca. 500 m vor dem Santuario gelegenen Parkplatz abstellen. Ein erster Halt bietet sich nach ca. 8 km an einer Gedenkstätte der Santa Maria dell'Armi wegen des Panoramas an.

Die kleine Kirche wurde im 15. Jh. um eine basilianische Grotte herum errichtet und später zum Konvent erweitert. In den zahlreichen Gebäuden waren Vorräte untergebracht, um den Mönchen während der Wintermonate die Selbstversorgung zu sichern. Die Mönche haben die Wallfahrtsstätte bereits vor zwei Jahrhunderten verlassen. Daher finden nur noch zu Festtagen und während der Sommermonate sonntags Gottesdienste statt. Die Besichtigung der Kirche ist während der Messe verboten. Gleichzeitig wird um angemessene Kleidung und Ruhe gebeten. Die Kirche bietet allerhand Überraschungen. Unter künstlerischen Gesichtspunkten sind die Fresken im Kirchengewölbe und die Tafel ›Heimsuchung‹ von Orfeo Barbalimpida (1591) hervorzuheben. Das Porträt an der linken Seite stellt den Künstler dar. An die Familie Pignatelli, die für die Restaurierung der Kirche im 17. Jh. sorgte, erinnert die Kapelle zur Linken (1756). Neben dem Altar (1776) befindet sich eine wunderschöne Kapelle aus Marmor, auf deren Altar das auf einen dunklen Stein gravierte Bild der Madonna dell'Armi zu sehen ist. Einer Legende nach entstand das Bild, als zwei Bauern bei den Bauarbeiten einen aus dem Boden herausragenden Felsbrocken entzwei schlugen. Im hinteren, rechten Teil der Kapelle hinterlassen die Gläubigen in einer Maueröffnung der Sakristei ihre Wünsche an die Madonna (tgl. 8–20 Uhr).

Die Gegend ist reich an Karstgrotten, die den ersten Bewohnern Unterschlupf boten. In einer dieser Grotten wurden byzantinische Ikonen gefunden, in der Grotte delle Ninfe hingegen sprudeln Schwefelquellen (s. Tipp).

 Azienda Agrituristica Acampora: Piana di Cerchiara, Tel. 09 81 99 13 20 o. Handy 34 78 49 24 19 (dt.). 10 km südlich von Cerchiara an den Hängen des Pollino in schöner Panoramalage, 10 km zum Meer. In einem restaurierten Bauernhaus kann der Gast rustikale familiäre Atmosphäre genießen. Produkte aus kontrolliert biologischem Anbau, Zimmervermietung, Zelten oder Campingbusse, Ausflüge, Fahrradverleih, Verpflegung auf Wunsch, Halbpension ca. 32 €.

 Zimmervermietung Emilio: Loc. Grotta delle Ninfe, Tel. 09

81 99 12 72, Fax 09 81 99 15 00. Unmittelbar oberhalb der Grotte, ca. 30 €. Einfaches, helles Lokal, lokale Küche, Menü ca. 12–15 €, Di geschl.

Il Campanile: Via Caputi, Tel. 09 81 99 16 36, Mo. geschl. Lokale Küche, moderat.

Fest der Madonna dell'Armi: 25. April.
Pfingsten: traditionelle Prozession.
Estate cerchiarese: Im Sommer finden diverse Kulturveranstaltungen statt: *sagre,* Film- und Musikabende, Foto- und Kunstaustellungen.
Fest des Schutzpatrons San Bonifacio: Prozession am 14. Mai.

Bus: tgl. an die ionische Küste (Tel. 09 81 50 03 31, 09 81 50 03 33, www.saj.it).

Altomonte

Kalabrien-Atlas: S. 230, C 3
Hoher Berg *(alto monte),* der Name des knapp 5000 Einwohner zählenden Städtchens, beschreibt sehr treffend die Lage oberhalb des Esaro-Tals. Im Norden dominieren die hoch aufragenden Gipfel des Monte Pollino die Landschaft. Bei den Römern unter dem Namen *Balbia* bekannt, von den Sarazenen *Brahalla* genannt, erhielt Altomonte seinen heutigen Namen im 14. Jh. Der Familie Sangineto, die damals viele Kunstwerke in Auftrag gab, verdankt Altomonte seine künstlerische Blütezeit.

An der Piazza Balbia links abbiegend, gelangt man zu der erst kürzlich restaurierten **Kirche San Giacomo** byzantinischen Ursprungs. Im Inneren sind die Holzfigur des hl. Giacomo, die Figur der Madonna und ein mehrfarbiger Marmoraltar zu bewundern. Der *centro storico* ist überwiegend gut erhalten, auch wenn einige Häuser leer stehen und dem Verfall überlassen sind. Der quadratische, so genannte Normannenturm, die **Torre Pallotta,** wurde im 14. Jh. wohl nicht von Guglielmo Pallotta, sondern von Philipp Sangineto als Wohnturm errichtet.

An der Piazza Castello befindet sich das **Kastell** aus dem 12. Jh. bzw. das, was nach den vielen Umbauten und Erweiterungen noch von ihm zu erkennen ist. Neben der Verteidigung diente es schon seit dem 16. Jh. als Wohnhaus und gehörte den Familien Pallotta von Sangineto, Ruffo und Sanseverino. Heute befinden sich im Inneren ein Antiquariat, ein Hotel und Wohnungen. Beachtenswert ist der neben dem Toreingang befindliche Beobachtungsposten: Durch die Maueröffnung konnten die Ankommenden von den Wachen in Augenschein genommen werden.

Das im gotischen Stil errichtete Portal der Kirche **Santa Maria della Consolazione,** einem Bau aus dem 14. Jh., ist ebenso prachtvoll wie die wunderschöne Rosette. Die einschiffige Kirche mit einigen Seitenkapellen wurde im Auftrag des Grafen von Altomonte, Filippo Sangineto erbaut. Der im Dienste des Hauses Anjou stehende Graf wurde hier in einem außergewöhnlichen Sarkophag beigesetzt. Als die Familie Sangineto ausstarb, fiel die Kirche 1443 an den Dominikanerorden. An Tommaso Campanella, der in dem Konvent studierte und lebte, erinnert ein Monument vor dem Gebäude.

Durch einen Torbogen gelangt man zu dem ehemaligen Kreuzgang, in dem antike Überreste von der Kulturgeschichte zeugen. Hier ist auch das **Museo Civico di Santa Maria della Consolazione** (Di–Sa 8–20, Mo und So 10–13, 16–19 Uhr, aufgrund der häufigen Änderungen empfiehlt sich ein Anruf unter Tel. 09 81 94 84 64, 09 81 94 80 41, Eintritt) mit zahlreichen Schätzen untergebracht: kleine Holzbilder aus dem 14. Jh. von Bernardo Luberdi, San Giovanni Battista und Simone Martini; eine kunstvoll gearbeitete Marmorsäule (14. Jh.), eine Holzsäule (18. Jh.), Ölgemälde aus dem 18. Jh., ein Polyptychon von Antonio und Onofrio Penna (15. Jh.), Messgewänder aus Brokat *(piviali),* ein Tabernakel aus dem 18. Jh., ein imposanter Apothekerschrank aus dem 17. Jh. und viele andere Kunstschätze.

Von dem weiträumigen Platz genießt man einen wunderschönen Blick auf die grüne Hügellandschaft und das gepflegte Städtchen. Von der Rückseite des Doms gelangt man in den vernachlässigten und überwiegend verlassenen Teil von Altomonte. Aufmerksame Beobachter können an einigen Häuserwänden Eisenbefestigungen entdecken. Als Schutz gegen Einsturz bei Erdbeben wurden Eisenstangen quer durch das Mauerwerk der Häuser gezogen und miteinander verschraubt, um so auch starken Erschütterungen standzuhalten.

Sehenswert ist auch der **Convento dei Minimi** (Anhänger des hl. Franziskus von Paola), heute Sitz des Rathauses *(municipio).* Ein wunderschöner Kreuzgang befindet sich in sehr gutem Zustand. Ebenfalls beeindruckend ist die **Barockkirche** mit dem 24 m hohen Glockenturm.

Museo Civico: Piazza T. Campanella, 87042 Altomonte, Tel. 09 81 94 80 41.
Comune di Altomonte: Largo della Solidarietà 1, 87042 Altomonte, Tel. 09 81 94 80 41, Fax 09 81 94 82 61, www.comune.altomonte.cs.it.

Hotel Il Castello di Altomonte: Piazza Castello 6, Tel. 09 81 94 89 33, Fax 09 81 94 89 37, www.altomonte.it. Luxuriöses Hotel in mittelalterlichem Ambiente, mit exklusivem Restaurant (teuer–Luxus), Halbpension im Doppelzimmer ca. 80 €, in der Suite ca. 90 €.
Azienda Agrituristica La Quercia: Contrada Boscari, Tel. 09 81 94 62 32, www.agriturismolaquercia.it. Unterkunft in kleinen Häusern ca. 5 km südöstlich von Altomonte. Halbpension ca. 25 €, Vollpension ca. 32 €, Camping möglich (ca. 4 € pro Person). Restaurant: lokale Küche, Menü ca. 15 €.

Al Ristoro del Principe: Centro storico, Tel./Fax 09 81 94 87 43, Mo geschl. Das stilvoll eingerichtete Restaurant befindet sich in den umgebauten Stallungen eines Palazzo aus dem 16. Jh. Lokale Küche, besondere Spezialitäten: *antipasto della casa, gnocchetti,* Menü moderat.

Fest des Schutzpatrons San Giacomo: 25. Juli.
Festival dei due mari: 20 Tage im Sommer (Juli/Aug.) Musik-, Theater- und Tanzdarbietungen.

Bus: tgl. nach Castrovillari, Paola, Cosenza, Abfahrt beim Rathaus auf der zentralen Piazza (Tel. 09 81 39 91 11, Tel. 098 12 60 38).

COSENZA UND UMGEBUNG

Zwischen der Sila und dem Tyrrhenischen Meer liegt Cosenza, der kulturelle Mittelpunkt Kalabriens. Ausflüge führen in die schmucke Kleinstadt Rende, nach Montalto Uffugo, dem Schauplatz des ›Bajazzo‹, sowie an die tyrrhennische Küste nach Amantea und Paola.

Cosenza

Kalabrien-Atlas: S. 232, C 3

Die 87 000 Einwohner zählende Provinzhauptstadt ist unbestritten das kulturelle Herzstück Kalabriens. Wahrscheinlich im 4. Jh. v. Chr. von den Bruttiern gegründet, war Cosenza bereits unter den Normannen, Anjou und Aragonesen das Handels- und Kulturzentrum Nordkalabriens. Schon früh entwickelte sich eine freiheitliche Denkweise. So verwundert es nicht, dass die Stadt während des Risorgimento das Zentrum der Einigungsbewegung in Kalabrien war.

Aus Cosenza stammte auch ein einflussreicher sozialistischer Politiker auf nationaler Ebene, Giacomo Mancini. Er setzte sich (u. a. als Minister und Vorsitzender der PSI) stets für die Belange Süditaliens ein. Von 1993 bis zu seinem Tod 2002 lenkte er die Geschicke seiner Heimatstadt.

Das Stadtbild prägen der Zusammenfluss von Crati und Busento mitten im Zentrum sowie die sieben die Stadt umgebenden Hügel. Der *centro storico* schmiegt sich an den Hang des **Colle Pancrazio.** Der neuere Teil der Stadt mit seinen scheinbar endlosen Straßenzügen und Neubauten liegt hingegen in der Ebene entlang des Crati.

Ein guter Ausgangspunkt für eine Stadterkundung ist die nach den Stadtgründern benannte **Piazza dei Bruzi.** Hier beginnt der **Corso Mazzini,** die Einkaufsstraße von Cosenza. Auf dem Platz erinnert ein Brunnen mit einem überdimensionalen Stahlhelm an den Zweiten Weltkrieg.

Nicht weit entfernt, auf der Höhe der Mündung des Busento in den Crati, liegt die Kirche **San Domenico** [1] mit dem ehemaligen Dominikanerkloster. Die Kirche wurde im 15. Jh. im Auftrag der Familie Sanseverino di Bisignano errichtet, im 17. und 18. Jh. umgebaut und ist schon von weitem an der grünen Kuppel zu erkennen. Über dem Spitzbogen-Eingang befindet sich eine wunderschöne, fein gearbeitete Fensterrose. Beachtenswert sind insbesondere das barock verzierte Oratorio del Rosario und die von der Bevölkerung Cosenzas besonders verehrte Madonna della febbre in der Cappella della famiglia Martucci.

Schlendert man über den **Ponte di Alarico** auf das andere Ufer des Crati, gelangt man zur Kirche **San Frances-co di Paola** 2 aus dem 16. Jh. An den Wänden der Sakristei bilden Fresken (16./17. Jh.) Szenen aus dem Leben des hl. Franziskus von Paola ab. Er gilt als Schutzpatron der Schiffer. Als er einst nach Sizilien übersetzen wollte, breitete er der Überlieferung nach seinen Mantel aus und überquerte darauf die Meerenge von Messina.

Gegenüber der Kirche, am südlichen Ufer des Busento, liegt der alte Stadtkern von Cosenza. Über den **Corso Telesio** mit seinen zahlreichen kleinen Läden, Cafés und Büros schlendernd, kann der Besucher das lebhafte Treiben genießen. Der nach dem Philosophen Bernardino Telesio benannte Corso war einst der Mittelpunkt einer Stadt, die sich durch Handel und Unternehmer-

tum auszeichnete. Das am Corso gelegene **Haus der Kulturen** 3 (Casa delle Culture), die Betonung liegt auf dem Plural, ist einen Abstecher wert. Hier werden wechselnde Ausstellungen gezeigt, daneben gibt es Konzerte, Filmvorführungen und Theaterabende (Mo–Sa tgl. 8–22 Uhr, www.comune.cosenza.it/culture/invasioni).

Folgt man dem Corso Richtung Süden, stößt man auf den Dom **Santa Maria Assunta** 4 mit drei gotischen Portalen. Die Kathedrale ist im 12. Jh. errichtet worden und wurde 1222 in Gegenwart von Friedrich II. geweiht. Die von dem Staufer gestiftete Staurothek, ein kreuzförmiges Reliquiar, ist derzeit bei der Soprintendenza per i Beni Culturali (s. u.) untergebracht. Besonders beachtenswert ist die Kapelle

In der Altstadt von Cosenza

der Madonna del Pilerio, der Schutzpatronin von Cosenza. Sie soll die
Stadt 1576 vor der Pest und den Erdbeben (1783/1854) beschützt haben.

Im rechten Seitenschiff befindet sich
der Originalfußboden im normannischen Stil aus dem 12. Jh. Außerdem
ist hier der römische Sarkophag aus
dem 4. Jh. zu sehen, auf dem die ›Jagd
des Meleager‹ dargestellt ist. In ihm sollen die Gebeine von Heinrich VII., dem
ältesten Sohn Friedrichs II., aufbewahrt
worden sein. Das Grabmal der Isabella
von Aragon im linken Querhaus zeigt
die Verstorbene mit ihrem Mann König
Philipp III. neben der Jungfrau mit dem
Jesuskind kniend. Auf der Rückseite
des Doms befindet sich übrigens eine
Touristeninformation.

Der Corso Telesio mündet an seinem
südlichen Ende in die **Piazza XV Mar-
zo.** Zur Linken befindet sich der **Palazzo della Prefettura** [5] aus dem 19. Jh.,
der auf den Resten des alten Klosters
Santa Maria di Costantinopoli errichtet
wurde. Auf der zentralen Piazza stehen
zwei Denkmäler. Eines ist dem in Cosenza geborenen Philosophen Bernardino Telesio gewidmet (1509–1588), das
andere den 1844 im Kampf für ein ge-
eintes Italien gestorbenen Bürgern. Unmittelbar an der Piazza liegt auch die
von Bäumen beschattete Grünanlage
Villa Comunale [6]. Zur Rechten befindet sich das Stadttheater **Teatro Rendano** [7] von 1909, das nach dem Pia-
nisten Alfonso Rendano benannt wurde. Der Bau mit klassizistischer Fassade
und prächtiger Innenausstattung ist
Spielstätte der Philharmonia Mediterranea. Von Oktober bis Dezember finden
hier Operngastspiele statt, von Januar

COSENZA

0   200 m

Sehenswürdigkeiten

1. San Domenico
2. San Francesco di Paola
3. Casa delle Culture
4. Dom Santa Maria Assunta
5. Palazzo della Prefettura
6. Villa Comunale
7. Teatro Rendano
8. Accademia Cosentina
9. Palazzo Gaspare Sersale
10. Kirche und Kloster San Francesco d'Assisi
11. Soprintendenza per i Beni Culturali
12. Castello Svevo

Übernachten

13. Hotel Excelsior
14. Hotel Grisaro

Essen und Trinken

15. Restaurant La Calavrisella
16. Creperia del Duomo
17. Golden Caffè

bis Mai sind renommierte Schauspiel-bühnen aus dem In- und Ausland zu Gast (Info: Tel. 098 47 42 65).

Ebenfalls an der Piazza befindet sich die im 16. Jh. gegründete **Accademia Cosentina** 8. Neben dem Sitz der Akademie sind in dem Gebäude auch das **Museo Civico** (Erdgeschoss) und die **Biblioteca Civica** (erste Etage) untergebracht. Die Bibliothek besitzt eine der wichtigsten Sammlungen Kalabriens und enthält u. a. Schriften aus dem 13. bis 18. Jh. Die im Museum in einem recht schlichten und etwas heruntergekommenen Ambiente ausgestellten Münzen, Tonscherben, Schmuck- und andere Fundstücke stammen u. a. aus der nahe Torre Mordillo (nördlich von Spezzano Albanese) ausgegrabenen eisenzeitlichen Nekropole (Mo–Fr 9–13.45, Mo und Do 15.30–18.15 Uhr; Eintritt frei).

In schöner Panoramalage steht der **Palazzo Gaspare Sersale** 9. An diesem Renaissancepalast (1592) ist noch das marmorne Wappen der Familie Sersale zu bewundern.

Sehenswert sind auch die Kirche und das Kloster **San Francesco d'Assisi** 10, gegründet 1217 von Pietro Catanii, einem Getreuen des hl. Franz von Assisi. 1657 ist die Kirche im barocken Stil umgestaltet und nach dem Erdbeben von 1874 neu errichtet worden. Die dreischiffige Kirche birgt wertvolle Kunstschätze, u. a. Werke von Daniele Russo (17. Jh.). Im Konvent ist heute die Werkstatt der **Soprintendenza per i Beni Culturali** 11 (Oberaufsicht der Kulturgüter) untergebracht, die vorübergehend auch Teile des Domschatzes beherbergt (Mo–Sa 9–13 Uhr; Eintritt frei).

Hoch oben auf dem Colle Pancrazio thront das **Castello Svevo** 12, dessen erste Anlage wahrscheinlich von den Normannen errichtet wurde. Unter dem Staufer Friedrich II., den Anjou und schließlich auch unter den Aragonesen ist das Kastell ausgebaut und befestigt worden. Der Verfall der Burg begann mit dem Erdbeben von 1638. Nachdem die Festung u. a. als Priesterseminar und als Haftanstalt genutzt wurde, wird das Kastell nun restauriert.

APT: Corso Mazzini 92/C, 87100 Cosenza, Tel. 098 42 72 71.

Hotel Excelsior 13: Piazza Matteotti, Tel. 098 47 43 84, Nähe *centro storico* und Bahnhof Cosenza Centro. Modern ausgestattetes 44-Zimmer-Hotel, Restaurant, Bar, Lesesaal, Parkplatz, Garage, Übernachtung mit Frühstück pro Person 26 €, Halbpension 39 €.
Hotel Grisaro 14: Viale Trieste 38, Tel. 098 42 79 52, Fax 098 42 78 38. Einfaches Hotel in der Neustadt, Übernachtung mit Frühstück ca. 30 €.

Restaurant La Calavrisella 15: Via G. De Rada 11a, Tel. 098 42 80 12, Sa ganztägig, So abends geschl. Elegantes, sehr beliebtes Lokal, traditionelle lokale Küche, teuer.
Creperia del Duomo 16: Corso Telesio, 7–20.30 Uhr, So geschl. Crêpes, ein Tagesmenü und kleine Snacks werden hier gegenüber dem Dom angeboten, günstig.
Golden Caffè 17: Corso Mazzini 85, tgl. 6–23 Uhr. Leckere *pasticcini,* guter Service und nettes Ambiente, günstig.

Donato Francesco: Via Sertorio Quattromani 41–47, 8.30–13, 15.30–20 Uhr, Sa nachmittag und So geschl. Porzellan- und Geschenkartikel.

Teatro Acquario: Via Galluppi 15/19, Tel./Fax 098 47 31 25. Volkstheater, Kabarett, Musikveranstaltungen, Kurse.

 Prozession für die Schutzpatronin Pilerio: 12. Feb.

Fest des San Giuseppe: 17.–19. März, mit einem der ältesten und berühmtesten Märkte Süditaliens.

Estate Cosentina: Juli, dazu gehört das **Festival delle Invasioni** mit diversen Literatur-, Musik- und Theaterveranstaltungen und **Il gioco dei sette Cantoni** (Wettkampf der sieben umliegenden Städte).

 Cassiodoro: Corso Telesio 114, Tel./Fax 098 47 36 20. Ausflüge, Führungen, Ausstellungen, Feste.

Le Vie della Perla: Brunella Bosco, V.N. Parisio, Tel. 09 84 79 18 22, Fax 09 84 79 46 65, www.leviedellaperla.it. Deutschsprachiger Veranstalter: Trekking, Rafting, Besichtigung von Weinkellereien und Fabrikationsstätten kalabrischer Spezialitäten.

 Bahn: mehrmals tgl. nach Sibari; stdl. nach Paola, von dort Schnellzüge nach Norden und Süden.

Bus: Vom Hauptbahnhof Buslinien 15, 16, 27, 57 Richtung Centro, Karten im *tabaccaio*. Von der Busstation *(autostazione,* Via delle medaglie d'oro) verkehren tgl. außer So Busse entlang der Costa dei Cedri (8 x), nach Amantea und Paola (4 x), Tel. 09 84 41 30 01. Mindestens 1 x tgl. nach Castrovillari, Amendolara, Trebisacce, Sibari, Cerchiara, Spezzano Albanese, Infos und Fahrkarten bei Beltour Viaggi, Corso Umberto 91, Tel. 098 42 21 16; mindestens 1 x tgl. nach Camigliatello, Catanzaro, Lorica, Paola, Rossano, San Giovanni in Fiore, Tel. 098 43 13 24.

Autoverleih: Autonoleggio Maggiore Nuova Stazione FF.SS. (Hbf. Cosenza), Via Popilia, Tel. 09 84 48 21 23, 09 84 48 21 44, Fax 09 84 48 21 44.

Ausflug in die Sila

Eine Stippvisite in die Sila kann man mit einem kleinen Triebwagen von Cosenza nach Camigliatello unternehmen. Morgens gegen 7 Uhr fährt der Zug von Cosenza ab (Nuova Stazione und Cosenza Centro) und erreicht nach 1,5 Std. Camigliatello. Rückfahrt gegen 16 Uhr, ganzjährig Mo–Fr, Hin- und Rückfahrt ca. 4 €, Infos unter Tel. 09 84 57 81 20.

Rende

Kalabrien-Atlas: S. 232, B/C 3

Die wahrscheinlich im 6. Jh. v. Chr. von den Enotriern gegründete Stadt besticht durch ein gepflegtes und gut erhaltenes Zentrum. Am höchsten Punkt des Ortes errichteten die Normannen im 11. Jh. ein **Kastell,** das nach mehreren Umbauten heute als Rathaus *(municipio)* genutzt wird. Unterhalb erstreckt sich die Piazza degli Enoi mit der **Chiesa del Rosario** (17. Jh.). Im Inneren der einschiffigen Kirche mit der barocken Fassade trifft der Besucher auf Bilder des einheimischen Malers Cristoforo Santanna und ein Altarbild von Gabriele De Paola (19. Jh.). Von der Piazza geht die **Via Mazzini** mit kleinen Geschäften und Lokalen ab.

Santa Maria Maggiore an der Piazza Dante Alighieri wurde Anfang des 16. Jh. errichtet und mehrfach umgebaut. Die recht schlichte Fassade mit drei Steinportalen wird von einer schönen großen Steinrosette geschmückt.

Der im spätbarocken Stil dekorierte Innenraum ist dreischiffig, in Form eines lateinischen Kreuzes angeordnet. In den zwölf seitlichen Kapellen befinden sich u. a. Werke von Santanna.

Im **Palazzo Zagarese** in der Via R. De Bartolo aus dem 18. Jh. sind das Folkloremuseum und die zurzeit geschlossene Pinakothek untergebracht. Das **Museo folklorico R. Lombardi Satriani** zeigt in verschiedenen Abteilungen über 3000 Ausstellungsstücke, darunter Trachten, Webstühle, Goldschmiedearbeiten, alte Musikinstrumente, Werkzeuge und Krippen (Infos: Tel. 09 84 44 35 93).

Ebenfalls sehenswert ist die dem Erzengel Michael geweihte **Chiesa del Ritiro**. Sie beherbergt ein Gemälde von Giuseppe Pascaletti aus dem 18. Jh., das die Dreieinigkeit mit dem Erzengel Michael darstellt. Wunderschön gelegen ist das **Santuario di Santa Maria di Costantinopoli**. Die Rendeser wandten sich während der Pest 1656 und bei dem eisigen Wintereinbruch 1670 in ihrer Verzweiflung an die Madonna und errichteten ihr zu Ehren später die Wallfahrtsstätte, in deren Kuppel Achille Capizzano die Madonna abbildete.

Unterhalb von Rende, in dominierender Postion über dem Tal, befindet sich der ehemalige **Konvent der Franziskaner** (Convento dei Francescani). Im 16. Jh. errichtet, mehrfach zerstört und wieder aufgebaut, wird der Gebäudekomplex heute von der Universität genutzt. Sehenswert sind ein Gemälde von Cristoforo Santanna und das Altarbild von Francesco de Mura sowie der Kreuzgang mit Fresken des einheimischen Künstlers Francesco Pellicore. In der dem hl. Franz von Assisi geweihten Kirche ist in 14 kleinen Bildern der Kreuzweg dargestellt.

Comune (Rathaus): Piazza Garibaldi, 87036 Rende, Tel. 098 43 08 62 00.

Hotel Executive: Via Marconi 59, Tel. 09 84 40 10 10, Fax 09 84 40 20 20. Modernes Hotel mit 90 eleganten Suiten, Restaurant Il Nabucco, Halbpension ca. 83 €.

Residence Mira: Contrada Bagno 1, Tel. 09 84 44 67 57, Fax 09 84 44 67 56, Ferienwohnungen, ab 40 € pro Tag, auch monatsweise mietbar.

Caffè Giraldi, Pasticceria Gelateria: Via Mazzini 8, Mo–Sa 6–22 Uhr. Gepflegtes Café, moderat.

Fest für die Schutzpatronin Immacolata: 20. Feb.
Fest der Madonna di Costantinopoli: letztes Wochenende im August, mit 3-tägigem Markt.

Montalto Uffugo

Kalabrien-Atlas: S. 232, B 2
Die Ursprünge der 12 000 Einwohner zählenden Handelsstadt gehen wahrscheinlich auf das antike *Aufugum* zurück. Ihren Doppelnamen erhielt sie wohl, als sie nach der Zerstörung durch die Sarazenen auf dem Hügel Montalto neu errichtet wurde. An die Angreifer erinnert noch heute der *Carnevale Saracenu,* bei dem der Sieg über die Sarazenen (10. Jh.) ausgerufen wird. Die Stadt war in ihrer Geschichte oft

Schauplatz grässlicher Kämpfe, so auch im Juni 1561, als ein Blutbad unter den Waldensern angerichtet wurde (s. S. 66).

Gegenüber der Chiesa della Santissima Annunziata (auch San Francesco di Paola) an der lebhaften **Piazza Erico Bianco** liegt die Kirche **Santa Maria della Serra** (13./18. Jh.). Eine weitläufige, prächtige Treppe mit einem aus Stein gehauenen Geländer führt zu der mehrfach umgebauten Kirche hinauf. Mit Pinien und Palmen umgeben, strahlt der Bau etwas Besonderes aus: der untere Teil reich verziert und verschnörkelt, der obere Teil in Ziegelsteinen gearbeitet und unverputzt. Im Inneren ist die Holzstatue der ›Madonna della Serra‹ aus dem 15. Jh. anzuschauen. Die Kirche ist ein beliebter Pilgerort, insbesondere zum Himmelfahrtsfest (15. Aug.).

Rechts von der Piazza, unterhalb der Kirche Santa Maria della Serra ist dem berühmten Komponisten Ruggiero Leoncavallo (1857–1919) in der gleichnamigen Via ein Denkmal gesetzt. Der Schöpfer der Oper ›I Pagliacci‹ (Der Bajazzo) war in Montalto Uffugo zu Hause und hat die Geschichte einer wahren Begebenheit entlehnt. Sein Vater war einst Richter in dem Städtchen und als solcher mit der Aufklärung eines Mordfalls betraut. Im ›Bajazzo‹ verknüpft sich in Montalto Uffugo, der Station von Wanderkomödianten, Schauspiel mit wahrer Geschichte: Liebe, Eifersucht und Mord. Der eifersüchtige Bajazzo Cenio tötet während der Vorstellung seine Frau Nedda und deren Geliebten Silvio. Der Bajazzo wird festgenommen, und ein Harlekinspieler

verkündet dem Publikum: »Das Spiel ist aus«. Für Leoncavallo war das Spiel mit diesem Werk nicht aus, es fing erst richtig an. Die Oper war bereits bei ihrer Uraufführung 1892 in der Mailänder Scala ein Riesenerfolg.

Ein Spaziergang durch den *centro storico* von Montalto Uffugo führt durch enge Gassen, unter Torbögen hindurch und an Resten der **mittelalterlichen Stadtmauer** vorbei. So beispielsweise am Normannischen Turm in der Via Petralta Foscarini, der neben einem der sechs Stadttore errichtet wurde und den Spähposten als Ausguck diente. Drohte Gefahr, wurden die Bürger durch Glockengeläut von der Torre Campanaria (Glockenturm) in der Via Turano gewarnt.

Die restaurierte **Chiesa San Giacomo** aus dem 16. Jh. verfügt ebenfalls über einen Glockenturm: Ein kleines Runddach schützt die Kirchturmuhr vor Regen. Oberhalb der Kirche befindet sich ein den Gefallenen des Ersten Weltkriegs gewidmetes Denkmal mit einer Kanone deutschen Ursprungs. Neben der Barockkirche San Domenico gelangt man durch einen Durchgang (Richtung *vigili urbani*) in den besonders schönen Kreuzgang der Kirche.

Zwischen den Häuserfronten erhascht man immer wieder einen faszinierenden Ausblick auf die umgebende Natur. Die Landschaft ist aber nicht nur wunderschön, sondern auch fruchtbar und trägt wesentlich zu der reichen und schmackhaften kalabrischen Küche bei. Typische Produkte der Gegend sind Pilze, Feigen, Kastanien und Gemüse. Diese und auch das in Montalto Uffugo hergestellte Kunsthandwerk (Holz-, Keramik-, Glas-, Gold-schmiedearbeiten, Stickerei) werden auf dem wöchentlich sonntagvormit-tags stattfindenden Markt angeboten.

Comunità montana media valle Crati: Via Turano 1, 87040 Montal-to Uffugo, Tel. 09 84 93 23 21.

Ristorante L'Eden: Via A. Moro 18 (hinter der Post), Tel. 09 84 93 15 45, Mo geschl. Hausmannskost, moderat.
Ristorante Le Macine: Via Toscanini 10, 3–4 km nördlich von Montalto Uffugo Richtung San Nicola (Straße am Dom vor-bei), Tel. 09 84 93 14 45, Mo geschl. Rus-tikales Ambiente, lokale Küche, günstig.

Pasticceria Cristini: Via Roma, 110. Nette kleine Konditorei.
Lavorazione Gesso: Via Bologna 25. Holz- und Gipsarbeiten.
Gioielleria Laboratorio: Via Alimena, Mo geschl. Juwelier, Kunstwerke aus Kristall, Silber, Gold.
Azienda: Via Pontecorvo. Hier werden kalabrische Lebensmittel ohne Konser-vierungsstoffe nach traditioneller Art ver-arbeitet und verkauft.

Karneval/Carnevale Saracenu: Am Dienstag spielen maskierte Ein-heimische die Schlacht gegen die Sara-zenen (902 n. Chr.) auf der Piazza nach. Die allegorischen Masken aus Pappma-schee werden alljährlich verbrannt und symbolisieren das Ende des Karnevals.
Film- und Theateraufführungen: Ende Juli–Anfang Sept. auf den Piazze.
Fest der Madonna della Serra: 15. Aug., gleichzeitig großer **Jahrmarkt.**

Bahn: von Montalto-Rose mehr-mals tgl. Züge Richtung Cosenza und Sibari.

Bus: von der großen Kreuzung außerhalb des Ortes, Mo–Sa alle 2 Std. nach Co-senza (Tel. 09 84 46 22 80, www.costabi lebus.it).

Amantea

Kalabrien-Atlas: S. 232, B 4
Amantea, die lebhafte Handelsstadt am Tyrrhenischen Meer, vereint Antike und Moderne ebenso wie Tradition und Fortschritt. In diesem Küstenabschnitt auf den Anhöhen über dem Fluss Sa-vuto sind Waffen und Gräber entdeckt worden, die von einer Besiedlung be-reits in der Bronze- und Eisenzeit zeu-gen. Unter den Sarazenen soll die Stadt wegen ihres Sklavenhandels und der blutigen Streifzüge, die von hier ins Landesinnere und gen Norden starte-ten, berühmt-berüchtigt gewesen sein.

Der mittelalterliche Stadtkern ist eng an den Abhang gebaut und wird von den Ruinen des Kastells überragt. Es empfiehlt sich, den Wagen unterhalb des *centro storico* auf dem Parkplatz in der Via E. Noto abzustellen. Auf der Piazza del Duomo befindet sich die ba-rocke Kirche **San Biagio** (17. Jh.), die dem hl. Blasius geweiht ist und byzan-tinische Einflüsse zeigt. Im Inneren be-finden sich farbenprächtige Decken- und interessante Wandgemälde, die Episoden aus dem Leben des Heiligen nachzeichnen. Bei der traditionellen Karfreitagsprozession, die erstmals im Jahre 1776 urkundlich erwähnt wurde und auch heute noch das wichtigste so-ziale und religiöse Ereignis der Stadt ist, werden die neun im Inneren befindli-chen Statuen durch die Stadt getragen.

Der *centro storico* zieht sich mit winzigen Gassen und leicht zu übersehenden Durchgängen den Hang hinauf. Zahlreiche Schilder weisen auf ›proprietà privata‹ (Privatbesitz) hin, da sich in diesem Labyrinth nur dem aufmerksamen Beobachter erschließt, wo die Wege privat oder öffentlich sind.

Der Aufstieg führt über einen Kopfsteinpflasterweg, unter einem Bogen der alten Befestigungsmauer hindurch, und mündet in eine asphaltierte Straße. Auf dem Schotterplatz endet der Spaziergang, von hier gelangt man lediglich über einen mehr oder weniger unpassierbaren, mit Gestrüpp zugewucherten Weg weiter (festes Schuhwerk und lange Hosen empfehlenswert!). Oben angekommen bietet sich neben dem Blick auf die **Ruinen des Kastells** byzantinischer Herkunft (6. Jh.) und einen **Sarazenenturm** ein traumhafter Panoramablick auf die saftigen grünen Hügel, das blaue Meer und die unterhalb gelegene Stadt. Auf halber Höhe unterhalb des ehemaligen Kastells stehen die Überreste der Kirche und des Konvents **Francesco d'Assisi** (12.–16. Jh.). Noch weiter nördlich erhebt sich die **Chiesa Sant'Elia Profeta** aus dem 17. Jh.

Vom Kastell aus bietet sich der Abstieg in südliche Richtung über die Via Castello an. Hier trifft man auf die **Chiesa del Carmine** aus dem 17. Jh. Dem Corso Umberto folgt man nun in südlicher Richtung und gelangt über einen schönen Treppenabstieg auf der rechten Seite zur Kirche und zum Konvent **San Bernardino da Siena** aus dem 15. Jh. Das Gebäude ist eines der wenigen noch im spätgotischen Stil erhaltenen Bauwerke Süditaliens. An der Außen-

Fahrt an die Küste

Um von Cosenza die Küste zu erreichen, muss man die *Catena costiera* (Küstenkette) überwinden. Für eine zügige Anfahrt ist daher die südliche Autobahnstrecke bis Falerna und von dort die Küstenstraße 18 gen Norden empfehlenswert. Wer aber die Landschaft genießen möchte und genügend Zeit hat, der kann die Autobahn südlich von Cosenza bei Rogliano Grimaldi verlassen und die kurvenreiche SS 108 wählen.

fassade über dem Eingang waren in neun Mauernischen kreuzförmig angeordnete Platten eingelassen – angeblich einmalig in Süditalien. Zurzeit werden sie im Museum von Reggio di Calabria restauriert und kopiert. Diese Kopien sollen dann anstelle der Originale nach Amantea zurückkehren.

Das Gebäude teilt sich auf in eine lichtdurchflutete Kirche, einen Glockenturm, einen wunderschönen Kreuzgang, ein Gebetshaus und weitere zum Konvent gehörende Räume, wie Küche und Unterkünfte für die Priester und Pilger. Das zum Meer weisende Hauptportal mit seinen fünf gotischen Bögen lädt zu einer Entdeckungsreise ins Innere ein. Dort befinden sich eine Marmorstatue der ›Madonna mit Kind‹ von Antonello Gagini (1505), ein Verkündigungsengel von Francesco da Milano und weitere Kunstschätze. Im Gebetshaus, das ursprünglich nur für die *nobili* (Adligen) reserviert war, steht eine

Fahrt von Cosenza nach Paola:
Blick auf die tyrrhenische Küste

wunderschöne von Rinaldo Bonanno erschaffene Krippe.

Während der Restaurierungsarbeiten ist ein Kanalsystem freigelegt worden, das von der Wein- und Ölherstellung im Konvent zeugt. Außerdem wurden unter dem bestehenden Gemäuer antike Mauern und Räume gefunden, die auf einen früheren Kultort an gleicher Stelle schließen lassen.

Im unteren, südwestlichen Teil der Stadt bietet sich dem Besucher das pure Kontrastprogramm zu den alten Gemäuern: In der lebendigen, architektonisch nicht besonders schönen Neustadt spürt man, dass der Tourismus hier im Gegensatz zu den meisten Küstenstädten eine dem Handel untergeordnete Rolle spielt. Zahlreiche Geschäfte bieten eine reiche Auswahl an Produkten jeglicher Couleur an und laden zum Bummeln ein.

IAT: Via Vittorio Emanuele 11, 87032 Amantea, Tel. 098 24 17 85.

Villaggio Albergo Belmonte: Via Pane, Belmonte, Tel. 09 82 40 01 77, Fax 09 82 40 03 01. Modern ausgestattete Ferienanlage am Meer mit Garten, Terrasse, Schwimmbad, Spielplatz, Minigolf, Tennis, lokale wie internationale Küche, Halbpension ca. 50–70 €.
Pensione Margherita: Via Margherita 179, Tel. 098 24 13 37, 09 82 42 40 58, rmusi@yahoo.com. Familienpension mit Hausmannskost im Sommer, im Winter nur Zimmervermietung, Halbpension ca. 35 €.

Ristorante San Michele: Via Gallo, Tel. 098 24 83 71, Mi geschl. Spezialitäten: Meeresküche, *ciambotta* (frittierte Auberginen, Kartoffeln und Paprika), Menü ca. 15 €.
Antico Forno Juliano: Piazza Cappuccini, Mo–Sa 7–13.30, 17.30–22 Uhr. Hier gibt es süßes und pikantes Backwerk zum Mitnehmen, günstig.

Lavorazione fichi: direkt an der Strada statale, Ecke Via Garibaldi. Hier werden Feigenspezialitäten wie Likör, Konfekt und Marmelade angeboten.
Auf dem sonntäglichen **Markt** sind in den Straßen Via Mazzini, Via Orti und Via E. Noto neben lokalen Landwirtschaftsprodukten auch Handwerksarbeiten zu finden. Hier wird noch traditionell Eisen geschmiedet, die Kunst der Restauration gepflegt, getischlert und Keramik hergestellt.

Karneval, Umzug mit Wagen, Musik und Masken.

Karfreitag mit traditionellen Prozessionen.

Fest für den Schutzpatron Sant'Antonio da Padova: 13. Juni.

Schachturnier *partita a scacchi* mit lebenden Figuren in der Nähe des Lungomare, vorab feierlicher Kostümumzug begleitet von Tamburinmusik: Aug. (findet nicht jedes Jahr statt, Infos beim IAT).

Jahrmarkt mit 500-jähriger Tradition: Handwerksprodukte, Kitsch, künstlerisches und musikalisches Rahmenprogramm: 31. Okt.–2. Nov.

Top Travel: Viale R. Margherita 124, Tel./Fax 09 82 42 62 95. Hotelbuchungen, Ausflüge, Autovermittlung, Shuttle-Service zum Flughafen Lamezia und zur Bahnstation Paola.

Bahn: mehrmals tgl. Züge nach Paola und Lamezia Terme.

Bus: tgl. außer So (ca. 4 x, im Sommer häufiger) Busse längs der Costa dei Cedri und nach Cosenza (Tel. 09 84 41 30 01). Vom Bhf. Amantea nach Paola, Cosenza, Lamezia, Catanzaro, Mo–Sa 1 x tgl. (Tel. 09 84 46 22 81, www.costabilebus.it).

Paola

Kalabrien-Atlas: S. 232, B 2

Der Geburtsort von Francesco di Paola, dem Schutzheiligen Kalabriens, gehört zu den wichtigsten Wallfahrtsstätten Süditaliens. In der 15 000 Einwohner zählenden Stadt spürt man noch immer den Geist ihres berühmtesten Sohns und eine tief religiöse Atmosphäre. Zu dem Fest des Schutzpatrons am 4. Mai kommen Tausende von Gläubigen, um ihren Heiligen zu ehren. Seine Berühmtheit erlangte Franziskus von Paola durch viele Wunder. So soll er auf seiner Reise nach Sizilien die Meerenge von Messina überquert haben, indem er seinen Mantel über dem Wasser ausbreitete. Papst Pius XII. ernannte ihn zum Schutzpatron der Fischer.

Hier, in der Schlucht des Isca-Bachs, errichtete Franziskus 1435 zu Ehren von Franz von Assisi eine Kapelle. Das **Santuario San Francesco di Paola** (nördlich des oberen Stadtteils, Okt.–März 6–13, 14–18, April–Sept. 6–13, 14–20 Uhr) ist auch heute noch ein spiritueller Ort, eingebettet in eine wunderschöne Landschaft. Die im gotischen Stil erbaute und mit Kreuzgewölben versehene Kirche wurde mehrfach erweitert und verändert. In der Capella del Santo werden die Reliquien des Heiligen aufbewahrt, das Tafelbild auf dem Altar zeigt rechts den von Dirck Hendricksz gemalten Franz von Assisi. Die Kirche beherbergt weitere sehenswerte Gemälde, u. a. von Giuseppe Pascaletti und Battistello Caracciolo. Im Kloster sind eine Bibliothek und eine Kunstsammlung untergebracht, die allerdings nur nach Voranmeldung zu besichtigen sind (Tel. 09 82 58 25 18).

Von der Vorhalle der Wallfahrtskirche gelangt der Besucher rechts zu den Orten, an denen der Heilige Wunder bewirkt haben soll: Am Wunderofen ließ Franziskus sein Lieblingslamm Martinello wieder lebendig erscheinen, nachdem es zuvor verspeist und seine Knochen in das Feuer geworfen worden waren. Der *macigno pendulo* wiederum ist ein riesiger hängender Felsen, dessen Absturz der Heilige verhindert haben soll. In der Nähe befindet sich auch die Wüstengrotte, in die sich Franziskus mehrere Jahre zurückgezogen hat, um Buße zu tun und zu beten.

Neben der Wallfahrtsstätte sind in Paola noch zahlreiche andere Kirchen, das **Geburtshaus des Heiligen Franziskus** (Casa di nascita) an der Piazza XXIV. Maggio, die Ruinen des aragonesischen Kastells und der Sarazenenturm **Torre del Soffio** (16. Jh.) erwähnenswert. Ein besonderes Juwel ist die an der Straße 18 (Contrada Guadimare) Richtung Fuscaldo gelegene Kirche, die aufgrund ihrer Lage **Chiesa Sotterra** (unter der Erde) genannt wird. Bei den Fresken in der Apsis handelt es sich um byzantinische Malereien aus dem 9. Jh.

Comunita Montana di Paola: Via San Leonardo 8, 87027 Paola, Tel. 09 82 61 07 47, Fax 09 82 61 11 62.

Fest des hl. Franziskus von Paola: 2. April.
Patrozinium und Pilgerfest: 2.–4. Mai.
Fiera di Montevergine (Markt): 6.–8. Sept.

Bahn: Verkehrsknotenpunkt in Kalabrien, mehrmals tgl. Züge Richtung Rom, nach Lamezia, Reggio di Calabria, Cosenza.
Bus: tgl. außer So (ca. 4 x, im Sommer häufiger) Busse längs der Costa dei Cedri und nach Cosenza (Tel. 09 84 41 30 01). 1–2 x tgl. nach Camigliatello, Cosenza, Guardia Piemontese, Rossano, San Giovanni in Fiore, Sibari (Tel. 09 83 56 56 35, www.iasautolinee.it).

Santuario San Francesco di Paola

Die Sila und das Alto Ionio Cosentino

Am Lago di Cecita
in der Sila Grande

Kalabrien-Atlas S. 231, 233, 234

SILA GRANDE UND SILA PICCOLA

Vom beschaulichen Ferienort Camigliatello ist es nicht weit zu den Highlights der Sila Grande: Croce di Magara, der Nationalpark mit der Fossiata, das Weberstädtchen San Giovanni in Fiore, der Lago Arvo mit dem Wintersportzentrum Lorica. Die Sila Piccola bietet das ganz Jahr über Gelegenheit zum Naturerlebnis beim Wandern, Rad- und Skifahren – Kunstgenuss inklusive.

Sila Grande

Camigliatello Silano

Kalabrien-Atlas: S. 234, B 2
Camigliatello hat sich in den letzten Jahrzehnten zu einem schmucken Feriendorf verwandelt. Der 1278 m hoch gelegene Ort bietet sich aufgrund seiner günstigen Lage (nur 30 km von Cosenza entfernt) als Ausgangspunkt für Entdeckungsreisen in die Sila an. Die Hauptstraße der Stadt, die Via Roma, ist gesäumt von Bars, Hotels und Geschäften, in denen kalabrische Spezialitäten feilgeboten werden. Im oberen Teil bietet ein pinienbestandener Park mit einem Brunnen Erfrischung.

An der Piazza Misasi geht es rechts ab in einen kleinen Pinienwald zur Chiesa Santi Roberto e Biaggio mit einem hohen Glockenturm. Hier ist 1999 Padre Pio, dem vielverehrten Heiligen Italiens, ein Denkmal gesetzt worden. Im Inneren der schlichten Holzkirche sind ein Spitzdach mit Stützbögen, grauen Säulen und ein Holzaltar zu sehen. Beachtenswert ist das hölzerne Kruzifix, das einst auf dem Monte Scuro stand (heute steht dort ein stählernes), anschließend restauriert wurde und nun geschützt in der Kirche aufbewahrt wird. Ein wunderschönes Mosaik von Padre Ugolino da Belluno stellt Maria und die Engel dar.

Unterhalb der Kirche verläuft die Via Repubblica parallel zur Via Roma. Der Spaziergang führt vorbei an reizenden, von Bäumen umstandenen Holzhäusern.

Camigliatello ist auch ein Wintersportzentrum und verfügt über 20 km Langlaufpisten sowie zwei Abfahrtspisten (2200 bzw. 2050 m) am **Monte Curcio** (1768 m) und am **Monte Scuro** (1633 m).

Pro Loco: Via Roma 5, 87052 Camigliatello, Tel./Fax 09 84 57 80 91. **Altrosud:** Via Corrado Alvaro 20, 87052 Camigliatello, Tel. 09 84 57 81 54, Fax 09 84 57 87 66, www.altrosud.it. Organisation, die sich um kulturelle Angebote in der Sila kümmert.

Magara Hotel (GEO Hotels): Croce di Magara-Spezzano Piccolo, Tel. 09 84 57 87 12, Fax 09 84 57 81 15. Modernes, sehr gut ausgestattetes Hotel mit Schwimmbad, Sauna, Fitnessraum, Restaurant, wahlweise als Residence oder Hotel, Halbpension in der Vor- und Nachsaison ca. 45–60 €, Hauptsaison ca. 85 €.
Hotel Ristorante Cozza: Via Roma 85, Tel. 09 84 57 80 34, Fax 09 84 57 80 34. 40 Zimmer mit Bad, TV, Telefon, kalabrische Küche, Halbpension in der Vor- und Nachsaison ca. 38–50 €, in der Hauptsaison ca. 60 €.

Ristorante La Tavernetta: Contrada da Campo San Lorenzo, Tel. 09 84 57 90 26, Fax 09 84 57 93 55, ganzjährig, Mi geschl. Stilvolles Landlokal, gehobene Küche, Spezialität: Pilzgerichte, insbesondere *tagliolini ai porcini*, Menü ca. 30 €.

Ristorante La Tana del Lupo: Via Ugo Foscolo, Tel. 09 84 57 83 77, ganzjährig. Rustikal eingerichtet, lokale Küche, Spezialität: Pilzgerichte und *riso alle noci* (Reisgericht mit Nüssen), Menü ca. 25 €.

Antica Salumiera Campanaro: Piazza Missasi 5. Spezialitäten: Pilze, Salami, Wein.

Fest der Madonna Assunta: 15. Aug. Die Himmelfahrt Mariens wird in der Kirche Santi Roberto e Biagio besonders feierlich begangen.
Sagra del fungo: Fest des Pilzes im Herbst, Spezialitäten rund um den Pilz werden geboten, außerdem finden kulturelle Veranstaltungen statt.

Ausflug mit der Dampflok durch die Sila: 1 Std. Fahrt, 45 Min. Aufenthalt in San Nicola, in der Saison Sa 11

Camigliatello ist ein beliebter Wintersportort

DIE SILA

»In den Wäldern findest du etwas, was du in keinem Buch finden wirst, die Bäume und die Felsen lehren dich das, was du nie von den Lehrern hören wirst.«

Hl. Bernhard

Die wunderschöne Gebirgslandschaft und die kleinen pittoresken Orte der Sila haben einen ganz besonderen Reiz. Während der Frühling die Wiesen mit einem Blütenteppich überzieht, bringt der Sommer viele Beeren und duftende Kräuter hervor. Der Herbst taucht die Landschaft in ein grün-braun-goldenes Farbspiel. Im Winter legt sich eine Schneedecke auf das Gebirge, Skifahrer und Rodler sausen die Pisten hinab. Die Griechen nannten das Gebiet *Hyle,* was so viel wie Wildnis bedeutet und die Ursprünglichkeit der Landschaft erahnen lässt. Die Römer benutzten das Holz der *silva bruttia* (des bruttischen Waldes) für den Schiffbau. Nach den Langobarden, Normannen, Staufern und Anjou eroberten die Spanier das Gebiet und verboten jeglichen Holzschlag. Während der Französischen Revolution wurde die Sila Staatseigentum, und jedermann konnte für landwirtschaftliche, aber auch industrielle Zwecke Terrain erhalten. Im Rahmen einer Landreform Mitte des 20. Jh. wurden die Ländereien in kleine Parzellen geteilt und Bauernfamilien zur Bewirtschaftung zugewiesen.

Die Sila wird zwar geteilt in die Sila Greca, Grande und Piccola, aber der Urlauber wird den Übergang kaum bemerken. So liegt der Lago Ampollino mit seinem nördlichen Ufer in der Sila Grande, mit seinem südlichen hingegen in der Sila Piccola. Die **Sila Piccola** erstreckt sich im Westen bis zum Lago Passante, südlich bis kurz vor Catanzaro und erreicht im Osten das Ionische Meer. Mitten im Herzen der Sila Piccola liegt ein Teil des kalabrischen Nationalparks, der Gariglione. In der Kleinen Sila sind die Feriendörfer Racise, Mancuso, Palumbo und die Künstlerstadt Taverna angesiedelt.

Die **Sila Grande** wird südlich vom Lago Ampollino, westlich vom Monte Scuro, nördlich von der Sila Greca und östlich vom Ionischen Meer begrenzt. Die Große Sila ist das am dünnsten besiedelte Gebiet der Hochebene. Zum **Nationalpark** zählt das Gebiet am östlichen Ufer des Lago di Cecita, begrenzt von den Bergen Altare, Sordillo und Spina sowie dem Fluss Neto. Dominierende Baumart ist die Schwarzpinie *(pino laricio* oder *silano),* die eine Höhe von bis zu 43 m erreicht. Längs der fließenden Gewässer wachsen u. a. Schwarz-Erlen, Pappeln und Weiden, im Tal des Neto auch verschiedene Arten von Eichen.

Die **Sila Greca** umfasst den nördlichen Teil der Hochebene und wird von den Orten San Demetrio Corone im Norden, Paludi und Rossano im Osten, der Sila Grande im Süden sowie Acri im Westen gesäumt. Hauptattraktionen der griechischen Sila sind die albanischen Dörfer und die Stadt Rossano.

Wanderfreunde kommen in der Sila voll auf ihre Kosten. Die Natur bietet Raum für besondere Erlebnisse: Eintauchen in die Stille des Waldes, die Pflanzen- und Tierwelt beobachten oder auch einfach die pure Lust am Wandern, Radfahren und Reiten ausleben – all das ist in der Sila möglich. Voraussetzungen für die Erkundung auf eigene Faust sind gute Karten, eine solide Wanderausrüstung, ein Wasservorrat, ein Kompass und – bei mehrtägigen Touren – vorab organisierte Unterkünfte. Denn auch wenn viele Dörfer hier vom Tourismus leben, heißt das nicht, dass Hotels und Pensionen das ganze Jahr über geöffnet sind. Es ist empfehlenswert, markierten Routen zu folgen. Durch die Sila führt auch der *Sentiero Italiano,* zu erkennen an der kleinen rot-weiß-roten Flagge (SI). Kürzere Touren kann man auf den ausgeschilderten Wegen und Lehrpfaden im Nationalpark unternehmen (Villaggio Mancuso, Cupone/Lago Cecita). **Informationen: Parco Nazionale della Calabria,** V.le della Repubblica 26, 87100 Cosenza, Tel. 098 47 67 60, Fax 098 47 10 93. **Altrosud,** s. S. 94, **Consorzio Silatur,** s. S. 102.

Auch **kulinarisch** hat die Sila einiges zu bieten: Das herausragende Produkt ist ganz ohne Frage der Pilz *(fungo).* In ganz Italien sind die silanesischen Pilze, u. a. der *porcino* (Steinpilz) und der *rosito,* wegen ihres einzigartigen Geschmacks beliebt. Vielseitig werden sie zubereitet: gebraten *(arrostiti),* eingelegt *(sott'olio),* als Suppe *(zuppa)* oder kombiniert mit Pasta, Reis *(risotto),* Bohnen *(fagioli)* und Kartoffeln *(patate).* Bei den Erdäpfeln werden die roten für die *gnocchi* und die gelben für die *patate fritte* (geröstete Kartoffeln) unterschieden. Besonders verbreitet sind in der Gebirgsküche der Sila als *primo piatto* auch Nudeln mit Hülsenfrüchten, beispielsweise *pasta a ceci* (Kichererbsen). Neben diesen köstlichen Gemüsezubereitungen sind auch Fleisch- und Fischgerichte Bestandteil der silanesischen Speisekarte, allen voran Forellen *(trote)* und Wild *(selvaggina).*

Ergänzt wird die lokale Küche durch eine breite Vielfalt an Käsesorten wie *provola, buzzini, caciocavallo, mozzarella, ricotta* sowie durch Kastanien *(castagne)* und Süßes *(dolci).* Ein typisches Gebäck der Sila ist der Mürbeteigkringel mit einer Füllung aus Trockenfrüchten *(pitta 'nchiusa* oder *'mpigliata).* Weine kommen aus dem Val di Neto: Savuto, Zuccariello, Donnici und Strogalia.

Literaturpark

Im Gedenken an Autoren wie Norman Douglas, die über ihre Kalabrienreisen berichtet haben, ist der **Parco Letterario Old Calabria** ins Leben gerufen worden. Auf den Spuren der Reiseschriftsteller kann man Ausflüge zu den Kulturstätten Kalabriens unternehmen. In dem noch im Aufbau befindlichen Besucherzentrum in Camigliatello befinden sich eine kleine Bibliothek, eine Fotoausstellung und eine Informationsstelle. Centro Visitatori del Parco, Torre di Camigliati, Tel./Fax 09 84 57 82 00 (Frühjar–Herbst), Tel. 081 66 75 99, www.oldcalabria.org.

Uhr, ansonsten auf Anfrage unter Tel. 09 84 57 81 20, Fahrkarte 13 €.

Bus: mehrmals tgl. nach Catanzaro, Cosenza, Lorica, San Giovanni in Fiore, Paola, Rossano, Villa San Giovanni, Messina, Taormina, 3 x wöchentlich nach Bologna und Mailand (Tel. 09 83 56 56 35, www.iasautolinee.it).

Lago di Cecita und Nationalpark

Kalabrien-Atlas: S. 234, B/C 1/2
In einem 5 ha großen Reservat bei **Croce di Magara,** nur wenige Kilometer östlich von Camigliatello, kann man neben enormen Ahornbäumen die verschiedenen Wachstumsstadien der Larici-Pinien betrachten. Einige von ihnen sollen bis zu 380 Jahre alt sein. Ganz in der Nähe stehen die **Giganten von Fallistro,** ca. 50 bis zu 40 m hohe Larici-Pinien (im Sommer Mo und Di 9–16.30, Mi–So 8–19 Uhr, Informationen beim Corpo Forestale, Cosenza, Tel. 098 47 67 60).

Der **Lago di Cecita,** auch Lago Mucone genannt, befindet sich nordöstlich von Camigliatello in 1230 m Höhe. Mit einer Oberfläche von rund 13 km^2 ist er der größte der künstlich aufgestauten Seen der Sila und wurde in den 1950er Jahren zur Stromerzeugung angelegt.

An das östliche Ufer des Lago Cecita grenzt der **Nationalpark** der Sila Grande. In den Gebäuden des Corpo Forestale am Parkeingang informiert eine Ausstellung über den in der Sila heimischen Wolf. Oberhalb des Büro- und Arbeitstrakts geht es über Wanderwege ins Innere des Nationalparks. Die Wege sind gesäumt von Schautafeln, die über Fauna und Flora der Sila aufklären. In der Nähe des Besucherzentrums gibt es auch einen geologischen Lehrpfad.

Über die SS 282 Richtung Longobucco gelangt man mitten in den Wald **Fossiata** in 1400 m Höhe. Er ist einer der größten Süditaliens und gilt zugleich als der schönste Wald der Sila Grande. Während die Larici-Pinien in diesen Höhen absolut dominieren, mischen sie sich in niedrigeren Gefilden mit Eichen, Kastanien und Buchen. An dem Abzweig Richtung San Giovanni in Fiore führt rechts eine kurvenreiche, schöne Panoramastraße hinunter durch das Neto-Tal und schließlich auf die Schnellstraße 107 Camigliatello–San Giovanni in Fiore.

Besucherzentrum Cupone: an der SS 177 Richtung Longobucco am Ostufer des Cecita-Sees; außerhalb der Saison gibt der **Corpo Forestale** am Eingang des Nationalparks Auskunft.

San Giovanni in Fiore

Kalabrien-Atlas: S. 234, C 2

Die 20 000 Einwohner zählende Stadt San Giovanni in Fiore ist vor allem als Landwirtschaftszentrum und wegen ihrer Webarbeiten berühmt. Der Name und auch die Entstehung gehen auf den Abt Gioacchino da Fiore (Joachim von Fiore) zurück. Er gründete 1189 die **Abbazia Florense** und einen strengen von den Zisterziensern abgeleiteten Orden. Dieser Joachimiterorden wurde 1196 von Papst Coelestin III. anerkannt und verbreitete sich in Kalabrien. Um die Abtei herum entstand später das Städtchen. Der Leichnam des 1202 verstorbenen Abtes wurde in die **Abteikirche** von San Giovanni in Fiore überführt und zunächst in der Krypta, später im Kircheninnenraum beigesetzt. Die heutige Kirche ist seit ihrem Entstehen im 12. Jh. mehrfach verändert worden. In der Abtei werden im **Museo demologico dell'economia, del lavoro e della storia sociale silana** die Geschichte, Wirtschaft, die Folklore sowie die landwirtschaftlichen Produktionsformen der Sila anschaulich dokumentiert (15.6.–15.9. Mo–Sa 8–19 Uhr, So 9.30–12.30, 15.30–18.30 Uhr, 16.9.–14.6. Mo–Sa 8.30–18.30 Uhr, So auf Anfrage, Tel. 09 84 97 00 59, Eintritt ca. 1 €).

Bei den traditionellen Festen der Stadt kann man mit etwas Glück noch Frauen in der traditionellen Tracht bewundern.

Neben Webereierzeugnissen bietet die Stadt weitere Spezialitäten: den Grappa Paisanella, das Kräuterelixier Amaro dell'Abate, den Anislikör l'Ananzu und den Magna Grecia (Myrte-Likör).

Tessitura Mimmo Caruso: Via Gramsci 195. Teppichproduktion, insbesondere die berühmten Flickenteppiche – *a pizzulune*.

Karneval: *frassie* (satirische musikalische Darbietungen).
Karfreitag: traditionelle Prozession.
Fiera di San Giovanni: Ende Aug. Der ursprüngliche Viehmarkt hat sich zu einem Handwerksmarkt gewandelt.

Bus: mehrmals tgl. nach Catanzaro, Cosenza, Lorica, Camigliatello, Paola, Rossano, Villa San Giovanni, Messina, Taormina, 3 x wöchentlich nach Bologna und Mailand (Tel. 09 83 56 56 35, www.iasautolinee.it).

Lago Arvo und Lorica

Kalabrien-Atlas: S. 234, B 2

Der in 1278 m Höhe gelegene Lago Arvo bietet ein anheimelndes Panorama: Auf den umgebenden Wiesen weiden gelegentlich Kühe, dahinter erstreckt sich mit einigen Laubbäumen durchsetzter Nadelwald. Der Arvo-See mutet lieblicher und natürlicher an als der Lago Cecita, obwohl auch er in den 1930er Jahren künstlich angelegt wurde. Vom See aus blickt man auf den hoch aufragenden **Monte Botte Donato** (1928 m). Zum höchsten Punkt der Sila gelangt man mit der

Seilbahn (Lorica, Beschilderung Richtung *Funivia*). Hoch oben genießt man einen grandiosen Weit- und Fernblick wie nur von ganz wenigen Orten in Kalabrien: im Norden die Sila Grande, im Südosten die Sila Piccola, links und rechts die beiden Meere, und bei ganz klarer Sicht ist im Süden sogar Sizilien zu erkennen. Von hier oben sind es nur knapp 9 km Luftlinie zu dem 160 m tiefer gelegenen Monte Curcio. Die beiden Gipfel sind, ebenso wie der **Monte Sorbello** (1856 m), auch von der Panoramastraße Via delle Vette aus zu bewundern. Sie verbindet die wichigsten Gipfel (*vette*) miteinander und führt vom Monte Botte Donato zum Monte Scuro (oberhalb von Camigliatello).

Nach so viel Aussicht und stiller Betrachtung geht es rasant per Ski hinunter ins Tal zum Lago Arvo. Die Bobbahn in **Lorica** bietet am Wochenende ganzjährig und somit wetterunabhängig Fahrten an, denn die Zweisitzer bewegen sich auf Stahlschienen und bieten wahren Nervenkitzel.

Pro Loco, Via Nazionale, 87050 Lorica, Tel. 09 84 53 70 69.

Residenza Lorica, Viale della Libertà 57, Lorica, Tel. 098 45 31 11 00, Fax 098 45 31 10 14. Ganzjährig, Grand Hotel mit komfortabel ausgestatteten Apartments, wahlweise Hotel oder Residence, Sauna, Miniclub, Disko, Animation, Halbpension ca. 40–53 €, (Vor- und Nachsaison) und ca. 70 €, (Hauptsaison); Restaurant (auch für externe Gäste geöffnet).

Albergo Ristorante La Trota, Lorica-Pedace, Tel. 09 84 53 71 66. Einfaches Hotel ohne Komfort, Übernachtung ca. 25 €.

Fest der Madonna dell'Assunta: 15. Aug. in Lorica, *ferragosto* wird hier besonders festlich begangen.

Bahnhof San Nicola zwischen Camigliatello und San Giovanni in Fiore

Bus: 1–2 x tgl. nach San Giovanni in Fiore, Catanzaro, Cosenza, Paola, Villa San Giovanni, Rossano und San Demetrio Corone (Tel. 09 83 56 56 35, www.iasautolinee.it).

Sila Piccola

Lago Ampollino und Villaggio Palumbo

Kalabrien-Atlas: S. 234, C 2/3,

Ein weiteres Sommer- und Wintersportgebiet erstreckt sich um den Lago Ampollino, der ebenfalls künstlich zur Stromerzeugung angelegt wurde. Im Villaggio Palumbo findet der Wintersportfreund, was das Herz begehrt: Eislaufhalle, Rodelbahn, Skilift und 14 km Skipiste. Aber auch im Sommer gibt es keine Langeweile: Schwimmbad, Wasserpark, Surfen, Wasserski, Reiten, Boccia, Volleyball, Tennis. Bars, Restaurants, Diskotheken und natürlich die Gebirgslandschaft mit ihren zahlreichen Ausflugsmöglichkeiten bieten alles für einen angenehmen Aufenthalt.

Eine sehr schöne Tour führt über die zwischen dem Lago Arvo und Lago Ampollino hindurch führende, gering befahrene Straße über Cagno. Auf der Fahrt durch den Pinien- und Laubwald kann man die Stille sowie schöne Aus- und Einblicke genießen. Noch beschaulicher sind natürlich Wanderungen oder Erkundungstouren per Rad.

Wandertipp

Die durch das Tal des Roncino führende Route (15 km, 300 m Höhenunterschied, 4.30 Std.) ist eine Teilstrecke des Italienischen Wanderwegs. Am Besucherzentrum in Villaggio Mancuso, Località Monaco steigt man zunächst hinab zum Fluss Simeri, quert die Brücke und wandert dann zwischen Buchen und Schwarzpinien *(pino laricio)* hindurch bis zur *conca* (Mulde) des Roncino. Der Holzsteg führt über den Wildbach Roncino. Nach ca. 4.30 Std. erreicht man Buturo. **Info:** Cooperativa Greentour: Via Cavour 17, 88054 Sersale, Tel. 09 61 93 43 61 und 33 34 09 69 02 (Handy); Karte Sila Piccola (1:25 000) mit Wanderwegen. Tourist Service ALIS: Piccola Soc. Cooperativa a r.l., Strada Panoramica, Villaggio Racise, 88055 Taverna, Tel. 09 61 92 22 53.

Consorzio Silatur: Piazza Ampollino, Villaggio Palumbo, 88036 Cotronei, Tel. 09 62 49 30 17 u. 09 62 49 31 55, Fax 09 62 49 30 59. Zusammenschluss von Hotels der Sila.

Hotel Lo Scoiattolo: Villaggio Palumbo, Tel./Fax 09 62 49 31 41, 09 62 49 31 44. Modernes und komfortables Hotel unterhalb des Skilifts mit Sauna, Bar, Restaurant, Ski-Schule; 44 Zimmer mit Telefon und TV. Halbpension 47–55 €.

Sagra d'Autunno (Herbstfest): Ende Okt./Anfang Nov.

Villaggio Racise

Kalabrien-Atlas: S. 234, B 3
Südlich des Lago Ampollino führt die SS 179dir durch Tannen- und Laubwälder zu den Feriendörfern Racise und Mancuso. In Racise befindet sich direkt an der Straße, in einem Pinienhain mit kleinen, in die Jahre gekommenen Holzhäusern, der Pro Loco und die Vereinigung ALIS, die touristische Aktivitäten organisiert. Gegenüber offeriert eine kleine Ruhestelle frisches Wasser aus einem sprudelnden Brunnen und einen schattigen Picknickplatz.

Pro Loco und Tourist Service ALIS: Piccola Soc. Cooperativa a.r.l., Strada Panoramica, Villaggio Racise, 88055 Taverna, Tel. 09 61 92 22 53, coopalis@libero.it. Führungen und Ausflüge (auch zu Pferd) in die Sila, Tauch- und Wanderexpeditionen, Fahrradverleih.

Hotel Ristorante Ragno D'Oro: Tel./Fax 09 61 92 20 97, ganzjährig. Zimmer mit Bad, Zentralheizung, Telefon, gepflegt, Familienbetrieb, Veranstaltungsräume, Halbpension ca. 30 €.

Camping:
Campeggio Racise: Tel. 09 61 92 20 09. Zwischen Mancuso und Racise in einem Pinienwald gelegen, Wohnwagen, Zeltmöglichkeiten, pro Tag/Person ca. 5 €.

Villaggio Mancuso

Kalabrien-Atlas: S. 234, C 3
Während der Villaggio Racise weniger bekannt ist und noch ein bisschen verschlafen wirkt, geht es im Villaggio Mancuso wesentlich lebhafter zu. Das

Dorf ist 1928 im Auftrag von Eugenio Mancuso, einem Pionier des Tourismus, erbaut worden und besteht überwiegend aus kleinen Holzhäuschen. Im Laufe der Zeit sind viele der kleinen Häuser verkauft worden; so dass heute nur noch das Schwarzwaldhaus (Hotel delle Fate) und zwei flankierende Gebäude zum Hotel gehören. Ein Rundgang durch das kleine Dorf führt vorbei an einem Turmgebäude, einer niedlichen kleinen Kapelle und weiteren für Süditalien untypische Gebäude.

Grande Albergo Parco delle Fate: Tel. 09 61 92 20 57, Fax 09 61 92 20 60. Charakteristisches Hotel aus Holz, stilvolle Einrichtung, Zimmer und Suiten. DZ mit Frühstück 60 € (Vor- und Nachsaison) bis 72 € (Hauptsaison). Für die Suiten Zuschlag von 10 und 15 € (Hauptsaison).

Bar Ristorante Sila: Tel./Fax 09 61 92 20 32. Lokale Küche in freundlicher Atmosphäre, direkt an der Hauptstraße gelegen, moderat.

Cooperativa Terra Nostra: Villaggio Cutura (vor dem nördlichen Ortseingang von Mancuso). Käseprodukte *(ricotta, buzzini)* aus eigener Herstellung, mehrfach prämiert.

Parco Nazionale Sila Piccola

Kalabrien-Atlas: S. 234, C 3
Vom Eingang des Nationalparks dringt man auf verschiedenen Lehrpfaden in den Wald vor. Informative Schautafeln erklären Flora und Fauna und ihre Verbreitung. Im Wildgehege werden Rehe und Hirsche gehalten. Hinunter in den Wald führt ein sehr schöner Rundgang überwiegend durch Pinienwälder. Auch

hier kann sich der Naturliebhaber auf Schautafeln, auf denen auch Gedanken von Dichtern und Philosophen niedergeschrieben sind, über die Tiere, Blumen, Bäume, Pilze und Kräuter des Waldes informieren. Anhand einer Köhlerstätte wird demonstriert, wie Kohle produziert wird.

Der Name **Bosco di Gariglione** geht auf die gigantische Zerreiche (ital. *gariglio)* zurück. Der am Hang des 1756 m hohen Berges Gariglione gelegene Wald ist einer der schönsten und ältesten Wälder Kalabriens. Norman Douglas beschrieb ihn Anfang des 20. Jh. als »jungfräulichen Dschungel«. Der Autor von ›Old Calabria‹ brachte sein Entsetzen darüber zum Ausdruck, dass nach dem Verkauf des Waldes an eine deutsche Firma massenhaft Bäume gefällt wurden. Leider hat die Abholzung eine lange Tradition in der Sila.

Von einem einstigen Raubbau erzählen noch die waldfreien Stellen und das 20 km lange Eisenbahnnetz, über das die Bäume abtransportiert wurden. Nachdem das biologische Gleichgewicht wieder hergestellt ist, kann man sich heute wieder an der für die Sila Piccola typischen Flora und Fauna erfreuen. Die Lichtungen zeigen im Frühling einen wunderbaren Blütenteppich. Im Herbst dominiert das leuchtende Farbenspiel der gefärbten Laubbäume im Kontrast zum tiefen Grün der Nadelhölzer.

Der Gariglione ist das Herz des Nationalparks in der Sila Piccola. Von besonders hohem Interesse ist die Symbiose von Buchen und Weißtannen. Auf dem eigenen fruchtbaren Humus stehend, überdacht und somit beschützt von der hoch aufragenden Buche, wird die Tanne im Laufe der Zeit die dominante Spezies.

Die Straßenschilder, die besonders in der Sila Piccola vor Kühen warnen, sind unbedingt ernst zu nehmen. Denn bei einer Fahrt durch die Wälder kann es durchaus sein, dass plötzlich eine Kuh im Wege steht. Die Tiere leben frei in der Sila und werden von den Besitzern durch das Gebimmel der Glocken, die sie um den Hals tragen, geortet.

Taverna

Kalabrien-Atlas: S. 234, C 4
Das kleine Städtchen in der Sila Piccola verdankt seine Bekanntheit zweifelsohne dem Maler Mattia Preti, der hier 1613 geboren wurde. Überall im Ort wird man an den bedeutenden Barockmaler erinnert. Nicht nur, dass viele seiner Werke in den Kirchen zu besichtigen sind. Viele Geschäftsleute haben entdeckt, dass sich die Berühmtheit des Taverners auch für sie auszahlen kann. Dabei spielt es keine Rolle, dass Mattia Preti seinen Heimatort bereits als junger Mann verlassen hat und nur noch einmal für kurze Zeit hierher zurückkehrte.

Der Spaziergang durch das Städtchen beginnt für die meisten Besucher auf der zentralen Piazza mit der Kirche und dem 1464 gegründeten Konvent **San Domenico.** Nach dem verheerenden Erdbeben von 1662 wurde die Kirche im barocken Stil wieder aufgebaut. Über dem aufwändig gearbeiteten Portal thront die Figur des hl. Dominikus. Im Inneren der Basilika befinden sich diverse Kunstschätze: eine Kassettendecke, der Holzaltar aus dem 18. Jh.,

ein Kruzifix aus dem 15. Jh., Stuckarbeiten und vor allem die Bilder des *Cavaliere calabrese,* wie Mattia Preti genannt wurde: z. B. ›Der Blitze schleudernde Christus‹, ›Martyrium des hl. Sebastian‹, ›Predigt von Johannes dem Täufer‹ und ›Madonna der Reinheit‹ sowie ›San Francesco di Paola überquert die Meerenge von Messina‹.

Die Betrachtung der Werke von Mattia Preti kann im **Museo Civico,** direkt nebenan im ehemaligen Dominikanerkloster, fortgesetzt werden (Di–So 9.30–12.30, 16–19 Uhr). Das Gemälde der Heiligen Peter und Paul ist ebenso ausgestellt wie eine Kohlezeichnung. Auch von dem älteren Bruder, Gregorio Preti, ebenfalls ein berühmter Maler, sind einige Werke zu sehen. Daneben finden einheimische Maler aus dem 18./19. Jh. ihren Platz. Unklar ist noch immer der Ursprung des Bildes ›Sisara und Jaele‹, das einige Kritiker eher Gregorio zuordnen; andere sehen es als Gemeinschaftswerk von Mattia Preti und einem seiner Schüler.

Direkt gegenüber von San Domenico befindet sich die schlichte Kirche **San Nicola,** die nach mehreren Erneuerungen im 20. Jh. mit einer neoklassizistischen Fassade versehen wurde. Von der zentralen Piazza geht's über die Steintreppe in die Via Ierinese, und schließlich erklimmt man über den Viale Guglielmo Marconi die hoch über Taverna thronende, 1427 errichtete und mehrfach erneuerte Kirche **Santa Barbara.** Sie beeindruckt im Inneren durch zahlreiche prunkvolle Ölgemälde. Über dem Altar befindet sich das imposante ›Il Patrocinio di Santa Barbara‹ (Glorie der hl. Barbara) aus dem Jahr 1688 von

Mattia Preti. Neben weiteren Werken des *Cavaliere calabrese* sind auch Gemälde von den Künstlern Fabrizio Santafede und Giacinto Brandi aus dem 16. und 17. Jh. zu sehen.

Beachtliche Holzfiguren, etwa die der Immacolata aus dem 18. Jh. von D. D. Laurentis (1,65 m hoch) sind ebenso zu bewundern wie einige Grabmäler, u. a. das von Ignazio Poerio Pitere. Es ist 1868 von einem unbekannten Künstler in mehrfarbigem Marmor und grünem Stein aus Gimigliano geschaffen worden.

Nicht unerwähnt bleiben soll die Kirche **Santa Maria Maggiore** aus dem 15. Jh., die erste der im ›neuen‹ Taverna errichteten Kirchen. Sie beherbergt Gemälde von Giovanni Balducci und Bernardo Azzolino (beide aus 16./17. Jh.) sowie vom Rendeser Cristoforo Santanna (18. Jh.).

Entstehung und Geschichte des Städtchens sind bis heute nicht eindeutig geklärt. Es scheint unter den Römern bereits als *Trischena* bekannt gewesen zu sein. Taverna Vecchia, das zwischen San Giovanni und Sellia lag, wurde im 14. Jh. zerstört. Von der einst um das 10. Jh. errichteten Siedlung sind noch die Ruinen des alten Wachturms und der Befestigungsanlage zu sehen. Danach siedelten die Bewohner von Taverna auf dem heutigen, neu erschlossenen Stadtgebiet.

Comunità Montana della Presila Catanzarese: Via Ierinese 22, 88055 Taverna.

Mattia Pub: Via Ierinise 16, Tel. 09 61 92 36 33, ab 16 Uhr, Mo geschl. Von jungen Leuten geführte Pizzeria, oberhalb in der Stadt gelegen, Terrasse, günstig.

Das ehemalige Dominikanerkloster in Taverna

SILA GRECA UND PIANA DI SIBARI

Der Nordosten Kalabriens steht ganz im Zeichen des kulturellen Erbes der griechischen Besiedlung. Archäologisch reizvoll sind die Ausgrabungsstätten und ein kulturelles Highlight die albanischen Dörfer.

Neben dem griechischen Vermächtnis ist das faszinierende Wechselspiel zwischen dem azurblauen Meer, den waldbedeckten Hängen und den dichten Wäldern mit jahrhundertealten Kastanien, Pinien und Eichen kennzeichnend für diesen Teil der Sila. Die Stille der Wälder wird hin und wieder von den Rufen eines Kuckucks, Bussards, Falken oder Habichts unterbrochen. Im Dickicht versteckt leben Füchse, Wölfe, Wild- und Stachelschweine, Otter, Wiesel, Siebenschläfer und viele andere Tiere. Mitten in der Sila Greca, zwischen Meer und Bergen, liegen kleine mittelalterliche Orte, die zu kunsthistorischen Rundgängen oder einfach nur zum Bummeln und Einkaufen einladen.

Die kulinarischen Genüsse reichen von dem nach arabischer Art zubereiteten Pasta-Gericht *ferrieti ccu miele* (Nudeln mit Honig, Spezialität aus Longobucco), den *piatti di mezzo* (auf der Basis von Gemüse der Saison) bis zu den *pisci salati,* Sardinen mit Salz und rotem Pfeffer, die es vor allem an der Küste gibt. Zu den zahlreichen Süßspeisen oder auch pur werden Liköre aus Getreide und Waldbeeren oder ein besonders starker, in Longobucco produzierter Grappa namens *Acqua di Macrocioli* gereicht.

Rossano

Kalabrien-Atlas: S. 233, E 1

Das lebhafte Landwirtschafts- und Handelszentrum am Nordhang der Sila Greca trug einst als einer der bedeutendsten Plätze der byzantinischen Kultur den Beinamen ›Ravenna des Südens‹. Die ersten Siedler waren vermutlich die Enotrier im 9./8. Jh. v. Chr., es folgten die Ära der *Magna Graecia* und die Eroberung durch die Römer. Aber erst unter den Byzantinern kam die Stadt zur höchsten Blüte (540–1059).

Die Ankunft der Normannen in Rossano läutete den Untergang des byzantinischen Zentrums in Kalabrien ein. Der vollständige Niedergang begann aber erst mit dem Beginn der Feudalherrschaft unter den Anjou (1266–1442). Von 1417 bis Anfang des 19. Jh. regierten die Fürstenfamilien Ruffo, Marzano, Sforza, Aldobrandini und Borghese die Stadt, bis die Franzosen Anfang des 19. Jh. die Feudalherrschaft abschafften. Doch die Stadt konnte kaum die neue Freiheit genießen, da brachen bereits neue Katastrophen herein: die Erdbeben von 1824 und 1836. Nach dem zweiten Beben wurde die Bevölkerung zudem von der Pest stark dezimiert.

Den alten Stadtkern erreicht man von der Küstenstraße 106 über die SS 177 Richtung Rossano (nicht zum unterhalb gelegenen Rossano Scalo). Der Besucher sollte sich darauf einstellen, dass von dem einstigen Glanz im Stadtbild nicht mehr viel übrig geblieben ist, wenigstens nicht auf den ersten Blick. Viele Häuser sind stark restaurierungsbedürftig, einige bereits seit längerer Zeit verlassen und abbruchreif.

Der **Dom** ist sicherlich der Hauptanziehungspunkt in Rossano. Seine Anfänge gehen auf das 6./7. Jh. zurück. In Folge mehrfach erweitert und umgebaut, erhielt die Kathedrale ihre jetzige Form unter Erzbischof Sanseverino im 17. Jh. In dem dreischiffigen Innenraum ist die Kassettendecke ebenso sehenswert wie das Fresko der ›Madonna Achiropita‹ (8./9. Jh.) an einem der Pfeiler des Hauptschiffes (geschützt in einer Marmornische aus dem 18. Jh.). Es ist ein Beispiel für die byzantinische Kunst und wahrscheinlich im 9./10. Jh. entstanden. Die Ma-

Die byzantinische Kirche San Marco

Lakritzmuseum

Mehr über die schmackhafte Wurzel erfährt man im Museo della Liquirizia des Herstellers Amarelli, der seine Produkte weltweit vertreibt. Führungen durch Museum und Fabrik werden Mo–Fr auf Vorbestellung angeboten (Amarelli, SS 106, Contrada Amarelli, Anmeldung: Tel. 09 83 51 12 19, www.museodella liquirizia.it, Mo–Sa 10–18.30, Do bis 21.30 Uhr, Aug. eingeschränkt).

donna Achiropita wird von den Gläubigen sehr verehrt. Das griechische Wort *acheiropoietos* bedeutet ›nicht mit Händen gemacht‹ und verweist auf von göttlicher Hand geschaffene Werke.

Neben dem Dom befindet sich im Bischofspalast das **Diözesanmuseum** (Museo Diocesano d'Arte Sacra), in dem der wertvollste Schatz Rossanos, der ›Codex purpureus‹, zu bewundern ist. Das griechische Evangeliarum ist wahrscheinlich im 6. Jh. in Palästina kopiert und ein Jahrhundert später nach Kalabrien gebracht worden. Es handelt sich um 188 feine purpurrote Pergamentfolien, die mit zahlreichen Miniaturen versehen sind. Neben diesem wertvollen Schatz sind diverse Gemälde, ein griechischer Bronzespiegel aus dem 5. Jh., Paramente und Silbergerät ausgestellt (Mo–Sa 10–12, 16.30–18.30, So 9.30–12 Uhr).

Unterhalb der Kathedrale befindet sich das Kirchlein **Panaghia** aus dem 12. Jh. Die nach Osten gerichtete Apsis und auch das Mauerwerk sind typisch für die byzantinische Bauweise. Das Fresko im Inneren stellt den hl. Johannes Chrysostums dar, der in der Hand eine Schriftrolle der griechischen Liturgia hält.

Interessant ist auch die Kirche **San Bernardino** (1428–60) mit ihrem spitzbogigen Portal. Sie beherbergt im barocken Innenraum u. a. ein Kruzifix aus dem 16. Jh.

Die Kirche **San Marco** ist wahrscheinlich um das 10. Jh. errichtet und mehrfach erneuert und erweitert worden. Der Innenraum ist durch vier große Pilaster geteilt. Mit ihren fünf kleinen Kuppeln und drei Apsiden erinnert die Kirche an die berühmte Cattolica von Stilo (s. S. 184). Von den Fresken an den Wänden ist nur noch das der ›Maria mit dem Jesuskind‹ in Spuren vorhanden.

Aber die Stadt ist nicht nur für ihre Kunst- und Naturschätze berühmt, sondern hat auch ein hohes kulinarisches Renommee. Die Klementinen von Rossano sind berühmt für ihre Süße, und das Öl sowie der nach traditionellem Rezept angesetzte Likör sind von höchster Qualität. Nicht zu vergessen die *liquirizia,* das köstliche Lakritz aus Rossano. Eine besondere Spezialität sind die *melanzane a funghetti con pomodoro* (Gericht mit Auberginen, Pilzen und Tomaten).

Zu den wichtigsten Persönlichkeiten des Mittelalters zählen die Heiligen Nilus und Bartholomäus von Simeri. Nilus (910–1004), Begründer mehrerer Klöster in Italien, ist sicherlich der berühmteste Sohn der Stadt. Sein Schüler Bartholomäus (980–1055) gründete das **Kloster Santa Maria del Patire** (auch Patir, Patirion), das als das Zentrum der byzantinischen Kultur galt. Das Kloster liegt westlich der Stadt und ist schon wegen der schönen Lage einen Ausflug wert. Die Kirche ist ein beeindruckendes Beispiel romanischer Baukunst. Der teilweise aus Marmor gearbeitete Fußboden im sehr harmonisch wirkenden Kircheninneren weist noch die antiken Medaillons mit Tierbildern auf. In diesem Kloster wurde auch die Kunst der Buchmalerei ausgeübt.

Ganz in der Nähe des Klosters Santa Maria del Patire sind die ›Giganten der griechischen Sila‹ zu sehen. In einem 8 ha großen Naturreservat auf der Anhöhe **Cozzo di Pesco** (1183 m) oberhalb des Cino-Tals befinden sich rund 80 majestätische Bäume: Kastanien, Ahorn und Eichen mit einem Durchschnittsalter von 700 Jahren.

Nur wenige Kilometer südlich von Rossano, umgeben von Olivenbäumen, ist eine der am besten erhaltenen Befestigungsanlagen Süditaliens zu besichtigen: **Castiglione di Paludi** besteht aus einer mächtigen Mauer aus rechteckigen Sandsteinblöcken (6. Jh. v. Chr.) und den Ruinen einiger Wachtürme. Im Inneren dieser befestigten bruttischen Siedlung lassen sich bei einigen Gebäuden zwei Bauphasen unterscheiden: In der älteren nutzte man Sandsteinblöcke als Material, in der neueren Flusskiesel.

Der in den Hügel gehauene, gestufte Platz (8. Jh. v. Chr.) konnte bis zu 200 Personen aufnehmen und diente vermutlich als öffentlicher Versammlungsort und als Theater. Zeugnisse einer noch früheren Besiedlung sind die ca. 50 Gräber aus der Eisenzeit (10.–8. Jh.

v. Chr.), deren kostbare Grabbeigaben wie Fibeln, dekorierte Täfelchen, Armbänder u. a. im Nationalmuseum in Reggio di Calabria ausgestellt sind.

Pro Loco: Piazza SS. Anargini 22, 87067 Rossano, Tel./Fax 09 83 52 11 37.

Comunita Montana Sila Greca: Assessorato al turismo, Via B. Buozzi 11, 87068 Rossano, Tel. 09 83 51 60 77, Fax 09 83 51 43 42.

Hotel Scigliano: Viale Margherita 257, Rossano Scalo, Tel. 09 83 51 18 46/7, Fax 09 83 51 18 48, www.hotel scigliano.it. Modernes, behindertenfreundliches Hotel, Aufzug, Bar, Restaurant (lokale Küche), Zimmer mit Telefon, TV, Klimaanlage, Halbpension ab 40 €.

Azienda Agrituristica Il Giardino di Iti: Contrada Amica, Tel. 09 83 51 24 48, www.giardinoiti.it. Boccia, Tennis, Bowling, Fußball, Kurse rund um den Stoff, Weben und Kochen. Halbpension im Doppelzimmer 23–35 €. In der Azienda wird typische lokale Küche angeboten: *maccarruni a'ferrettu, lagane e ciceri*. Auch Verkauf hausgemachter Produkte (Wein, Öl, Honig, Marmeladen, Eingelegtes), moderat.

Caffè, Pasticceria, Gelateria Tagliaferri: Piazza Sant'Anargini 6, 8–13, 16–21 Uhr, Fr geschl. Kuchen, Eis und Gebäck in einem traditionellen Café mitten in der Stadt, moderat.

Acquapark Odissea: Loc. Zolfara, 15.6–15.9 9.30–18.30 (im Aug. bis 19 Uhr); Eintritt 11–16 € (Juli/Aug. teurer), reduzierter Eintritt für Kinder bis 125 cm; kostenlos Kinder bis 105 cm, über 70-Jährige und Körperbehinderte, riesiges Spaßbad.

Bahn: von Rossano Scalo ca. alle 2 Std. Richtung Reggio di Calabria (über Crotone, Catanzaro Lido) und Sibari.
Bus: vom Bahnhof Rossano-Scalo alle 30 Min. zur Altstadt von Rossano. Mehrmals tgl. nach Castrovillari (Tel. 098 14 41 47), vom Bahnhof Rossano Scalo mehrmals tgl. nach San Giovanni in Fiore, Camigliatello, Cosenza, 1–2 x tgl. nach Paola, Guardia Piemontese, Crotone, San Demetrio Corone, Lorica, Villa San Giovanni (Tel. 09 83 56 56 35, www.iasautolinee.it).

Albanische Dörfer – Arbëreshë

Im Norden Kalabriens hat sich in einigen kleinen Dörfern die albanische Sprache und Kultur erhalten. Die ersten Albaner kamen in der zweiten Hälfte des 15. Jh. als Soldaten nach Süditalien, um die Truppen von Alfons V. von Aragon zu unterstützten. Als die Albaner selbst wenige Jahre zuvor unter Skanderbeg die Aragonesen um Hilfe im Kampf gegen die Türken gebeten hatten, wurden sie abgewiesen. Die endgültige Eroberung Albaniens durch die Türken, denen die Albaner dank ihres Anführers und ihrer Kampfstärke jahrzehntelang getrotzt hatten, erlebte Skanderbeg nicht mehr. Ein Jahr nach seinem Tod (1467) unterwarfen die Türken den kleinen Balkanstaat. Von da an begann die Emigrationswelle aus Albanien, die mit einigen Unterbrechungen bis heute anhält.

In Folge der Heirat von Irene Kastriotis, einer Tochter Skanderbegs, mit dem Fürsten von Bisignano kamen ebenfalls viele albanische Landsleute nach Kalabrien (um 1470). Von den Aragonesen und der Römischen Kirche geduldet, lebten die Albaner in kleinen Kolonien. Erst im 18. Jh. wurde ihnen in San Benedetto Ullano ein griechisch-orthodoxer Bischofssitz gewährt, der 1794 nach San Demetrio Corone verlegt wurde. Heute gibt es in Lungro und Piana degli Albanesi jeweils eine Diözese.

Weil die Albaner zuerst keinen eigenen Bischof hatten, ist die Hälfte der albanischen Gemeinden vom byzantinischen zum lateinischen Ritus übergegangen (u. a. Spezzano Albanese). Auch die Sprache der Albaner hat sich im Laufe der Zeit mit dem Italienischen und dem regionalen Dialekt vermischt. Da die Sprache nur im Kollegium von San Demetrio Corone gelehrt wird, vollzieht sich die Überlieferung überwiegend mündlich.

San Demetrio Corone

Kalabrien-Atlas: S. 231, E 4
Auch wenn die kleine Stadt längst kein Bischofssitz mehr ist, ist San Demetrio Corone dennoch eines der bedeutendsten Zentren der albanischen Minderheit, allein schon wegen des Albanisch-Italienischen Kollegiums (neben der Chiesa Sant'Adriano). Der 5000 Einwohner zählende Ort wurde 1448 von den Albanern auf einem fruchtbaren Hügel (Besitztum von Irene Kastriotis Skanderbeg) oberhalb des Crati-Tals errichtet. Das wichtigste Bauwerk ist die Kirche **Sant'Adriano** aus dem 11./12. Jh., die allerdings durch die verschiedenen An- und Umbauten stark verändert wurde. Unbedingt beachten sollte man die Fresken an den

Landschaft bei San Demetrio Corone

Bogeninnenseiten und den Fußboden, dessen Mosaike Löwen und Schlangen abbilden.

Arbitalia: Via Domenico Mauro 80, 87069 San Demetrio Corone, Tel. 09 83 51 16 58, www.arbitalia.it. Die Vereinigung zur Pflege der albanischen Kultur informiert umfassend zum Thema.

Festival della Canzone Arbëreshë: Liederfestival im August im Amphitheater, Infos: www.festivalarberesh.it.

Bus: mehrmals tgl. nach San Giovanni in Fiore, Camigliatello, Catanzaro, Cosenza, Guardia Piemontese, Paola, Rossano sowie 1–2 x tgl. nach Villa San Giovanni, Bologna, Milano, Roma, Siena, Firenze, Bari und Castrovillari (Tel. 09 83 56 56 35, www.iasautolinee.it).

Spezzano Albanese

Kalabrien-Atlas: S. 231, D 4

Ein weiteres albanisches Zentrum ist Spezzano Albanese. Gegründet im 16. Jh., ist es mit 7000 Einwohnern das am dichtesten besiedelte Gebiet der albanischen Minderheit. Kirchlicher Mittelpunkt ist die Wallfahrtsstätte **Santa Maria delle Grazie** im östlichen Teil der Stadt. Hier sollen der Überlieferung nach die ersten Albaner gesiedelt haben. Die Legende will es, dass zwei Jungen bei ihren Streifzügen durch den Wald die Statue der Jungfrau gesehen haben. Sie hielt an der einen Hand einen Jungen und in der anderen ein Buch. Mit einem göttlichen Lächeln gebot sie, dass man ihr einen Tempel errichten solle. So wurde eine kleine Ka-

ALBANISCHE FOLKLORE – ILAMBADHOR UND VALLJA

In den albanischen Gemeinden sieht man gelegentlich noch die traditionelle Tracht *ilambadhor*. Die Röcke und das Oberteil sind mit goldfarbenen Ornamenten verziert, dazu wird eine weiße Rüschenbluse getragen. Diese Tracht wird von den Frauen während der religiösen Feste oder zu besonderen Anlässen getragen, beispielsweise wenn die *vallja* getanzt wird. Bei diesem Tanz fassen sich die Tänzerinnen an den Händen oder an den Enden ihrer Taschentücher und bilden eine lange Kette. Am Ende befinden sich zwei junge Männer, von denen einer die Fahne schwenkt. In dieser Komposition bildet die Gruppe mal einen Kreis, mal eine Spirale und schmettert dabei immer patriotische oder improvisierte Verse.

Der ursprüngliche Tanz – heute ist er oft abgewandelt – versinnbildlicht den Widerstand Skanderbegs gegen die Türken, und so kann es ahnungslosen Touristen passieren, dass sie plötzlich von den Tänzerinnen in die Mitte und so symbolisch ›gefangen genommen‹ werden. In **Civita** treffen sich am Dienstag nach Ostern die Nachfahren der Albaner und tanzen die *vallja*. Das ortsansässige *Museo Etnico Arbëresh* bietet tiefere Einblicke in die albanische Kultur (s. S. 73).

pelle erbaut (15. Jh.) und fünf Jahrhunderte später die heutige Wallfahrtskirche. Seitdem pilgern jedes Jahr am Dienstag nach Ostern Gläubige zu dieser Wallfahrtsstätte.

Ein weiterer Anziehungspunkt, wenn auch ganz anderer Art, sind die brom- und jodsalzhaltigen **Thermen** wenige Kilometer nördlich. Am Ufer des Esaro, zwischen Pinien, Eukalyptus- und Olivenbäumen, befindet sich die Kuranlage und bietet rundum Entspannung.

 Pro Loco: Via Gravina 7, 87019 Spezzano Albanese, Tel. 09 81 95 36 00. **Terme di Spezzano:** Via Ctr. da Bagni, 87010 Spezzano Albanese Terme, Tel. 09 81 95 30 96, Fax 09 81 95 32 15.

 Hotel Due Torri: Via dell'Artigianato, SS 19, Spezzano Albanese Terme, Tel. 09 81 95 36 13. Funktionales Hotel, Halbpension ca. 40 €. Restaurant, Tel. 09 81 95 06 32, Spezialität: Risotto mit Gambas und Spinat, Menü ca. 15–20 €.

 Agriturismo Esaro: Ctr. da Bagni, Tel. 09 81 95 49 87. Bei den Thermen liegt der kleine ökologisch wirtschaftende Bauernhof (Oliven, Getreide, Gemüse, Obst, Tierhaltung), lokale Küche, Menü ca. 17–20 €.

 Karfreitag: Gottesdienst in albanischer Sprache.
Di nach Ostern: Wallfahrt zur Kirche Santa Maria delle Grazie.

Bahn: tagsüber alle 2 Std. nach Catanzaro Lido, Crotone, Thurio, Sibari, Taranto, Cosenza.
Bus: nach Sibari, Spezzano Terme, Co-

Albanische Tracht

senza/Castrovillari (www.saj.it), 1 x tgl. nach Montegiordano, Rocca Imperiale, Amendolara, Roseto Capo Spulico, Cassano (Buchung erforderlich: Thuriana Viaggi, Tel. 09 81 95 49 17).

Sibari – Sybaris

Kalabrien-Atlas: S. 231, E 3
Wüsste man nicht um die fast 3000-jährige Geschichte und die Ausgrabungsstätten, würde man Sibari, diesen eher unauffälligen Ort, sicher schnell durchqueren. Denn außer einem Yachthafen, einem Bahnhof, unspektakulären Bauten und einem für kalabrische Verhältnisse keineswegs erwähnenswerten Strand gibt es im heutigen Sibari nicht viel zu sehen.

Doch die wenigen noch verbliebenen Zeugnisse der einst reichsten Kolonie der Achaier in Italien sind einen Besuch wert. Zwischen den Flüssen *Crathis* (Crati) und *Sybaris* (Coscile) siedelten die Griechen im 8. Jh. v. Chr. und hießen jeden neuen Bürger willkommen. So wuchs die Stadt schnell und war mit rund 100 000 Einwohnern auf 510 ha die größte griechische Ansiedlung in Süditalien. Allein die Stadtmauern hatten eine Länge von 10 km.

Die Macht von *Sybaris* erreichte im Jahre 530 v. Chr. mit der Zerstörung von *Siris* (das heutige Nova Siri) ihren Höhepunkt. Der Herrschaftsbereich erstreckte sich laut Strabo auf 25 Städte in Süditalien. Die Stadt war aber nicht nur berühmt wegen ihrer wirtschaftlichen Blüte und ihren zahlreichen Eroberungen, sondern vor allem wegen ihres Luxus: Schatten spendende Baldachine entlang der Straßen, Dampfbäder, zahlreiche Feste und Gaumenfreuden haben den noch heute gängigen Begriff des ›Sybariten‹ (Genussmensch) geprägt.

Gemessen an den damaligen Verhältnissen kaum zu glauben, aber wahr: Die Frauen von *Sybaris* sollen sich selbst ihren Mann ausgewählt haben und konnten ohne Zustimmung ihres Vormunds heiraten. Sie konnten auch in wilder Ehe mit einem Mann zusammenleben, ohne an Ansehen einzubüßen.

Wen wundert es, dass dieses wohlige und freizügige Leben den Neid der Nachbarn erregte? Der Philosoph Pythagoras aus *Kroton* erklärte die Sybariten für schuldig, weil »sie das Leben genossen, ohne sich viele Gedanken zu machen«. Die konkurrierende griechische Kolonie *Kroton* nutzte 510 v. Chr. eine politische Unruhe in *Sybaris,* um deren Vorherrschaft zu brechen. Unter Führung des Krotonen Milon, einem berühmten griechischen Athleten und Weggefährten des Pythagoras, und unter Beteiligung von 500 Aristokraten aus *Sybaris* wurde die Stadt besiegt und die Überlebenden in die Flucht geschlagen. Laut Herodot wurde der Crati umgeleitet, um die Stadt zu überschwemmen.

Erst nach ca. 70 Jahren und einigen Fehlversuchen gelang Mitte des 5. Jh. v. Chr. eine Neugründung der Stadt unter dem Namen *Thurioi.* Die starke Bedrohung durch die Lukaner und Bruttier veranlasste *Sybaris,* Rom um Hilfe zu bitten. Als Bündnisgenossen kämpf-

te man Seite an Seite gegen Hannibal. 194 v. Chr. ernannten die Römer sie zur römischen Kolonie namens *Copia.* Erst im 5./6. Jh. n. Chr. erlebte die Stadt ihren endgültigen Untergang. Diesmal sind es die zunehmende Versumpfung und die um sich greifende Malaria, vor der die Einwohner fliehen.

Ende des 19. Jh. begann man nahe der Flussmündung des Crati mit Ausgrabungsarbeiten und identifizierte das antike *Sybaris.* Im **Parco del Cavallo** ist eine in Nord-Süd-Richtung verlaufende Straße aus dem 4. Jh. samt Kanalisation freigelegt worden. Sie kreuzt eine schmalere in Ost-West-Richtung verlaufende, die allerdings von der neuen SS 106 durchschnitten wird. Diesseits der modernen Straße finden sich Reste

Im Parco del Cavallo

des freigelegten römischen Theaters und einer Thermalanlage (1. Jh. n. Chr.). Mehrere Gebäuderuinen an der Ost-West-Straße gruppieren sich rund um einen Hof mit Fußbodenmosaiken.

Jenseits der Strada statale setzt sich die antike Straße fort und wird von einer weiteren in Nord-Süd-Richtung verlaufenden gekreuzt. Die Straßen- und Gebäudeanordnung entspricht dem städtebaulichen Plan von Hippodamos aus Milet, nach dessen Vorschlägen die Stadt *Thurioi* im 5. Jh. v. Chr. errichtet worden sein soll. Weiter im Osten befinden sich die Ausgrabungen einer Totenstadt.

Nördlich des Parco del Cavallo sind einige Reste des antiken Handwerksviertels von *Sybaris* freigelegt. Im Grabungsgebiet **Parco dei Torri** (auch ›Stombi‹ genannt) verweisen Öfen auf die einstige Keramikproduktion. Die im Ausgrabungsgelände freigelegten Funde sind im **Museo Archeologico Nazionale del Sibaritide** zu besichtigen. Das im Nordosten der Grabungen nahe den Laghi gelegene Museum zeigt diverse Kostbarkeiten aus unterschiedlichen Epochen: einen italo-mykenischen Becher (13./12. Jh. v. Chr.), eine Bronzefibel (8. Jh. v. Chr.), Goldblechfolien aus dem 6. Jh. v. Chr. sowie diverse Fragmente von Abbildungen, Behältern, Münzen, Bronzestatuetten und Keramik u. v. m. Für die Anreise bietet sich als Orientierungspunkt die Bar an der Ampelkreuzung (SS 106rad.) an. Zum Ausgrabungsgebiet fährt man nunmehr wenige hundert Meter Richtung Süden und findet zur Rechten die Einfahrt. Um das Museum zu erreichen, biegt man an der Kreuzung gen Osten ab und gelangt nach ca. 500 m zu dem modernen Gebäudekomplex (Via Casoni, Mo–So 9–18.30 Uhr).

 Hotel Oleandro: Loc. Laghi di Sibari, Tel. 09 81 79 48 74. 23-Zimmer-Hotel, 40 m zum Meer, Zimmer mit Klimaanlage, TV, Bad, Doppelzimmer inkl. Frühstück 66 € (im Winter minus 15%).

Camping:
Camping Villaggio Thurium: Casella Postale S. N., Corigliano, Tel./Fax 09 83 85 19 55 u. 09 83 85 11 01, www.camping thurium.com, Zufahrt über SS 106. Feriendorf bei Marina Schiavona direkt am Ionischen Meer, im schattigen Pinienwald, feiner Sandstrand, diverse Sport- und Vergnügungsmöglichkeiten, Animation, wahlweise Camping (günstig) oder Bungalows (4 Betten, pro Woche ab 95–600 €, Vor- und Nachsaison, ca. 830 € Hauptsaison).
Centro Vacanze Il Salice: C.da Ricota Grande, Corigliano, Tel. 09 83 85 11 69, Tel./Fax 09 83 85 11 47, ganzjährig, www.salicevacanze.it. Camping, Bungalows, Residence, direkt am Meer bei Marina Schiavona, Schwimmbad, div. Sport- und Animationsangebote, deutschsprachiges Personal, Camping 2–6 € (Aug. 10 €) pro Person, Zeltplatz 3–8 € (Aug.14 €), zuzüglich Strom und Autostellplatz. Apartments 103–720 € (Aug. 900–1300 €) pro Woche.

Bahn: tagsüber alle 2 Std. nach Catanzaro Lido, Crotone, Thurio, Taranto, Cosenza, Spezzano Albanese.
Bus: nach Spezzano Terme, Cosenza/ Castrovillari, www.saj.it, Infos und Tickets: Cartolibreria Pugliese, Via Taranto, Sibari, Tel. 098 17 41 41. 1–2 x tgl. nach Guardia Piemontese, Paola, Rossano, Catanzaro, Cosenza, Castrovillari (Tel. 09 83 56 56 35, www.iasautolinee.it).

ALTO IONIO COSENTINO

Die Fahrt durch das Cosentino am Ionischen Meer wird dominiert vom Pollino-Gebirge. Zugleich bieten sich dem Reisenden bei klarem Wetter wunderbare Ausblicke auf die Küste und die südlich gelegene Ebene von Sibari. Die Highlights im äußersten Nordosten Kalabriens sind die Stauferburgen, kleine Gebirgsorte wie Oriolo und eine imponierende Landschaft.

Amendolara

Kalabrien-Atlas: S. 231, F 2

Amendolara verfügt, wie so viele Orte nahe der Küste, über einen alten Ortskern im Landesinneren und einen neueren am Meer, **Marina di Amendolara.** Hier soll einst die Stadt *Lagaria,* einer der Satelliten des ruhmreichen *Sybaris,* gestanden haben. In der Altstadt sind noch die Ruinen des unter der Herrschaft des Staufers Friedrich II. errichteten Kastells zu sehen. Byzantinische Spuren in Fresken und Architektur finden sich in den Kirchen der Annunziata und Santa Maria. Sehenswert ist auch die Kirche des Dominikanerordens aus dem 15. Jh. mit einem kunstvollen Altar.

Comune di Amendolara, Assessorato del tursimo: Piazza Sassone, 87071 Amendolara, Tel. 09 81 91 10 50, Fax 09 81 91 19 00.

Agriturismo La Lista: SS 106, Amendolara Marina, Sommer: Tel./Fax 09 81 91 54 45, Winter: Dott. Francesco Tucci, V.le Bruno Buozzi 109/A, 00197 Roma, Tel./Fax 063 61 03 33, www.lalista.it. Exklusive Unterkunft in der Villa oder den kleinen Steinhäusern auf dem großen Grundstück, 500 m zum Meer, Restaurant, kulturelle Veranstaltungen, Tauchkurse, div. Sport- und Spielangebote, Ausritte und Fahrradtouren, Halbpension von ca. 52 € (Vor- und Nachsaison) bis 62 € (Hauptsaison).

Bar Kölliken: Via Lagaria 78, Amendolara Marina. Hier gibt es Eis, Gebäck und *panini*, günstig.

Fackelzug zu Ehren der Annunziata: 24. März.

Patrozinium San Vincenzo: 4. April.

Jahrmärkte: Sa Ende April, Sa Ende Aug. und 2. So im Sept.

Bahn: tagsüber alle 2 Std. nach Catanzaro Lido, Crotone, Rossano, Sibari, Trebisacce, Oriolo, Roseto Capo Spulico, Rocca Imperiale, Taranto.

Bus: nach Roseto Capo Spulico, Trebisacce, Sibari, Spezzano Terme, Cosenza (Tel. 09 81 50 03 31/2, www.saj.it). 1 x tgl. nach Montegiordano, Rocca Imperiale, Amendolara, Cassano, Spezzano Albanese (Buchung erforderlich: Agenzia di Viaggi Joinio Travel, Tel. 09 81 50 07 77).

Roseto Capo Spulico

Kalabrien-Atlas: S. 231, F 2
Von Marina Amendolara bietet sich die Fahrt zu den Resten der **Torre Spulico** an. Von der Hauptstraße, vorbei am Bahnhof von Amendolara Richtung Norden folgt man dem Schild ›mare‹ und gelangt über eine teils unfestigte Straße zur Turmruine. Die Fahrt oberhalb des Steinstrandes ist schön, aber wegen der zahlreichen Unebenheiten beschwerlich. Einfacher geht's über die Schnellstraße, von der man kurz vor dem Abzweig Oriolo in der Kurve rechts abbiegt und die Unterführung passiert.

Auf Höhe der Ruinen befindet sich auch der **Banco di Amendolara,** eine Felsformation, im Meer. Es soll sich um die antike von Homer beschriebene Insel *Ogigia* handeln, auf der die Göttin Kalypso Odysseus sieben Jahre gefangen hielt. Der Dichter beschreibt die vom veilchenfarbenen Meer umgebene Insel als bedeckt mit grünen üppigen Wiesen und Wäldern sowie duftenden Zypressen und Veilchen. Auf Geheiß des Gottes Zeus ließ Kalypso den Geliebten schließlich ziehen.

Roseto Capo Spulico ist vor allem bekannt wegen des **Kastells.** In traumhafter Lage, nur wenige Schritte vom Strand und Meer, hat Friedrich II. im 13. Jh. diese normannische Festung auf einem Felsvorsprung ausbauen lassen. Das Interieur der Säle ist auf alt getrimmt, obwohl fast alle Ausstellungsstücke neueren Datums sind. Neuzeitlich ist auch die Nutzung des Kastells: In den Räumlichkeiten werden u. a. Seminare abgehalten (Mo–Fr 15.30–20.30, Sa/So 10–13 Uhr, Eintritt 3 €).

Die Geschichte von Roseto Capo Spulico reicht bis ins 6. Jh. v. Chr. zurück. Sie war eine Unterkolonie von *Sybaris* und wichtige Grenzstadt zur Siritide, dem Herrschaftsgebiet der konkurrierenden Siris. Die Einwohner sollen damals die in der Gegend wachsenden Rosen gegen Öl und Wein der Sybariten getauscht haben. Die in Saus und Braus lebenden Sybariten, so erzählt man sich, sollen die edlen Blumen nicht nur zur Dekoration, sondern auch als duftende Matratzenfüllung verwandt haben. Unter der römischen Herrschaft erhielt die Ansiedlung den Namen *Civitas Rosarum* (Stadt der Rosen). In dem kleinen 2000 Einwohner zählenden Ort ist das **Museo della Civiltà Contandina** einen Besuch wert, in dem Fotos, Arbeits- und Haushaltsgegenstände einen Eindruck von dem einstigen bäuerlichen Leben vermitteln (tgl. 8.30–12, 17–22 Uhr). Der **Brunnen des hl. Nilus,** benannt nach dem basilianischen Mönch aus Rossano, gehört zu den Attraktionen des Ortes. Aus ihm sprudelt sommers wie winters das laut Nilus ›den Geist heilende Wasser‹.

Comune: Via N. Converti 4, 87070 Roseto di Capo Spulico, Tel. 09 81 91 33 41, Fax 09 81 91 30 05.
Pro Loco: In den Sommermonaten Informationsstand an der Strandpromenade.

Hotel Cala Castello: Viale Olimpia 1, Tel. 09 81 91 36 34, 09 81 91 36 35, Fax 09 81 91 36 60. Modernes Hotel mit Bar, Restaurant, kostenloses Sportangebot (Tennis, Volleyball, Tischtennis, Boccia, Aerobic, Fußball), 100 m zum Strand, 67 Zimmer mit Telefon, TV, Kühlschrank. Halbpension ab 60 €.

🍴 **Ristorante alla Corte di Federico:** im Kastell, Tel. 09 81 91 34 79 o. 09 81 91 36 34, Mo geschl., Reservierung erbeten. Gediegene Atmosphäre, ganz im Stile des Kastells, Luxus.

🚉 **Bahn:** tagsüber alle 2 Std. nach Catanzaro Lido, Crotone, Rossano, Sibari, Trebisacce, Amendolara, Oriolo, Rocca Imperiale, Taranto.
Bus: 1 x tgl. nach Montegiordano, Rocca Imperiale, Amendolara, Cassano, Spezzano Albanese (Buchung erforderlich: Agenzia di Viaggi Joinio Travel, Tel. 09 81 50 07 77). 4 x tgl. nach Oriolo, Montegiordano und Rocca Imperiale (Tel. 09 81 50 03 31, www. saj.it).

›La licurda‹

Diese Suppe aus Zwiebeln, Staudensellerie, Eiern, Tomaten und *siccira*, einem besonders aromatischen Kraut der Gegend, ist ein typisches Gericht des Alto Ionio und wird mit geröstetem oder altbackenem Brot serviert. Abgewandelt wird das Originalrezept in Roseto Capo Spulico mit getrocknetem rotem Paprika und Knoblauch, in Oriolo mit Kartoffeln.

Rocca Imperiale

Kalabrien-Atlas: S. 231, F 1
Kurz vor der Grenze zur Region Basilikata liegt die Ortschaft Rocca Imperiale, dominiert von der Burg des Staufers Friedrich II. Unter den Aragonesen ist das **Kastell** erweitert worden, war dann allerdings lange Zeit dem Verfall überlassen. Zurzeit wird es restauriert und soll sowohl für kulturelle als auch für private Zwecke genutzt werden. Unterhalb der Burg befinden sich ein kleines neu errichtetes Amphitheater und eine kleine Grünanlage, in der man neben den Mandelbäumen verschnaufen kann. Ein Spaziergang durch die engen Gassen des an den Hang geschmiegten Ortes ist den mühsamen Auf- und Abstieg wert. Sehenswert ist auch die im 12. Jh. erbaute Kirche **Santa Maria Assunta** (im 17. Jh. erneuert) und der zurzeit ungenutzte Kirchenkomplex **Sant'Antonio** neueren Datums mit der im byzantinischen Stil gestalteten Kirchenkuppel (am Ortseingang).

🏠 **Pro Loco Giordano Alto Ionico:** Via Vittoria 180, 87070 Montegiordano, Tel. 09 81 93 54 63.

🍴 **Ristorante Settimo Cielo:** an der SS 106, Montegiordano Marina, Tel. 09 81 93 51 42, Mo geschl. Meeresspezialitäten, besonders empfehlenswert *fusilli al settimo cielo*, moderat.

📅 **Jahrmarkt:** 28./29. Mai.
Patrozinium der Santa Maria Assunta: 15. Aug.

🚉 **Bahn:** tagsüber alle 2 Std. nach Catanzaro Lido, Crotone, Rossano, Sibari, Trebisacce, Amendolara, Oriolo, Roseto Capo Spulico, Taranto.
Bus: 1 x tgl. nach Montegiordano, Roseto Capo Spulico, Amendolara, Cassano, Spezzano Albanese (Buchung erforderlich: Bar Stazione di Mastrodonato, Tel. 09 81 93 32 11). 4 x tgl. nach Roseto Capo Spulico, Montegiordano und Oriolo (Tel. 09 81 50 03 31, www. saj.it).

Oriolo

Kalabrien-Atlas: S. 231, E 1

Die ca. 20 km von Rocca Imperiale über Canna und Nocara nach Oriolo hinaufführende Straße bietet wunderschöne Ein- und Ausblicke. In der verkarsteten Landschaft des Pollino-Gebirges leuchtet der Ginster. Wer es eilig hat, sollte die wesentlich zügigere Anfahrt über die SS 481 (nördlich von Marina di Amendolara) wählen. Es empfiehlt sich, das Auto auf der Piazza unterhalb des Castello abzustellen.

Der kleine Ort liegt mitten im Pollino-Gebirge auf einem Felsvorsprung. Der Ursprung der Siedlung ist nicht genau geklärt. Gewiss ist allerdings, dass sie einst zum Feudalbesitz der Fürstenfamilie Sanseverino gehörte. Das mächtige, viereckige **Kastell** ist normannischen Ursprungs. Im Inneren sind eine metereologische Station und ein seismologisches Observatorium untergebracht (Sa und So zu besichtigen).

Die der Festung gegenüberliegende **Kirche** ist dem Schutzpatron San Giorgio Martire geweiht und stammt aus dem 15. Jh. Sie birgt Reliquien von verschiedenen Heiligen. Neben der Kirche führt der Vico Portella I (kleine Tür) hinab in die engen Gassen. Eine Tafel erinnert an den Aufstand der Orioleser gegen die Regierung in Neapel am 13.12.1647. Folgt man den Wegweisern ›Teatro La Portella‹, gelangt man durch den Vico Portella II zu einem Aussichtspunkt, von dem aus das Freilichttheater im Tal zu sehen ist. Hier finden in den Sommermonaten Musik- und Theaterveranstaltungen statt.

 Azienda Agricola Cervinace: Scalapitta, Tel. 09 81 93 00 53. Herstellung von Olivenöl, Marmeladen, Tierzucht, Pferde, DZ mit Frühstück 45 €, Halbpension 40 €, Vollpension 50 €. Auf Vorbestellung lokale Küche, Menü ca. 19 €.
Agriturismo Le Terrazze: Ctr. Cornutelli, 2 km hinter der Ortsausfahrt Oriolo Richtung Parco Pollino, Tel. 09 81 93 16 76. Der Betrieb stellt Wein, Salami, Brot u. v. m. her und bietet sechs Gästen Übernachtung mit Verpflegung (mindestens Halbpension), Zimmer teils mit eigenem Bad, Halbpension 26–30 €, Vollpension 36–40 €. Restaurant mit 20 Plätzen: im Juli/Aug. tgl., sonst auf Vorbestellung, lokale Küche, Menü 18 €.

 Bar Il Cantuccio: Via Roma 151, Tel. 09 81 93 15 74, Do geschl. Erfrischungen und Brötchen.
Osteria Le Logge: Via Roma, Canna (westlich von Rocca Imperiale, kurz hinter der Kirche von Canna Richtung Nocara), Tel. 09 81 93 45 07, ganzjährig abends geöffnet, auf Vorbestellung auch mittags, Mo geschl. Ristorante, Pizzeria, Birreria, Pizza ca. 4 €, Menü ca. 17 €.

Textil- und Handwerksmarkt: jeden letzten So im Monat und 7./8. Nov.
Bottega delle donne: am Aussichtspunkt, Verkauf von kalabrischen Spezialitäten (im Sommer abends geöffnet).

Patrozinium San Giorgio Martire: 23. April.
Jahrmarkt: 25./26. Juli.

Bahn: tagsüber alle 2 Std. nach Catanzaro Lido, Crotone, Rossano, Sibari, Trebisacce, Amendolara, Roseto Capo Spulico, Rocca Imperiale, Taranto.
Bus: 4 x tgl. nach Roseto Capo Spulico, Montegiordano und Rocca Imperiale (Tel. 09 81 50 03 31, www. saj.it).

Crotone und Catanzaro

Le Castella auf der
Isola di Capo Rizzuto

Kalabrien-Atlas S. 235, 237

CROTONE UND UMGEBUNG

Die Provinzhauptstadt Crotone vereint Antike und Moderne auf faszinierende Weise: geschäftiges Treiben in der Innenstadt und andächtige Stille nahe der letzten noch verbliebenen Tempelsäule des antiken Kroton am Capo Colonna. Die Isola di Capo Rizzuto lockt mit einem Wasserschutzgebiet. Ein Abstecher nach Norden führt über Santa Severina, entlang der Küste, vorbei an alten Wachtürmen ins Weinbaugebiet um Cirò.

Crotone

Kalabrien-Atlas: S. 235, F 3

Auf der Suche nach Wasser und Ackerboden brachen die Griechen im 8. Jh. nach Süditalien auf, um bessere Lebensbedingungen zu suchen. Diese fanden sie im Gebiet des heutigen Kalabrien und schon bald entwickelten sich blühende griechische Städte, von denen *Kroton* eine der größten und bedeutendsten war. Allerdings begann die Geschichte der Stadt eher tragisch, wenn man folgender Geschichte Glauben schenken will: Versehentlich erschlug Herakles Kroton, den Sohn des Lakinius. Zur Sühne errichtete Herakles ein monumentales Grab und taufte die Stadt auf den Namen *Kroton* (um 710 v. Chr.). Er weissagte der Stadt eine ruhmreiche Zukunft – ein Wunsch, der in Erfüllung ging.

Zuvor allerdings musste die Stadt eine herbe Niederlage hinnehmen: um 560 v. Chr. wurde sie in der Schlacht an der Sagra (nördlich von Locri) von den weitaus schwächeren Lokrern geschlagen. Mit dem Sieg über *Sybaris* 510 v. Chr. wurde *Kroton* schließlich zum wichtigsten Zentrum in der Magna Graecia. Als die Römer der griechischen Vorherrschaft ein Ende bereiteten, wurde die Stadt im 2. Jh. v. Chr. römische Kolonie.

Heute ist Crotone mit seinen etwa 60 000 Einwohnern eine der größten Städte Kalabriens. Das Zentrum der Industriemetropole bietet sich mit seinem Hafen, seinen Einkaufsmeilen, dem Lungomare und den wenigen noch erhaltenen Kulturstätten für einen Bummel an.

Bereits in der Antike verfügte Crotone über eine 18 km lange Stadtmauer und einen wichtigen Hafen. Von der antiken Mauer sind heute nur noch wenige Reste zu besichtigen, da sie durch zahlreiche Kriege und Naturkatastrophen fast vollständig zerstört wurde. Das imposante **Kastell** [1] wurde 1541 errichtet und verfügt über intakte Außenmauern sowie zwei Rundtürme.

Man kann einen Streifzug durch die Gemäuer unternehmen und im Museo Civico eine Ausstellung mit Fundstücken aus basilianischen Klöstern und dem *centro storico* sowie eine Fotoausstellung besuchen (Sommer: Di–Sa 9–13, 16–20, So 9–13, 16–10, Winter: Di–Sa 9–13, 15–19, So 9.30–12.30 Uhr, der Eingang zum Kastell und zum Museum befindet sich in der Via Risorgimento).

Die **Villa Comunale** 2 schmiegt sich an die Gemäuer des Kastells und lädt zum Spaziergang oder zum Picknick im Grünen ein (Eingang Ostseite, tgl. 8–19 Uhr). Der nördlich des Kastells verlaufende Viale Regina Margherita (kleiner Kinderspielplatz) gibt den Blick frei auf das Meer. Am westlichen Ende der Promenade befindet sich das **Museum der zeitgenössischen Kunst** 3

(Museo di Arte Contemporanea). Kurz vor dem Kreisverkehr (Largo Covelli) gelangt man über den Largo Umberto I auf bequemen, ebenen Wegen in das lebhafte Zentrum Crotones.

Wer hingegen die charakteristischen Wege der Altstadt kennen lernen möchte, schlängelt sich westlich des Kastells (Piazza Castello) durch die engen Gassen und gelangt zu dem unterhalb des Kastells gelegenen, im 16. Jh. errichteten **Dom** 4. Die Fassade der Kathedrale Santa Maria Assunta ist im 17./18. Jh. im klassizistischen Stil erneuert worden. Im Inneren, in der reich verzierten Cappella Privilegiata, ist das Gnadenbild der Madonna di Capo Colonna zu sehen, der Schutzpatronin der Stadt. Nach einer Legende wurde das Bild vom Evangelisten Lukas gemalt. Einst befand sich das Hei-

Das Kastell von Crotone

123

ligenbild in der Kapelle am Capo Colonna. Wegen der zahlreichen Überfälle von Sarazenen brachten die Gläubigen das Kunstwerk sicherheitshalber in den Dom. Nur einmal jährlich kehrt die Madonna zu ihrer einstigen Heimstätte am Capo Colonna zurück.

Verlässt man den Dom Richtung Westen, gelangt man zu dem zentralen Treffpunkt der Stadt, der **Piazza Pitagora,** benannt nach dem berühmtesten Bürger von *Kroton.* Der Mathematiker und Philosoph Pythagoras wanderte um 532 v. Chr. aus seiner Heimat Samos nach Kalabrien ein. Nach seiner Lehre ist die materielle Welt durch das Prinzip der Zahlen bestimmt, die das materielle und gesellschaftliche Leben

harmonisch ordnen. In einem Kreis von ausgewählten Anhängern lehrte er in *Kroton* neben seinen mathematischen Theorien auch Sittenstrenge, Enthaltsamkeit und Bescheidenheit, wobei er keinen Widerspruch duldete.

So überzeugte er die Krotoner, das lasterhafte *Sybaris,* dessen Bewohner »ihr Leben lebten, ohne viel nachzudenken«, zu zerstören. Nach anfänglicher Begeisterung für den Philosophen verbündeten sich die Demokraten gegen den für sie unerträglichen Aristokraten und zündeten die Villa des Athleten Milon, in der sich die Pythagoräer trafen, an. Pythagoras und die meisten seiner Anhänger verließen daraufhin die Stadt.

Crotone

Auf der Piazza Pitagora ist heute nichts mehr zu spüren von der einstigen Strenge, die Pythagoras' asketische Lebensweise kennzeichnete. Von hier gehen zahlreiche Einkaufsstraßen, wie die **Via Vittorio Veneto, Via Poggioreale** und andere ab, die zum Shoppen und Stöbern einladen.

Im *centro storico* von Crotone sind neben zahlreichen Kirchen auch viele Paläste, etwa der **Palazzo Albani** 5, sehenswert. Die einschiffige **Chiesa dell'Immacolata** 6 weist eine barocke Ausstattung, darunter Stuckarbeiten, und einige schöne Gemälde auf, die Fassade kommt neoklassisch daher.

Ganz in der Nähe des imposanten Kastells befindet sich das **Archäologi-** sche Nationalmuseum 7 (Museo Archeologico Nazionale). Ausgestellt sind neben prähistorischen Funden hochinteressante Gegenstände aus dem Tempel der Hera Lacinia am Capo Colonna: Vasen, Terrakottastatuetten, Weihegaben und Reste des Marmorschmucks sowie Münzsammlungen (Di–So 9–13, 15.30–19 Uhr, Eintritt ca. 2 €).

Nach dem Museumsbesuch sollte man noch schnell einen Blick auf den **Palazzo Morelli** 8 und den **Palazzo Barracco** 9 werfen. Ersterer wurde 1885 erbaut, zweiterer stammt aus dem 17./18. Jh.

Auch heute hat Crotone noch einen belebten Fischer-, Freizeit- und Industriehafen, der wichtigste auf der ionischen Seite Kalabriens. Die vor der Küste aus dem Wasser ragenden Türme fördern Gas.

APT: Via Torino 138, 88900 Crotone, Tel. 096 22 31 85, Fax 096 22 67 00.
Azienda Autonoma Soggiorno e Turismo: Via Giacomo Manna 25, 88900 Crotone, Tel. 096 22 67 00.

Hotel Costa Tiziana 10: Via per Capo Colonna, Tel. 096 22 56 01, Fax 096 22 14 27. Gepflegte Anlage im Grünen, modernes komfortables Hotel, Privatstrand, Schwimmbad, Restaurant, Diskothek, DZ mit Frühstück 114–160 € für 2 Pers., Halbpension im DZ pro Person 78–114 €, Vollpension 98–134 €.
Hotel Tortorelli 11: Viale Gramsci, Tel./Fax 096 22 72 02. Stadthotel, nah zum Zentrum und zum Meer, DZ mit Frühstück ca. 55–66 €.

Casa di Rosa 12: Via Cristoforo Colombo 117, Tel. 09 62 21 96 46, So geschl. Stilvolles Lokal mit traditioneller Küche, Spezialitäten: Fischpfanne mit Bohnen, gute Weinauswahl, moderat.

Ristorante Pizzeria Lido degli Scogli
13: Via per Capo Colonna (Viale Gramsci), Tel. 096 22 86 25 (Reservierung empfehlenswert). Schönes Lokal direkt am Meer, Terrasse, Disko, Pub, moderat.

 Prozession zum Capo Colonna: Zahlreiche Gläubige begleiten am 3. So im Mai die Madonna di Capo Colonna zum Kap. Am Tag darauf wird das Gnadenbild auf einem Fischerboot in den Dom zurückgebracht. Ein Riesenspektakel!

Festival dell'Aurora: Im Mai findet alljährlich eine Veranstaltungsreihe mit Konzerten und Ausstellungen in Capo Colonna statt. Das Abschlusskonzert wird im Morgengrauen zu Füßen der Tempelsäule gegeben.

Im Sommer **Film- und Musikdarbietungen** in der Villa Comunale.

Bahn: stdl. Verbindungen Richtung Sibari, Taranto, Catanzaro Lido.

Mustica

Eine kulinarische Spezialität der ionischen Küste Kalabriens ist die *mustica*. Neugeborene Sardellen werden nach dem Fang auf Holz gelegt, mit *peperoncino* bedeckt, in der Sonne getrocknet und in Öl eingelegt. In Restaurants werden sie als pikante Vorspeise auf getoastetem Brot serviert. Lokaltypisch sind auch die *cavatelli* (hausgemachte Pasta) mit einer *ricotta*-Sauce.

Bus: mehrmals tgl. Richtung Flughafen, Isola di Capo Rizzuto, Strongoli, Cirò, Catanzaro (Tel. 096 22 17 09).

Flughafen: 10 km südlich, Isola di Capo Rizzuto, Ctr. S. Anna, Tel. 09 62 79 43 88. Ganzjährig tgl. nach Rom, im Sommer zusätzlich nach Mailand sowie weitere nationale Charterflüge.

Autoverleih: AVIS Autonoleggio, Ctr. S. Anna, Isola di Capo Rizzuto (am Flughafen), Tel. 09 62 79 96 10.

Capo Colonna

Kalabrien-Atlas: S. 235, F 3/4

Die wichtigsten und beeindruckendsten Zeugnisse der Vergangenheit befinden sich am 11 km südlich von Crotone gelegenen Capo Colonna. Hier wurde im 6./5. Jh. v. Chr. der **Tempel der Göttin Hera Lakinia** errichtet.

Von dem imposanten Tempel mit ehemals 48 Säulen steht heute noch einsam und verlassen eine dorische Säule direkt über dem Meer. Die zahlreichen Fundstücke wie eine sitzende Sphinx, ein Bronzepferdchen (7. Jh. v. Chr.), diverse Keramiken und Tonfiguren sind im Museo Archeologico von Crotone zu besichtigen.

Neben der Säule sind noch die **Mauern des Temenos,** die einstigen Umfassungsmauern des heiligen Tempelbezirks, zu sehen. Livius berichtet um das Jahr von Christi Geburt herum von einem heiligen Wald, der das Heiligtum umgab. Wissenschaftliche Untersuchungen belegen diese Beschreibung: Einst wuchsen hier nicht nur Steineichen, Eschen und Tannen, sondern ebenso Granatapfel- und Birn-

Wunderbare Unterwasserwelt in der Riserva Naturale Marina Capo Rizzuto

bäume, Weinreben und Lilien. In diesem Wald soll der Legende nach Milon, der spätere Olympiasieger, von Wölfen aufgezogen worden sein. Nördlich des einstigen Heiligtums befindet sich die **Chiesa della Madonna di Capo Colonna.** Das freigelegte Mauerwerk westlich des ehemaligen Tempels gehört zu Thermen aus römischer Zeit.

Im Sarazenenturm **Torre Mariello di Nao** aus dem 16. Jh. sind Funde (u. a. Anker aus Stein, Mörser, Marmorbecken aus dem 3. Jh.) aus einem römischen Schiff zu sehen. Zwar wurde das Wrack bereits Anfang des 19. Jh. auf dem Meeresboden (Punta Scifo) entdeckt, aber erst 1983 geborgen (die kleine Ausstellung ist tgl. i. d. R. 8–13 und 14–19 Uhr zu besichtigen).

Isola di Capo Rizzuto

Kalabrien-Atlas: S. 235, E–F 3–4
Fels- und Sandbuchten, kristallklares Meer und das mediterrane Klima machen die Halbinsel zu einem der begehrtesten Küstenabschnitte Kalabriens. Das Feriengebiet mit dem Flughafen Santa Anna bietet aber nicht nur Strand-, Bade- und Wassersportvergnügen, sondern verfügt über einen ganz besonderen Schatz, die **Riserva Naturale Marina Capo Rizzuto.** Das 13 500 ha große Naturschutzgebiet umfasst den Küstenstreifen mit mehreren Vorgebirgen von Capo Colonna bis Le Castella. Bemerkenswert ist das reiche Vorkommen der *macchia mediterranea:* Myrte, Thymian, Kapern, Wach-

holder, Ginster, Oleaster und viele weitere Pflanzen. Schön ist auch der zwischen Capo Piccolo und Le Castella gelegene, bis an den Strand heranreichende Wald Soverito. Jenseits des Pinienbaumbestandes sind im Sommer in Ufernähe weiße Lilien *(Pancratium maritimum)* zu sehen. Hinzu kommt eine faszinierende Unterwasserwelt, die sich den Tauchern eröffnet: eine reiche Fauna und Flora (ausgedehnte Felder an *Posidonia oceanica* und *Cladocora caespitosa)* sowie antike Hinterlassenschaften im bis zu 100 m tiefen Meer.

Und so kann der aufmerksame Beobachter noch Überbleibsel an Marmorsäulen, Schiffen aus römischer Zeit sowie Amphoren finden.

Am Capo Rizzuto versucht man die Erhaltung dieses (Natur-)Erbes mit der touristischen Entwicklung der Gegend in Einklang zu bringen. Ganz in diesem Sinne stehen den Besuchern diverse Angebote zur Verfügung: das 2002 eingeweihte, noch im Aufbau befindliche Aquarium in Capo Rizzuto (gegenüber Santuario Madonna Greca, geöffnet tgl. außer So 10–13, 16–19 Uhr, Eintritt 3 €, Tel. 09 62 79 60 29; in diversen Becken erhält der Besucher Einblicke

Le Castella

in die Fauna und Flora der Küste), Ausflüge mit Segelbooten längs der Küste sowie die Erkundung der Unterwasserwelt mittels eines Bootes mit transparentem Boden.

Zahlreiche Küstenwachtürme wie die Torre Cannone nördlich von Le Castella und der Turm am Capo Rizzuto bieten wunderbare Aussichten auf die Steilküste. Das klarblaue Meer und ein endloser Horizont begleiten den Spaziergang bzw. die Rundfahrt über das Kap.

Der krönende Abschluss der Fahrt entlang der Küste ist zweifellos ein Besuch in **Le Castella**. Die Burg bestand höchstwahrscheinlich schon im 13. Jh.

und wurde im 16. Jh. von den Aragonesen erweitert. Darüber hinaus findet sich an der Ostseite der Festung eine ca. 40 m lange Mauer aus Kalksteinblöcken, die in ihrer Bauart an die Mauer von Velia (5. Jh. v. Chr.) erinnert. Das Kastell ist eines der wenigen, wenn nicht das einzige in Süditalien, das nicht in exponierter Lage hoch oben thront, sondern direkt am Meer errichtet ist. Diese ungewöhnliche Lage und das flache, klare Gewässer bieten eine ganz besondere Badefreude: einmal am Castello entlang schwimmen.

Das Denkmal schräg gegenüber dem berühmten Gemäuer erinnert an

Giovan Dionigi Galeni. Er wurde bei einem Überfall der Türken 1536 gefangen genommen und versklavt. Seiner Intelligenz und seinem Mut ist es zu verdanken, dass er sich von der Sklaverei befreite: Er trat zum Islam über, änderte seinen Namen in Uludsch Ali und wurde Admiral der Reichsflotte von Konstantinopel.

Informazione Turistica: c/o Palazzo Comunale, Via Suggesaro, 88841 Isola di Capo Rizzuto, Tel. 09 62 79 79 26 u. 09 62 79 79 11.

Consorzio Turistico Conca D'Oro: Via Duomo, 88841 Isola di Capo Rizzuto, Tel. 09 62 79 53 20.

Riserva Marina Capo Rizzuto: Piazza Ucciali, Le Castella, Isola di Capo Rizzuto, Tel. 09 62 79 00 00, Fax 09 62 79 55 11, www.riservamarinacaporizzuto.it. Besucherzentrum gegenüber dem Kastell (Informationen, Kartenmaterial).

Hotel Club Le Castella: Le Castella, Tel./Fax 09 62 79 50 54. Luxuriöses Feriendorf, Restaurant, Schwimmbäder, Animation, Tennis, Windsurfen, Disko, Miniclub, Fitness-Center, Vollpension pro Person/Woche ca. 595–910 € (Vor- und Nachsaison) und ca. 1085–1225 € (Hauptsaison).

Hotel Villa Aurora: Le Castella, Via Volandrino, Tel./Fax 09 62 79 51 37, April–Okt. Kleines Hotel mit Garten, auf Anfrage Unterkunft auch außerhalb der Saison möglich, Restaurant, Bootsvermietung, Tauchen, Halbpension 36–60 €.

Camping:
Villaggio Camping Costa Splendente: Le Castella, Ctr. Peta, Tel./Fax 09 62 79 51 31, www.costasplendente.it. In einem weitläufigen Gelände im Grünen, nah am Strand, Supermarkt, Bar, Bungalows ca.

233–417 € (Vor- und Nachsaison) und ca. 465–569 € (Hauptsaison), Camping 8–10 € pro Person.

Ristorante Villa Aurora: Le Castella, Via Volandrino, Tel. 09 62 79 51 37, April–Okt. tgl. Restaurant mit lokaler Küche, Spezialität: Fisch, moderat.

Ristorante Micomare: Le Castella, Via Vittoria 7, Tel. 09 62 79 50 82, April–Okt. tgl. Helles Lokal unterhalb von Piazza und Kastell mit Blick aufs Meer, günstig.

Fest der Madonna Greca: 1. So im Mai, Le Castella.

Centro Sub Le Castella: Via Fosso, Punta Le Castella, Tel. 09 62 79 52 68 u. Handy 33 86 13 07 66. Tauchen.

Ostro: Tel. 09 62 90 55 26. Ausflüge mit dem Segelboot, außerdem Erkundung der Unterwasserwelt per Glasbodenboot.

Bus: mehrmals tgl. nach Crotone und Catanzaro (Tel. 096 22 17 09).

Santa Severina

Kalabrien-Atlas: S. 235, D 3

Hoch oben auf dem Felsen thront Santa Severina mit seinem normannischen Kastell und wirkt wie eine kaum einzunehmende Trutzburg. Das kleine, gut erhaltene Städtchen mit knapp 3000 Einwohnern wird als das antike *Siberene* identifiziert. Noch vor den Griechen siedelte auf diesem Gebiet das italische Volk der Enotrier. Den heutigen Namen erhielt die Geburtsstadt des Papstes Zacharias (8. Jh.) im 9. Jh. unter den Byzantinern. Die kleine Kirche **Santa Filomena,** die **Kathedrale**

SARAZENENTÜRME

Kalabrien mit seiner 780 km langen Küste wurde im Laufe der Geschichte immer wieder von zahlreichen Angreifern heimgesucht. Hinter dem Begriff ›Sarazenen‹ verbergen sich nicht nur die Araber aus Nordwestarabien und vom Sinai, sondern ab dem Frühmittelalter allgemein jene Fremden muslimischen Glaubens, die von der Meeresseite Schrecken und Gewalt über das Land brachten – oft kamen sie aus Nordafrika. Die Raubzüge der Sarazenen häuften sich zum Ende des ersten Jahrtausends und führten neben anderen Gründen dazu, dass sich die Bewohner ins Landesinnere zurückzogen. Unter Karl V., Kaiser des Heiligen Römischen Reichs Deutscher Nation von 1519 bis 1556, entstand schließlich ein erfolgreiches zusammenhängendes Frühwarnsystem – nun gegen die Überfälle der Türken.

Entlang der Küste Kalabriens wurden zahlreiche Wachtürme in unterschiedlichen Formen errichtet. Runde Türme sind beispielsweise noch heute in Melissa, Briatico, Joppolo, eckige Türme nahe Capo Colonna, Capo Scalea und in Praia a Mare zu sehen. Mit Hilfe dieses Kontrollsystems konnte die Bedrohung frühzeitig erkannt und die Warnung durch Rauchsignale schnell verbreitet werden. So wurde die Nachricht von Turm zu Turm innerhalb weniger Stunden weitergetragen. Die Bevölkerung hatte auf diese Weise Zeit, sich zur Verteidigung vorzubereiten und gegebenenfalls zu fliehen. Durch diese neu gewonnene Sicherheit begann langsam eine Wiederbesiedelung der Küstenstriche, die sich Mitte des 18. Jh. deutlich bemerkbar machte. Da sich die Küstenwachtürme in exponierter Lage befinden, kann man von ihnen teils wunderbare Panoramablicke genießen. Eine kleine Ausstellung zur Bauweise und Funktion der Türme ist im Kastell von Santa Severina zu sehen (s. u.).

nebst **Diözesanmuseum** und das **Kastell** sind besonders sehenswert (Kastell und Museum: Di–So 9–13, 15–19 Uhr).

Empfehlenswert ist auch ein Ausflug zu dem südwestlich von Santa Severina gelegenen **Monte Fuscaldo**. Mit seinen 565 m Höhe ist er der höchste Berg im Marchesato und bietet eine wunderbare Aussicht auf die Umgebung bis hin zum Ionischen Meer. Der Berg mit seiner *macchia mediterranea* sowie Eichen- und Pinienwäldern ist ein beliebtes Ausflugsziel und gilt als die grüne Lunge des Marchesato.

Pro Loco: Piazza Vittorio Emanuele III., 88832 Santa Severina, Tel. 096 25 10 62, 096 25 15 92.

Azienda Agrituristica Biologica Santa Anastasia: Loc. Cocina, Tel./Fax 096 25 11 61. Mitten im Grünen, umgeben von Olivenbäumen befindet sich die gepflegte Azienda (Bio-Anbau und Produktion von Oliven, Orangen, Gemüse, Limoncello, Käse), Tennis, Fußball, Boccia, Reiten und Trekking, Übernachtung ca. 25 €. Nach Vorbestellung Mittag- oder Abendessen, Menü ca. 17 €.

Festmarkt: Mo und Di nach dem 2. So im Mai.

Fest der Schutzpatronin Santa Anastasia: 29. Okt.

 Bus: mehrmals tgl. nach Crotone und Catanzaro (Tel. 096 22 17 09).

Torre Melissa

Kalabrien-Atlas: S. 235, E 2
Eine Fahrt durch das Marchesato bietet krasse Kontraste: das grüne saftige Hinterland mit Zitrus-, Oliven- und Weinpflanzungen und ödes, dürres Ambiente mit äußerst spärlicher Vegetation. In der fruchtbaren Zone bauen die Bauern Getreide, Mais, Zuckerrohr, aber auch Tomaten, Blumenkohl, Fenchel und Auberginen an. Vor der Kulisse einer grünen Hügellandschaft, die von Flussläufen durchbrochen wird, säumen weitläufige, weiße Sandstrände die Küste des Ionischen Meeres.

Etwa 25 km nördlich von Crotone, direkt an der Küstenstraße 106, liegt der Küstenwachturm Torre Melissa. Das trutzige Turmkastell wurde 1480 von den Aragonesen errichtet. Man hat es kürzlich restauriert und zum Büro umfunktioniert.

La Rotonda: Via Pontino, Melissa, Tel. 09 62 86 53 13. Geräumiges Restaurant, Meeresküche, Terrasse mit Meerblick, Menü ca. 15 €.

Cirò

Kalabrien-Atlas: S. 235, E 1
Cirò, das vor allem durch den gleichnamigen DOC-Wein bekannt ist, blickt auf eine lange Vergangenheit zurück und wird als das griechische *Krimisa* identifiziert, das später Zirò und schließlich Cirò getauft wurde. Forscher haben Siedlungen von der Eisenzeit bis in die römische Zeit nachweisen können: Sie fanden z. B. eine Nekropole in **Cozzo del Salterello/Cirò Superiore** (8. Jh. v. Chr.) sowie Bronze- und Keramikstücke (7./6. Jh. v. Chr.), die von der Anwesenheit der Griechen zeugen.

Die **Ruinen des Apollon-Tempels** befinden sich abseits des antiken *Krimisa,* südlich der Punta Alice. Die Ausgrabungsstätte, Anfang des 20. Jh. von Paolo Orsi freigelegt, weist neben der spätarchaischen Bauphase (Ende des 6. Jh. v. Chr.) eine zweite Bauphase aus dem 3. Jh. v. Chr. auf. In letzterer wurde ein steinerner Perystasis mit 8 x 19 Säulen angebaut. Aus dieser Zeit stammen auch die dorischen Kapitelle und Säulenfragmente, die im Museum von Crotone zu besichtigen sind. Im Nationalmuseum von Reggio sind die marmornen Füße und der Kopf eines Akrolithen (Gewandstatue) sowie eine Bronzestatuette des Apollon untergebracht. All diese Fundstücke stammen aus dem **Templo di Apollo Aleo.**

Im äußersten Norden dieser Landzunge befindet sich der beliebte Aussichtspunkt **Punta Alice** mit der kleinen **Kapelle Madonna di Mare.** Direkt daneben liegt der **Sarazenenmarkt** aus dem 16. Jh., der nach seiner Restaurierung für Veranstaltungen genutzt wird. Unterhalb steht der Sarazenenturm **Torre Nuova,** von dem man einen weiten Blick über die Küste genießt. Oberhalb der lebhaften, leider etwas verbauten Handelsstadt Cirò Marina liegt die Wallfahrtsstätte der **Madonna d'Itria,** im 20. Jh. auf den Resten der alten Kirche (16. Jh., später durch Erdbeben zerstört) errichtet.

An die sanften Hänge zwischen Cirò Marina und Cirò Superiore schmiegen sich Weinanpflanzungen und Olivenbäume. Hier wird der Weiß- und Rotwein Cirò angebaut und verarbeitet. Mit dem weltweit bekannten Wein wurden zur Zeit der Magna Graecia die Olympiasieger gefeiert. Ein ganz besonders guter Tropfen ist der Cirò Riserva, der mindestens drei Jahre gelagert sein muss.

Der Weinanbau ist in diesem bis nach Melissa und Strongoli reichenden Anbaugebiet ein wichtiger Wirtschaftsfaktor. Rund 16 Weinproduzenten bauen hier auf 3000 ha Fläche Trauben für ihren ›Trank der Götter‹ an, darunter auch die beliebten Tafelweine Lipuda, Val di Neto und Calabria.

Die kleine, 5000 Einwohner zählende Stadt Cirò in 350 m Höhe besticht durch einen schönen *centro storico* mit engen Gassen, Winkeln und alten Palazzi. Das hoch oben in der Stadt gelegene Kastell ist 1496 von Andrea Carafa, Graf von Santa Severina, erbaut worden. Auf der zentralen Piazza steht die Kirche **Santa Maria da Plateis** aus dem 9. Jh. Sie wurde durch Überfälle und Erdbeben mehrfach zerstört und dank König Ferdinand II. 1843 wieder errichtet. Ebenfalls sehenswert ist der Konvent **San Francesco di Paola** aus dem Jahre 1578. Die Kirche **San Giuseppe,** die ursprünglich auf das 13. Jh. zurückgeht, liegt in Giudecca, dem ehemaligen jüdischen Viertel.

Pro Loco: nur Juli/Aug., Tel. 09 62 37 07 30; ganzjährig Informationen bei Comune di Cirò, Ufficio turistico, Piazza Kennedy, 88811 Cirò Marina, Tel. 09 62 37 51 34.

Camping Villaggio Residence Punta Alice: Cirò Marina, Tel. 096 23 11 60, Fax 09 62 37 38 23, www.cirol.it/puntalice. Direkt am Meer, vom Supermarkt bis zur Diskothek alles vorhanden, Animation, Miniclub, Camping, ca. 3–8 € pro Person, Apartments ca. 170–400 € (Vor- und Nachsaison), ca. 500 € (Hauptsaison).

Ristorante Aquila d'Oro: Via Sant'Elia, Tel. 096 23 85 50, Mo geschl. Lokale Küche, Spezialität: *antipasto rustico,* teuer.

Cantina Cooperativa Caparra & Siciliani: unmittelbar an der SS 106, von Crotone kommend rechts, 500 m südlich der Abzweigung nach Cirò Marina. Weinkellerei.

Weinkellerei Librandi: SS 106, Ctr. Gennaro, Cirò Marina. Einer der bekanntesten Hersteller des Cirò, Spezialität: Cirò Riserva.

Azienda Dattilo: Ctr. da Dattilo, Marina di Strongoli. Olivenöl, Sekt und Wein.

Fest des San Cataldo: 10. Mai. Prozession zu Ehren des Schutzheiligen von Cirò Marina, Fest mit abschließendem Feuerwerk.

Fest der Santi Francesco und San Nicodemo: 1. So im Sept., mit 3-tägigem Markt.

In den **Sommermonaten** diverse Veranstaltungen, u. a. Musikdarbietungen und das Weinfest *(sagra del vino).*

Bahn: mehrmals tgl. Züge Richtung Crotone und Rossano.

CATANZARO UND UMGEBUNG

Zwischen den beiden Meeren an den südlichen Ausläufern der Sila liegt die kalabrische Hauptstadt Catanzaro. Mit ihrem Mix aus Kultur, Verkehr und Grün ist sie ebenso chaotisch wie faszinierend. Anschließend geht es zu den Kunsthandwerkern nach Tiriolo, wo einst Odysseus gerastet haben soll, und nach Cropani.

Catanzaro

Kalabrien-Atlas: S. 237, E 1/2

Die Hauptstadt Kalabriens liegt auf einem 340 m hohen felsigen Vorgebirge zwischen den Sturzbächen Fiumarella und Musofalo. Zahlreiche Brücken verbinden die benachbarten Hügel miteinander, darunter der **Ponte Morandi** mit dem größten Brückenbogen Europas. Enge, meist verstopfte Straßen und wenig Parkmöglichkeiten in der Innenstadt machen die Fahrt mit dem Auto zu einem Geduldsspiel. Beeindruckend ist sie allerdings, die Fahrt durch die und zu der auf den Hügeln gelegenen Stadt.

Die meisten Kalabresen stehen ihrer Hauptstadt eher skeptisch gegenüber: Für viele Nicht-Catanzeresen bestimmen das Verkehrschaos und der Verwaltungsapparat das Bild der ungeliebten Stadt, der sie nur ungern einen Besuch abstatten. Der Reisende hingegen kommt freiwillig und zu Recht, denn es wird immerhin einiges geboten. Schließlich hat auch diese moderne Stadt eine über 1000-jährige Geschichte.

Geschichte

Ihr Ursprung geht vermutlich auf die byzantinische Rückeroberung Kalabriens im 9. Jh. unter Niceforo Foca (Nikephoros Phokas), seinerzeit Kommandant der venezianischen Streitkräfte, zurück. Im Mittelalter entwickelte sich Catanzaro zu einem blühenden Zentrum der Seidenproduktion. Mit der ›Verfassung der Seidenkunst‹ räumte Karl V. der Stadt zahlreiche Privilegien ein. Die in der Umgebung der Stadt produzierte Seide wurde in den hier ansässigen Handwerksstätten verarbeitet. Um das 16. Jh. herum erlebte die Produktion ihren Höhepunkt: Laut einer Zählung schufteten 7000 Arbeiter an 1000 Webstühlen. Als die verheerende Pestepidemie 1668 16 000 Einwohnern das Leben kostete, reduzierte sich in der Folge auch die Seidenproduktion.

Auch durch verheerende Erdbeben (1638 und 1783) erlitt das prosperierende Catanzaro immer wieder herbe Rückschläge. Heute ist die Regionalhauptstadt mit ihren rund 100 000 Einwohnern Sitz vieler Behörden und Institutionen.

Stadtrundgang

Die **Piazza Matteotti**, unterhalb des Justizpalastes, markiert das Zentrum von Catanzaro. Inmitten des Verkehrs ragt ein treppenartiges, segelförmiges Monument auf, das man über eine Treppe erklimmen kann, um das Treiben auf der Piazza von oben zu betrachten. Dieser Platz, auch I Giardini (die Gärten) genannt, ist der beliebteste Treffpunkt für Alt und Jung in Catanzaro.

Die Kirche **San Giovanni Battista** 1 an der Piazza Garibaldi hat eine lebhafte und spannende Geschichte hinter sich. An dieser Stelle stand einst die von den Normannen im 12. Jh. errichtete Burg. Jahrhunderte später, als sie durch viele Kämpfe bereits sehr heruntergekommen war, begann man, Steine aus dem Kastell für den Bau des Konvents dell'Osservanza sowie der Kirchen Madonna delle Grazie und San Giovanni zu verwenden. Durch eine Absenkung des Hügels um 15 m wurde 1868 das noch verbliebene Kastell weitgehend zerstört. Daraufhin errichtete man eine neue Stadtmauer und eine Eingangstreppe zur Kirche San Giovanni Battista. Doch an einem Januarabend 1970 stürzten Teile der Stadtmauer herab. Vier Menschen starben, und die letzten Reste der Festung wurden abgetragen. Zu sehen ist noch der quadratische Turm, der unter Robert Guiskard erbaut wurde.

Heute entwickelt sich San Giovanni, das in all den Jahrhunderten mal als Krankenhaus, mal als Gefängnis ge-

Der Ponte Morandi überquert das Fiumarella-Tal

135

nutzt wurde, zum kulturellen Zentrum der Stadt, das Ausstellungen von bedeutenden Künstlern zeigt (Informationen unter Tel. 09 61 79 43 49). In Planung ist auch die Unterbringung des Gemeindearchivs, der Bibliothek und eines Museums.

Unter den zahlreichen Kirchen von Catanzaro ist besonders **Sant'Omobono** 2 im Vicolo Telegrafo aus dem 12. Jh. erwähnenswert. Die älteste noch erhaltene Kirche der Stadt war die Zunftkirche der Seidenweber und weist an den Außenmauern Spuren von byzantinischen Blendarkaden auf.

Im **Palazzo Fazzari** 3 am Corso Mazzini (Nr. 121), Sitz des Circolo Unione und der Galeria Mattia Preti, finden wechselnde Ausstellungen statt. Über den Corso Mazzini gelangt man auf die **Piazza della Libertà** mit einem kleinen pittoresken Brunnen. Von hier führt eine hübsche enge Gasse zum **Dom** 4, der Anfang des 19. Jh. an der Stelle eines aus dem 12. Jh. stammenden und durch das Erdbeben 1783 stark beschädigten Kirchenbaus errichtet wurde. Aber auch die neue Kathedrale sollte nicht lange stehen. Die Gedenktafel im Eingangsbereich erinnert an die Zerstörung durch Fliegerbomben im Zweiten Weltkrieg, die 132 Opfer forderte.

In der in den 1960er Jahren wieder errichteten Kirche befindet sich u. a. eine Büste des hl. Vitalianus, des Schutzpatrons der Stadt, und eine aus dem 16. Jh. stammende Marmorgruppe der Muttergottes mit dem Jesuskind (Messe Mo–Fr 18.30, Sa und So 19 Uhr). Bedeutende Kunstwerke, u. a. von dem berühmten Barockmaler Mattia

Sehenswürdigkeiten

1 San Giovanni Battista
2 Sant'Omobono
3 Palazzo Fazzari
4 Dom
5 Diözesanmuseum
6 Chiesa del Rosario (San Domenico)
7 Teatro Masciari
8 Municipio
9 Villa Trieste
10 Biblioteca Filippo de Nobili mit Museo provinciale

Übernachten

11 Hotel Guglielmo
12 Residence Hotel Bellamena

Essen und Trinken

13 Trattoria da Pepe
14 Trattoria U'Tamarru

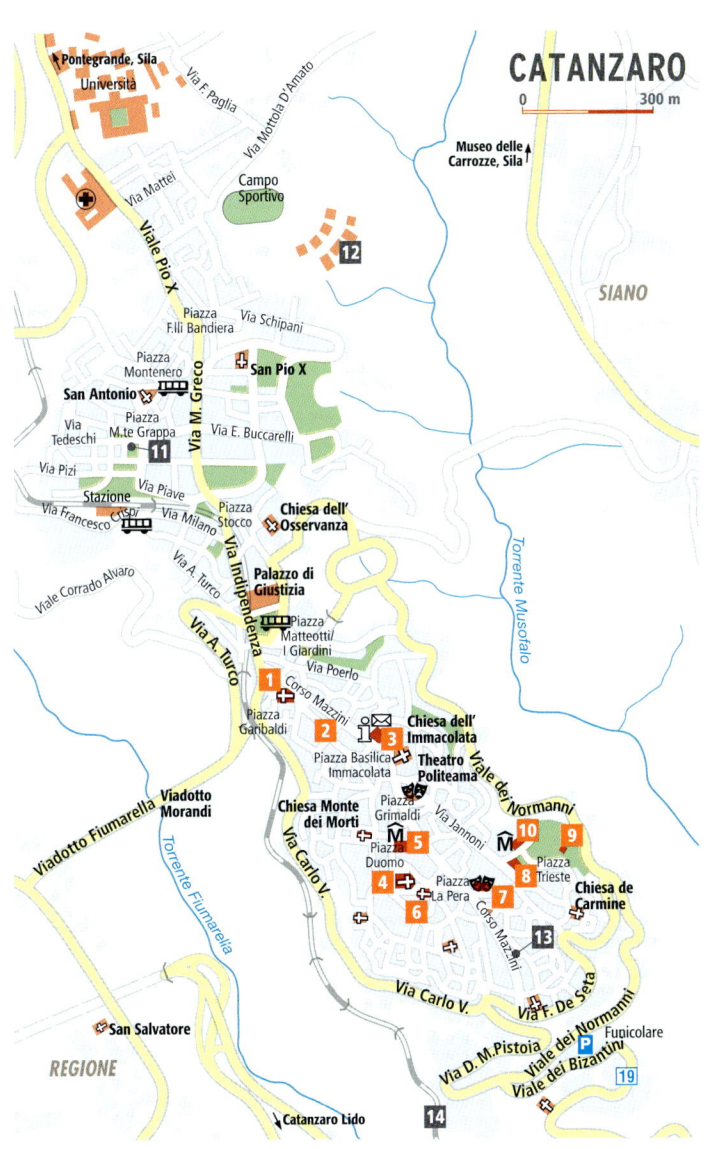

CATANZARO

0   300 m

Stressfreie Anfahrt

Um die Innenstadt stressfrei zu erreichen, empfiehlt es sich, das Auto unterhalb der Stadt auf dem Parkplatz (Viale dei Bizantini) nah der *funicolare* (Drahtseilbahn) stehen zu lassen und die Bahn zu nehmen (Mo–Sa 7–21 Uhr alle 10–15 Min.). Mit dem Ticket kann man auch den Bus benutzen, der die Innenstadt durchquert. Um zur *funicolare* zu gelangen, fährt man auf der SS 280 Richtung Catanzaro, hinter dem Tunnel links nach Catanzaro Sala (rechts ginge es ins Zentrum), nach ca. 500 m links und der Straße bis zum Ende folgen. Dann rechts und nach weiteren 200 m links zu den Parkplätzen an der *funicolare* und auf dem Viale Bruttium (bewachter und unbewachter Parkplatz).

Preti und von Biagio di Vico, sind im **Diözesanmuseum** 5 im Erzbischöflichen Palast zu bewundern (wechselnde Öffnungszeiten, Infos unter Tel. 09 61 72 13 39).

Auf der Rückseite des Doms führt eine sehr pittoreske Gasse mit alten, teils restaurierten Häusern und Eisengitterbalkonen entlang. Unweit des Domplatzes steht die **Rosenkranzkirche** 6 (Chiesa del Rosario oder San Domenico) aus dem 15. Jh. Sie beherbergt im Inneren neben wertvollen Marmorstatuen ein Tafelbild von Dirk Hendricksz: ›Madonna della Rosario e dei Misteri‹ (1615).

Direkt am Corso Mazzini an der Piazza La Pera befindet sich das **Teatro Masciari** 7, in dem neben Theaterinszenierungen, Ausstellungen und Konzerten auch Filmvorführungen geboten werden (Cooperativa Nuova Ipotesi, Tel. 09 61 72 83 90). Der Palazzo im Liberty-Stil beherbergt schöne Säle und eine stilvolle Bar. Der einstige Haupteingang befindet sich an der Rückseite des Gebäudes (Via Jannoni) und wird über eine schöne, gewundene Steintreppe erreicht. Direkt gegenüber, in der ehemaligen Residenz der Bourbonen-Königin Margherita, ist der Sitz der Gemeinde, das **Municipio** 8. In dem Torbogendurchgang erinnert eine Gedenktafel an Giuseppe Mazzini und den Baron Scalfaro aus Catanzaro, einen Vorfahren des italienischen Ex-Präsidenten Scalfaro.

Vorbei an einem schönen Palazzo im Jugendstil (Via Jannoni 89) gelangt man über die Piazza Trieste in den Park **Villa Trieste** 9 (auch Villa Margherita genannt). Im wahrsten Sinne des Wortes eine Oase inmitten der Stadt, denn der Straßenlärm wird fast vollständig verschluckt. Unter den großen schattigen Bäumen finden Besucher und Einheimische Entspannung und Erholung. Kein Wunder, dass der Park ein beliebter Ausflugs- und Ruhepunkt der Stadt ist. Neben dem wunderschönen Panoramablick bietet die Anlage mit ihren diversen Marmorbüsten einen Spaziergang mit kulturellen Einblicken. Einige Büsten setzen verschiedenen Söhnen der Stadt ein Denkmal, u. a. dem Maler Andrea Cefaly (19. Jh.) und dem Volkshelden Grimaldi.

Das zentrale Monument im Park (geschaffen von Francesco und Vincenzo Jerace) gedenkt einiger wichtiger Philosophen, darunter Giordano Bruno, Francesco Fiorentino, Bernardino Telesio, Tommaso Campanella und Pasquale Galluppi. Wer sein Wissen über die Kultur und Geschichte der Stadt und der Region vertiefen möchte, findet in der im Park gelegenen **Bibliothek Filippo de Nobili** 10 Literatur in italienischer Sprache (Mo–Fr 9–13, Mo und Mi 15–17.30 Uhr). In der Eingangshalle hängt eine Abbildung des Stadtwappens, das die drei Hügel zeigt, auf denen die Stadt errichtet worden ist. Die Schrift *sanguinis fusione* erzählt von der blutigen Schlacht zwischen den Anjou und den Spaniern. Im gleichen Gebäude ist auch das **Provinzmuseum** (Museo provinciale) untergebracht, das Kunstwerke und archäologische Funde aufbewahrt (Di–Fr 10–13.30, 15.30–17.30, Sa 10–13.30, So 9–12.30 Uhr, Eintritt frei).

Catanzaro zählt mit ca. 111 km² zu den größten Gemeinden Kalabriens. Da die Bebauung sich durch die geografische Lage stets schwierig gestaltete, hat sich die Stadt im Laufe der Zeit immer mehr im Tal zum Ionischen Meer hin ausgebreitet. Heute erstrecken sich die Ansiedlungen von der Oberstadt bis Catanzaro Marina.

Einst war die alte **Eisenbahn Littorina** ein viel genutztes Verkehrsmittel, um von den Hügeln Catanzaros ans Meer zu gelangen. Auch wenn die Bahn heute nur noch selten genutzt wird, so verbindet sie doch immer noch diverse kleine Orte im Inneren Kalabriens. In Catanzaro stoppt die Bahn an der Haltestelle ›Catanzaro Sala‹ (neben der *funicolare),* nahe der Piazza Matteotti und an der Piazza Monte Grappa.

APT: Via Francesco Spasari 3, Galleria Mancuso, 88100 Catanzaro, Tel. 09 61 74 39 37, Fax 09 61 72 79 73.

Hotel Guglielmo 11: Via A. Tedeschi 1, Tel. 09 61 74 19 22, Fax 09 61 72 21 81. Luxuriöses Hotel mit allem Komfort, Fahrstuhl, Restaurant, Buslinie 2, Halbpension 129–145 €.
Residence Hotel Bellamena 12: Via Fratelli Plutino 14, Tel. 09 61 70 11 91, Fax 09 61 74 46 24. Modernes Hotel, behindertenfreundlich, Buslinie 4, Übernachtung mit Frühstück ca. 73–80 €.

Ristorante La Brace: Via Melito Porto Salvo 102, Catanzaro Lido, Tel. 096 13 13 40, Mo geschl. Eine große Terrasse in wunderbarer Panoramalage mit Blick auf den Golf von Squillace, Fischspezialitäten, darunter *risotto mare*

Kutschenmuseum

Im **Museo delle Carrozze** in Siano nordöstlich von Catanzaro sind über 20 Kutschen ausgestellt. Am berühmtesten ist wohl jene Kalesche aus dem 19. Jh., in der Vivien Leigh und Clark Gable im Film ›Vom Winde verweht‹ saßen. Das im mittelalterlichen Stil errichtete Museumsgebäude beherbergt auch Möbel und Objekte, die von der bäuerlichen Lebensweise zeugen (Podere delle Carrozze, Siano, Contrada Monte Musofalo, tgl. 9–13 Uhr).

e monti, grigliate di pesce spada (gegrillter Schwertfisch), teuer.

Trattoria da Pepe 13: Vico I, Piazza Roma 6, So geschl. Einfaches, traditionelles Lokal im *centro storico,* Spezialitäten: *zuppe* (verschiedene Suppen), *morseddu* (pikantes Fleischgericht), moderat.

Trattoria U'Tamarru 14: V.le Lucrezia della Valle 37/43, Tel. 09 61 75 19 71, Mo geschl. Lokale Küche, moderat.

'A Naca: Karfreitag, traditionelle Trachtenprozession, Corso Mazzini.
Festa della Madonna dei Marinai: Ende Juli, Meeresprozession mit der Madonnenstatue in Catanzaro Lido (Porto Salvo).
Fest des Schutzpatrons San Vitaliano mit Prozession am 16. Juli.

Agentur Malubè: Via Reggio Calabria 24, Catanzaro Lido, Handy 34 70 87 67 90, malubecz@hotmail.com. Bietet Ausflüge und Reisebegleitung an (bei rechtzeitiger Buchung auch in deutscher Sprache).

Bahn: tagsüber stdl. Züge nach Lamezia Terme und Catanzaro Lido, mehrmals tgl. nach Cosenza; von Catanzaro Lido mehrmals tgl. Züge nach Crotone, Sibari, Taranto, Squillace, Soverato, Locri, Reggio di Calabria.
Bus: Von der Piazza Montenero mehrmals tgl. zum Flughafen Lamezia, nach Cosenza Autostazione und Crotone (Tel. 096 22 17 09). Werktags 4 x tgl. nach Catanzaro und Cosenza, 3 x nach Vibo Valentia (Tel. 09 61 89 61 11, siehe auch www.lameziatermeairport.it). Mehrmals tgl. nach Cosenza, Sibari, Trebisacce, Amendolara (Tel. 09 81 50 03 31/2), 1–2 x tgl. nach Camigliatello, Cosenza, Paola, Rossano, San Giovanni in Fiore (Tel. 09 83 56 56 35, www.iasautolinee.it). Von Catanzaro Lido 2 x tgl. nach Bova Marina, Brancaleone, Locri, Roccella Ionica, Cau-

lonia, Monasterace, Soverato, Capanello und Rom (Tel. 09 65 81 23 35/6).
Flughafen: Aeroporto Lamezia Terme: V. Aeroporto, Tel. 09 68 41 41 11.
Autoverleih: AVIS Autonoleggio: Via Aeroporto, Lamezia Terme, Tel. 096 85 15 08.
Europcar Italia: Via Aeroporto 1, Lamezia Terme, Tel. 096 85 15 41.

Tiriolo

Kalabrien-Atlas: S. 237, E 1

Den Beinamen *Città dei due mari* trägt Tiriolo wegen der zentralen Lage an der schmalsten Stelle Kalabriens. In 680 m Höhe genießt man einen Blick auf das Tyrrhenische Meer mitsamt den Liparischen Inseln sowie auf das Ionische Meer – nur etwa 30 km liegen hier zwischen den Golfen von Squillace und Sant'Eufemia. Die kleine Stadt an den südlichen Ausläufern der Sila Piccola bietet mit ihren eng an den Berg geschmiegten Häusern einen idyllischen Anblick.

Die erste Siedlung lag auf dem östlich gelegenen **Monte Tiriolo,** wo man noch heute alte Befestigungsmauern und die Ruine einer byzantinischen Kirche aus dem 11./12. Jh. sieht. Der ca. 30-minütige Aufstieg (Straße Richtung Gimigliano, ca. 300 m hinter der Kreuzung beim Brunnen das Auto abstellen) zum Gipfel (838 m) ist die Mühe wert. Zwischen antiken Gemäuern und wilder Natur blickt man auf die unterhalb gelegene Stadt und die Umgebung.

Die in den zahlreichen Grotten des Monte Tiriolo gefundenen geschliffenen Beile und Meißel verweisen auf menschliche Besiedlung bereits in der

Blick auf Tiriolo

Steinzeit. Als gesichert gilt mittlerweile, dass hier im 4. Jh. v. Chr. eine Siedlung der Bruttier existierte. Ende des 11. Jh. erfolgte die Besiedlung des heutigen Stadtgebietes von Tiriolo. Im 12. Jh. errichteten die Normannen ein Kastell, dann folgte eine Zeit wechselnder Eroberungen und verschiedener Feudalherren.

In Tiriolo sind noch viele Traditionen lebendig. Handwerker stellen *vancali* (s. S. 142), alte kalabrische Musikinstrumente wie die *zampogna* (Dudelsack), *lire calabresi* (kalabrische Leier) und *pifferi* (Blockflöten) ebenso her wie Masken gegen den *malocchio* (böses Auge, böser Blick), Möbel, Keramik- und Terrakottaarbeiten. Auch Volksmusik und -theater werden gepflegt:

Die Gruppe Agora widmet sich der traditionellen Volksmusik. Am Karfreitag *(a pigghiata)* und zu Karneval *(farsa di carnevale)* singen, tanzen und spielen die Tiriolo auf den Plätzen der Stadt.

Durch die Stadttore gelangt man über verwinkelte kopfsteingepflasterte Gassen nach oben in die Altstadt, die von der nur noch aus Restmauern bestehenden Burg überragt wird. Auf der **Piazza Italia** (Palazzo Alemanni), in der **Via Castello** (Palazzo Schettini) und in der **Via Trieste** sind an den Hauswänden Masken gegen den *malocchio* zu bewundern.

Links der Piazza Italia (hier parken), in der Via Cigala, befindet sich die kleine Kirche **Madonna Coel** aus dem 15. Jh. Am Ende dieser Straße liegt hinter dem Schulgebäude auf dem Hügel ein Picknickplatz. An diesem schattigen und ruhig gelegenen Ort kann man ein wunderbares Panorama genießen.

Im **Antiquarium** (Rathaus, Viale Pitagora, Besichtigung auf Anfrage, Tel. 09 61 99 10 04). sind Stücke zu sehen, die teils zufällig bei Bauarbeiten, teils bei Ausgrabungen gefunden wurden. So diente beispielsweise der ausgestellte Helm aus griechischer Zeit einem Bauern jahrelang als Blumenvase, da er nicht ahnte, welchen Schatz er besaß. Münzen aus Crotone, Locri, Syrakus sind Zeugen der regen Handelstätigkeit in Tiriolo. Hinter dem Gebäude liegt eine Ausgrabung, die Reste einer bruttischen Ansiedlung zeigt.

In der **Via de Filippis 1** würdigt eine Gedenktafel mit den Worten »… gelebt

Tiriolo ist berühmt für seine Keramik

Vancali

Der aus Seide oder Wolle gewebte Schal *vancali* war einst ein typisches Kleidungsstück der Frauen aus Tiriolo. Er wurde als Bestandteil der Tracht *pacchiana* über die Schultern gelegt (im Rathaus ist eine Tracht ausgestellt). Während die unverheirateten Frauen einen Schal in hellen Farben trugen, war jener der Ehefrauen schwarz. Ein Webstuhl gehörte früher zu jedem Haushalt. Heute weben nur noch wenige Frauen die *vancali*. Mirella Leone gibt das von der Mutter erlernte Wissen in ihrer Werkstätte an einige junge Frauen weiter. Um einen *vancali* anzufertigen, benötigen die Weberinnen ca. 13 Std. (Laboratorio Legno d'Arte s. S. 143).

für die Wissenschaft, gestorben für die Freiheit« den wohl berühmtesten Sohn der Stadt, den Mathematiker und Philosophen Vincenzo De Filippis. Er war kurzzeitig Minister, bezahlte aber seine Sympathie für Napoleon mit dem Leben, als er 1799 zusammen mit anderen Anhängern des Franzosen gehängt wurde.

Das **Denkmal** auf der Piazza IV. Novembre stellt den nach zwei Seiten blickenden Odysseus dar. Homer berichtet von dem »erstaunenden« Blick (Wolf) auf die beiden Meere. Die mythische Figur Homers soll sich hier am Hof der Phäaken aufgehalten haben. Daher auch die Bezeichnung der Stadt als *terra dei feaci* (s. S. 14).

Pro Loco: Piazza Italia, 88056 Tiriolo, Tel. 09 61 99 10 04.

 Agriturismo Fattoria di Porto: Contrada Madonna di Porto, Gimigliano, ca. 8 km nördlich von Tiriolo, Tel./Fax 09 61 99 59 60 u. 09 61 99 52 25. Teils restauriertes Bauernhaus direkt neben einer Wallfahrtskirche, Übernachtung mit Frühstück ca. 30–40 €. Pizzeria, Restaurant, geräumiges rustikales Landlokal, lokale Küche, Spezialitäten: selbst gemachte Pasta und *antipasto casareccia,* Menü ca. 20 €, Mo. geschl.

Ristorante Due Mari: Via Cavour, Tel. 09 61 99 10 64, im Winter Mo geschl. Hoch oben in der Altstadt, schöner Ausblick, typisch kalabrische Küche, moderat.

La Maschera: oberhalb der Piazza Italia, im Winter Mo geschl. Geschenkartikel aus Terrakotta, Olivenholz, *vancali.*
Laboratorio Legno d'Arte: Vico Cigala 2, Mo–Sa 9–13, 15–19.30 Uhr, So geschl. In der Werkstatt wird von Hand gewebt, Herstellung traditioneller kalabrischer Musikinstrumente und Skulpturen.

Cropani

Kalabrien-Atlas: S. 237, F 4
Das nur wenige Kilometer vom Ionischen Meer entfernte Cropani ist vor allem durch seinen wunderschönen, der Assunta geweihten **Dom** bekannt. Die im 15. Jh. erbaute Kirche schmückt eine durch zwölf Querstreben unterteilte Fensterrose. Die Fassade ist aus Granit-Tuffsteinquadern gebaut. Daneben erhebt sich ein 43 m hoher Turm.

An der Nordseite befindet sich ein Marmorportal aus dem 16. Jh.

Der einschiffige barockisierte Innenraum beherbergt u. a. ein Holzbild von Dormito Virginis (15. Jh.) und die Marmorstatue der ›Madonna delle Grazie‹ von Benedetto Moiano. Das die Assunta (Himmelfahrt) abbildende Gemälde an der Holzdecke hat Cristoforo Santanna geschaffen. Eine Reliquie von ganz besonderem Wert wird in der Kapelle Santa Rita aufbewahrt: Als im Jahre 831 einige Venezianer die Überreste des in Ägypten verstorbenen hl. Markus in ihre Heimatstadt überführen wollten, gerieten sie im Golf von Squillace in ein Unwetter. Die Einwohner von Cropani retteten die Besatzung samt Leichnam. Aus Dankbarkeit hinterließen ihnen die Venezianer die Kniescheibe des Evangelisten.

Von dem Platz neben der Kirche eröffnet sich ein schöner Blick auf die unterhalb gelegene Stadt und das Ionische Meer. Der Spaziergang durch das kleine, scheinbar verschlafene Cropani gibt zwischen den Häuserzeilen immer wieder den Blick auf die grünen Berge der Umgebung und das blaue, in der Ferne schillernde Meer frei. Die Ruhe vermittelt dem durch die Gassen schlendernden Besucher den Eindruck, als sei die Zeit stehen geblieben. Und schließlich wird in Cropani auch einiges getan, um das Vermächtnis der Vergangenheit lebendig zu halten: In der **Kooperative Ricami d'Arte** neben der Kirche San Giovanni halten Frauen die alte Tradition des Klöppelns und Stickens lebendig und fertigen u. a. Tischdecken, Bettlaken und Handtücher.

Etwas gröber geht es bei einem anderen Handwerk zu. In Cropani werden noch Betten, Kerzenhalter und Lampen aus Eisen geschmiedet. In dieser Tradition stehen auch die zahlreichen aus Eisen gefertigten Balkone an prachtvollen **Adelspalästen,** auf die man bei dem Rundgang durch die 3500-Seelen-Gemeinde trifft. Ebenfalls sehenswert ist die im romanischen Stil erbaute Kirche **Santa Lucia** aus dem 13. Jh. Das Wappen bildet neben den drei die Stadt Cropani symbolisierenden Blumen auch den Löwen von Venedig ab. Die **Chiesa Santa Caterina d'Alessandria** aus dem 16. Jh. birgt einen schönen Holzaltar aus dem 18. Jh.

Pro Loco: c/o Municipio, Via Duomo, 88051 Cropani, Tel. 09 61 96 50 05.

Residence F 40: SS 106, Loc. Basilicata, Cropani Marina, Tel./Fax 09 61 96 15 65. Ferienkomplex mit Bar, Ristorante, Pizzeria, Tennisplatz, Schwimmbad, Garten und Privatstrand. Apartmentvermietung, Halbpension ca. 41–65 €.
Agriturismo Torre del Golfo: Loc. Carrao, Cropani Marina, Tel. 33 82 93 38 07, Fax 09 61 96 24 49, www.torredelgolfo.it. Ruhig inmitten von Orangen- und Zitronenplantagen gelegene Pension, 200 m zum Strand, sehr kinderfreundliche Unterkunft mit Frühstücksangebot, DZ 44–49 € (Vor- und Nachsaison), 58 € (Hauptsaison), Apartment (2–3 Betten): Vor- und Nachsaison 276–350 € (Hauptsaison 425 €).

Bahn: mehrmals tgl. Züge Richtung Catanzaro Lido, Crotone, Cirò, Rossano und Sibari.

Antonio Fiacca hält in Cropani die Tradition des Schmiedehandwerks aufrecht

Parco Archeologico di Scolacium

AM GOLF VON SQUILLACE

Vor der Ausgrabung des römischen Scolacium ragen die mächtigen Ruinen der Basilika Santa Maria della Roccella empor. Im Landesinneren lockt Squillace mit dem Dom und der Keramik. Bade- und Strandvergnügen gibt's in Staletti und Soverato.

Parco Archeologico di Scolacium (Roccelletta)

Kalabrien-Atlas: S. 237, E 2

Die mächtigen Mauerreste lassen die Ausmaße der Basilika **Santa Maria della Roccella** (Roccelletta) erahnen, die von den Normannen Ende des 11., Anfang des 12. Jh. auf den Ruinen der römischen Stadt *Scolacium* errichtet wurde. Verschiedene Bauweisen und Materialien im oberen Teil verweisen auf unterschiedliche Bauphasen.

Hinter der Kirchenruine führt ein gepflasterter Weg (links) zu weiteren Ausgrabungen. Gegenüber der Häuserfront (Aufbau des Antiquariums) geht es links zu dem teils freigelegten **Forum.** Auf dem ehemaligen römischen Platz sind ein kleiner Tempel, ein Brunnen und das Tribunal zu erkennen. Zur Bergseite hin befindet sich der *decumanus* (die Längsachse des Wegenetzes im römischen Straßenbau), der einst die römische Stadt teilte. Eine Inschrift in Bronze ist dem Stifter gewidmet. Die im **Antiquarium** aufbewahrte Statue der Ceres, Göttin der Erde und des Überflusses, fanden die Archäologen an dieser Straße.

Folgt man dem Weg zwischen den Olivenbäumen hindurch, gelangt man zu den Ruinen des **Theaters,** das in seinen Ausmaßen (für ca. 3500 Zuschauer ausgerichtet) noch gut zu erkennen ist. Oberhalb des Hügels sind bei Ausgrabungen die Reste eines weiteren Theaters, des bisher in Kalabrien einzig bekannten römischen Amphitheaters, aus dem 2. Jh. n. Chr. entdeckt worden.

Der gesamte archäologische Park befindet sich im permanenten Ausbau, da an dieser Stelle noch weitere Schätze aus vergangener Zeit vermutet werden. Denn lange vor der römischen Kolonie *Scolacium* befand sich an dieser Stelle das griechische *Skylletion.* Es ist nicht endgültig geklärt, ob es sich um eine athenische Gründung oder um eine Kolonie des griechischen Kroton handelt. Letzeres ist jedoch wahrscheinlicher, da das mit *Lokroi* konkurrierende *Kroton* mit Hilfe von *Skylletion* den Isthmus von Catanzaro und den Golf von Squillace kontrollieren konnte.

Im 2. Jh. v. Chr. wurde es zur römischen Kolonie und gewann in den folgenden zwei Jahrhunderten zunehmend an Bedeutung. Doch der griechisch-gotische Krieg (535–552 n. Chr.) läutete schließlich den Untergang von *Skylletion* ein, auch wenn ihr berühmtester Sohn, Cassiodor, die Stadt Ende des 6. Jh. immer noch als ›blühend‹ beschrieb. Im 7. Jh. flüchteten die Bewohner in angrenzende Gebiete und ins Landesinnere, um sich von dort besser gegen die Einfälle von der Meerseite schützen zu können. So wird vermutet, dass das heutige Squillace seinen Namen von der ehemaligen griechischen Siedlung erhielt.

Für wenige Jahrzehnte kehrte im 11./12. Jh. erneut Leben ein, als die Normannen die Basilika Santa Maria della Roccella erbauten. Zeugen dieser lebhaften Geschichte sind diverse in dem Ausgrabungsgebiet gefundene Schätze, u. a. Münzen, Keramik und Statuen. All diese Funde sollen in dem noch zu eröffnenden archäologischen Museum ihren Platz finden (Park tgl. von 9 Uhr bis Sonnenuntergang geöffnet, noch freier Eintritt).

🛏 **Agriturismo Borgo Piazza:** Contrada Piazza, Vallo di Borgia, Tel. 09 61 74 54 95, Fax 09 61 74 55 67, Zimmer (mind. 3 Tage) und Apartments (mind. 1 Woche). Auf einem Hügel, 2,5 km vom archäologischen Park, renoviertes Bauernhaus mit Teich, Übernachtung ca. 35 €.

Squillace

Kalabrien-Atlas: S. 237, E 2
Die Stadt liegt auf einem grünen Hügel 340 m hoch im Landesinneren, ca. 8 km von der Küste entfernt inmitten von bunten Blumen, grünen Wiesen und Olivenhainen. Überragt wird die alte Bischofsstadt von der Normannenburg mit dem noch relativ gut erhaltenen Befestigungs- und Rundturm.

Über die Errichtung des **Doms** gibt es keine genauen Angaben. Der erste Bau soll bereits im ersten Jahrtausend entstanden und schließlich im 12. Jh. von den Sarazenen zerstört worden sein. Im 15. Jh. wieder aufgebaut, fiel die Kathedrale dem verheerenden Erdbeben 1783 zum Opfer. Doch diesmal wurde sie bereits im gleichen Jahrhundert neu errichtet und 1796 geweiht.

Der dreischiffige Dom enthält kunstvolle Deckengemälde und Marmorarbeiten, darunter ein Taufbecken und ein Ziborium, beide aus dem 16. Jh. Zu sehen ist auch das Grabmal des Bischofs Capece-Galeota aus dem Jahr 1514. Neben der Kathedrale, im Palazzo Vescovile (1564) ist das **Diözesanmuseum** untergebracht (tgl. 17–20 Uhr). Ausgestellt sind barockes Kirchengerät, wertvolle Messgewänder und einige Marmorstatuen aus dem 17. Jh. Durch die verwinkelten, engen Gassen mit einem stetigen Gefälle schlendernd, trifft man auf teils vernachlässigte, teils restaurierte Häuser sowie immer wieder auf großartige Steinportale und einige Kirchen.

In Squillace ist noch heute eine jahrhundertalte Keramiktradition lebendig. Einige Kunstgewerbeläden offerieren Masken gegen den *malocchio,* Amphoren, Vasen, Krüge u. v. m. Darunter die *bozze* (Wasserkrüge), die von den Frauen auf dem Kopf getragen wurden.

Dem interessierten Besucher bietet der **Centro Folklore e Tradizioni Popolari** Gelegenheit, sich über das lo-

Römisches Theater im Parco Archeologico di Scolacium

kale Kunsthandwerk zu informieren. Neben einer Bibliothek und Kunstschule werden alte Handwerkzeuge, aber auch Fundstücke aus dem antiken *Skylletion* ausgestellt (Infos Tel. 09 61 91 20 82).

Archeoclub: Viale Cassiodoro, 88069 Squillace, Tel. 09 61 91 21 41, Fax 09 61 91 42 38. Neben Infos für Touristen bietet man auch Führungen an (Voranmeldung).

Villaggio Club Porto Rhoca: Loc. Gebbiola, Tel. 09 61 91 08 29, Fax 09 61 91 08 31. Ferienanlage, umgeben von Olivenbäumen, 2 km zum Strand (Pendelbus), diverse Sportmöglichkeiten, Miniclub, Schwimmbad, Restaurant, Übernachtung ca. 50 €.

Ristorante Tipico Castrum: Via G. Rhodio, Tel. 09 61 91 25 88, abends geöffnet, Mo geschl. Lokale Küche, sehr leckere Pizza. Eine besondere Spezialität sind die *antipasti castroncini (pizzettine)*, moderat.

Cafè Mediterraneo: Via Damiano Assanti, Squillace Antica, Tel. 09 61 91 26 83. Belegte Brötchen, Eis und Cocktails in gemütlicher, rustikaler Atmosphäre, Music Pub, moderat.

Bottega Artigiana Ideart: Via F. Pepe, Largo Torretta, Do geschl. In Familientradition wird hier Terrakotta hergestellt und bemalt.

Bahn: tagsüber stdl. Züge Richtung Reggio di Calabria und Catanzaro Marina.

Copanello di Staletti

Kalabrien-Atlas: S. 237, E 2

An den feinsandigen Stränden von Copanello und Caminia aalen sich alljährlich zahlreiche Touristen in der Sonne.

147

Früher waren es hauptsächlich die Reichen aus Catanzaro, die an diesem wunderschönen Fleckchen Erde ihre Ferienvillen bauen ließen.

Einen faszinierenden Anblick im Kontrast zu den feinen Sandstränden bietet der **Scogliere di Copanello:** schroffer Fels, glitzerndes blaues Meer und strahlende Sonne. Das Riff (ital. *scogliera)* dehnt sich in einer Länge von 2200 m vom Strand Copanello bis zur Grotte San Gregorio aus. Für den Naturfreund ein kleines Paradies: Hier leben zahlreiche Algen (darunter Rotalgen und die grüne Alge, auch ›chinesisches Schirmchen‹ genannt) und andere teils unter Naturschutz stehende Meerespflanzen.

Unbedingt sehenswert ist das in Privatinitiative und jahrelanger Arbeit aufgebaute **Museo Naturalistico.** Auf 2700 m^2 erhält der neugierige Besucher einen Einblick in die Fauna und Flora des Scogliere di Copanello. Von der Terrasse über dem Meer genießt man einen einzigartigen Panoramablick auf das Riff. Neben einem Korallenriff und einem botanischen Garten sind Muscheln aus den Weltmeeren, Algen, Mineralien und eine Fotoausstellung zu sehen (Piazzale Elvira Marincola Cattaneo 4, tgl. 16–19, Juli/Aug. bis 23 Uhr, Eintritt 5 €).

Villaggio Guglielmo: Tel. 09 61 91 13 21, Fax 09 61 91 10 87, www.villaggioguglielmo.it. Exklusive luxuriöse Anlage am Lido Copanello, Schwimmbad, diverse Sportmöglichkeiten, Pavillon über dem Meer, Halbpension pro Zimmer/Woche ca. 1320–1530 €.

Hotel/Ristorante Baia dell'Est: SS 106, Ausfahrt Pietragrande, Loc. Caminia di Staletti, Tel. 09 61 91 13 52, Fax 09 61 91 09 07, www.baiaest.it. Gepflegte Anlage über dem Meer, wahlweise Hotel oder Residence, Übernachtung mit Frühstück ca. 35 € pro Person/Tag.

Agriturismo Villa delle Rose: Loc. Vallecchio 1, Montauro Lido, Tel. 09 67 57 66 48, Tel./Fax 09 61 72 38 88. Zwischen Oliven- und Zitrusbäumen nahe der Küste ruhig gelegen, in der Nähe stehen in einem Feriendorf Sportanlagen, Strand, Schwimmbad, Disko und Restaurant zur Verfügung, Apartments ab 250 € in der Vorsaison, bis 400 € in der Hauptsaison.

Hotel Ristorante Il Gabbiano: Via Lido, Copanello, Tel. 09 61 91 13 43, Fax 09 61 91 14 37, www.hotelilgabbiano.it. Kleines, komfortables Hotel am Strand, Restaurant, Pizzeria. Zimmer mit Kühlschrank, Telefon, Klimaanlage, ganzjährig geöffnet, DZ 58–70 € (Vor- und Nachsaison), in der Hochsaison nur mit Halbpension, pro Person 65–70 €, Vorsaison 40–60 €, 10 % Zuschlag für Zimmer mit Veranda zum Meer, Angebot für Familien.

Ristorante Il Gabbiano: Staletti, Via del Mare, Tel. 09 61 91 13 43, nur im Sommer, am Meer gelegen, Terrasse, Fischspezialitäten, Menü ca. 23 €.

Ristorante Pizzeria La Scogliera di Pietragrande: SS 106, Ausfahrt Pietragrande zwischen Caminia und Montepaone Lido am Meer, Tel. 33 86 34 67 28, im Sommer 12–16, 19.30–1 Uhr, moderat (Fisch), günstig (Pizza).

Discothek La Scogliera di Pietragrande: s. o., Juni–Sept., Fr und Sa 23–6 Uhr, Mitte Juli–Ende Aug. tgl.

Bahn: tagsüber von Badolato stdl. nach Catanzaro Lido, Squillace, Monasterace-Stilo, Riace, Caulonia, Roccella Ionica, Locri, Brancaleone, Capo Spartivento, Bova Marina und Reggio di

Calabria. Von Montepaone-Montauro mehrmals tgl. Richtung Catanzaro Lido und Reggio di Calabria.

Bus: 2 x tgl. nach Catanzaro Lido, Bova Marina, Brancaleone, Locri, Roccella Ionica, Caulonia, Monasterace und Rom, Tel. 09 65 81 23 35/6.

Soverato

Kalabrien-Atlas: S. 237, E 3

Soverato, auch ›Königin des Ionischen Meeres‹ genannt, ist mit seinen zahlreichen Lokalen und Vergnügungsmöglichkeiten ein Anziehungspunkt für Touristen aus dem In- und Ausland. Der Ort verfügt über eine beachtliche Fischereiflotte, die natürlich auch örtliche Restaurants beliefert.

Der schön angelegte, für Autos gesperrte **Lungomare** wird vor allem im Sommer allabendlich als Flaniermeile genutzt. Für die Kleinen wird im Vergnügungspark mit Trampolin und Rutschen auch am Abend für Bewegung und Spaß gesorgt. In dem schön gestalteten Park mit einer kleinen Brücke kann man die Frösche quaken hören, sommers finden im **Freilichttheater** Veranstaltungen statt. Auf dem und rund um den **Corso Umberto I.** laden Geschäfte und Lokale zum Stöbern und Verwöhnen ein.

Die erste Besiedlung des Ortes weist nach den Funden in Soverato Marina zurück in die Eisenzeit. Das Schicksal des Ortes war eng mit dem des griechischen *Skylletion* (s. S. 145f.) verknüpft. Nach dem verheerenden Erdbeben 1783 verließen die Einwohner die zerstörte Stadt und errichteten in dem heutigen Gebiet von **Soverato Superiore** ihre Bauten. In diesem oberen Stadtteil befindet sich auch die Chiesa Arcipetrale aus dem 18. Jh. Im Inneren sind neben einer wertvollen Skulptur von Antonello Gagini aus weißem Carraramarmor (1521) ein hölzernes Kruzifix (17. Jh.), die Granitbüste eines Bischofs und eine alte Glocke zu bewundern.

Azienda Autonoma di Cura Soggiorno e Turismo: Via S. G. Bosco, 88068 Soverato, Tel. 096 72 54 32.

Hotel Gli Ulivi: Via A. Moro 1, Tel./Fax 096 72 14 87. 50 Zimmer, Garten, Restaurant (lokale, nationale u. internationale Küche), 100 m zum Meer, Halbpension ca. 38–54 € (Vor- und Nachsaison) und ca. 73 € (Hauptsaison).

Gange: Soc. Coop., Lungomare Europa, Tel. 096 72 50 89. Birreria, Paninoteca, Pizzeria, Disco-Bar, Miniclub, Treffpunkt für junge Leute, moderat.

Estate Soveratese: im Sommer (Juli/Aug.) finden zahlreiche kulturelle Veranstaltungen statt, darunter *sagre*, Theater- und Musikaufführungen. – **Fest der Madonna di Portosalvo:** 2. So im Aug., Meeresprozession.
Fest und Markt der Auberginen: Sept., Soverato Superiore.

Bahn: tagsüber stdl. nach Catanzaro Lido, Squillace, Monasterace-Stilo, Riace, Caulonia, Roccella Ionica, Locri, Brancaleone, Capo Spartivento, Bova Marina und Reggio di Calabria.
Bus: 2 x tgl. nach Catanzaro Lido, Bova Marina, Brancaleone, Locri, Roccella Ionica, Caulonia, Monasterace und Rom, Tel. 09 65 81 23 35/6.

Vom Tyrrhenischen zum Ionischen Meer

Klippen am
Capo Vaticano

Kalabrien-Atlas S. 236–237

COSTA DEGLI DEI

Die ›Küste der Götter‹ gilt als einer der schönsten Küstenstriche Italiens: azurfarbenes Meer, strahlend blauer Himmel, der Duft des Oleanders, die Farbenpracht der Bougainvilleen, atemberaubend schöne Sonnenuntergänge. Dazu Buchten, Traumstrände und bizarre Felsformationen sowie Kulturgüter aus längst vergangener Zeit.

Briatico und Zambrone

Kalabrien-Atlas: S. 236, B 3

Einige Kilometer südwestlich des Sport- und Freizeithafens Vibo Marina erstrecken sich die weitläufigen Sandstrände Scrugli und San Giorgio. Unmittelbar an der Punta Safò laden die hinter einem Grünstreifen liegenden Strände zum Relaxen ein. Weiter südlich, direkt am Strand, steht der Küstenwachturm **La Rocchetta** aus dem 16. Jh.

Der lebhafte, 4000 Einwohner zählende Fischer- und Ferienort Briatico ist übersichtlich und einladend. Er wurde errichtet nach dem verheerenden Erdbeben 1783, bei dem das mittelalterliche **Briatico Vecchia** fast völlig zerstört wurde. Dessen Überreste sind auf einem Hügel östlich des Flüsschens Murria im Landesinneren zu besichtigen. Von der SS 522 fährt man landeinwärts Richtung San Costantino, durchquert San Leo. Nach ca. 3 km erblickt man zur Linken einen Sportplatz. Von hier geht es zu Fuß über einen kleinen Pfad durch Farngewächse und dichte Sträucher weiter hinab ins Tal und wieder hin-

auf zu den Ruinen der alten Siedlung (Fußweg ca. 1 Std.). Der kleine Flusslauf muss überwunden werden, entweder mit Gummistiefeln oder mittels eines kleinen Balanceaktes über einen Baumstamm. Schließlich wird der mühsame Aufstieg belohnt: absolute Stille, in der Ferne das Meer, Ruinen und Reste der alten Steinstraße. Zwischen den beiden Flüssen Murria und Spadaro wurde im Mittelalter von Ferdinando Bisbal ein **Kastell** errichtet. Neben zahlreichen Kirchen und einer der Santa Nicola gewidmeten **Kathedrale** gab es den **Konvent der Dominikanerbrüder** (1480) und ein **Frauenkloster**. Die einst blühende Siedlung, in der vorwiegend Öl, Wein, Obst, Zuckerrohr produziert und wertvolle Stoffe gewebt wurden, verließen die Bewohner nach dem schweren Erdbeben.

Noch heute lebt Briatico wie vor vielen Jahrhunderten vom Thunfischfang. Die Spuren der langen Tradition sind unübersehbar: Ungefähr 100 m vor dem Ufer von Sant'Irene befindet sich ein Felsen mit den in Stein geschlagenen Becken, die untereinander durch Kanäle verbunden sind. Von den Wachtürmen meldeten Beobachtungsposten den Fischern die herannahende Beute. Wenn die Tiere in die miteinander verknüpften Netze gerieten, gab es für sie kein Entrinnen mehr. Sie wurden in die Becken getrieben, getötet, gereinigt, in Salz gelegt und schließlich in Terrakottagefäßen in die umliegenden Ortschaften gebracht.

Nahe der kleinen Hafenanlage stehen die kläglichen Reste des von den Aragonesen errichteten **Küstenwachturms Sant'Irene.** Weiter südlich ragt ein weiteres geschichtsträchtiges Relikt aus dem Wasser. In den **Scoglio delle Galere** (Gefängnisfelsen) sind kleine Zellen eingehauen, die nach der Überlieferung einst zur Unterbringung von Sträflingen genutzt wurden. Noch heute kursiert die Legende, dass dort ein König seine Tochter eingesperrt habe, um sie von einem unerwünschten Kavalier fern zu halten.

Einige Kilometer südlich des legendären Felsens kann man sich in **Zambrone** in einem Wasser-Vergnügungspark nach Herzenslust austoben. Der **Aquapark** bietet Jung und Alt Sport, Spiel und Spaß (Juni–Sept. 10–18 Uhr, in der Hauptsaison länger, www.aquapark.it, Eintritt 12 €, am Wochenende teurer, Kinderermäßigung, Eintritt frei für Kinder bis 105 cm, über 70-Jährige und Behinderte).

Pro Loco: Via Margherita 117, 89817 Briatico, Tel. 09 63 39 10 31.

Residence Albatros: Punta Safò, Briatico, Tel./Fax 096 34 25 93. Schön angelegtes, gut ausgestattetes, familiär geführtes Feriendorf an der Spiag-

gia Scrugli, Übernachtung mit Frühstück ca. 35 €

Hotel Club Capo Sant'Irene: Via Strada statale Tropeana, Briatico, Tel. 09 63 39 30 82, Fax 09 63 39 30 81, im Winter Via B. Barabarini 5, 37123 Verona, Tel. 04 58 00 13 83, hsirene@tropea.it. Direkt am Strand in der Bucht Sant'Irene, Schwimmbad, Restaurant, Animation, Miniclub, diverse Sportmöglichkeiten, Zimmer oder Bungalows, Übernachtung mit Frühstück ca. 40–60 € (Vor- und Nachsaison) und 100–115 € (Hauptsaison).

Ferienresidence Sciabache: Via Marina, Zambrone, Tel. 09 63 39 29 91, Fax 09 63 39 29 92, sciabache@tropea.it. Unmittelbar am Strand, nahe dem Aquapark gelegene Anlage mit div. Sportmöglichkeiten, Supermarkt, Kiosk und Restaurant, Vollpension ca. 40–50 €. (Vor- und Nachsaison) und ca. 60–80 € (Hauptsaison).

 Hotel Ristorante Costa Azzurra: Via Carmine 1, Briatico,

Am Küstenwachturm La Rocchetta

Strände

Die Küste der Götter macht ihrem Namen alle Ehre. Immer wieder führen schmale Zufahrten oder ein manchmal beschwerlicher Abstieg zu Fuß zu kleinen, oft noch einsamen Buchten. In der Karte ›Costa degli dei‹, die bei den Tourist-Informationen (Pro Loco) und gelegentlich auch in den Zeitungsläden (edicola) der Gegend erhältlich ist, sind alle Strände verzeichnet.

Tel. 09 63 39 10 62, Fax 09 63 39 10 84. Am Rand des Zentrums oberhalb des Meeres, modernes 30-Zimmer-Hotel, Heizung, Klimaanlage, Aufzug, Halbpension ca. 50 €. Restaurant: ganzjährig tgl. traditionelle kalabrische Küche, Spezialität: hausgemachte Pasta, moderat.

Bahn: Von Briatico und Zambrone mehrmals tgl. nach Lamezia und Rosarno.
Bus: 1 x tgl. außer So nach Catanzaro (hält in allen Orten an der Küste); 1.6.–30.9. 4 x tgl. nach Tropea, Parghelia, Ricadi und Santa Maria, Tel. 096 36 11 29.
Autoverleih: Autonoleggio Nicola D'Ascoli, C.da Margherita 181, Tel./Fax 09 63 39 14 33.

Parghelia

Kalabrien-Atlas: S. 236, A/B 3
Wie die Herkunft des Ortsnamens Parghelia (griech. *paralia* = Strand) bereits vermuten lässt, ist die Küste mit Felsen, Klippen und Sandstränden die Hauptattraktion. Die versteckt gelegenen, teils etwas schwer zugänglichen Strände bieten Entspannung und Naturgenuss pur. Von **La Pizzuta** (gleichnamiger Strand), der aus dem Meer ragenden Felsformation, soll ein Sklave Felsbrocken auf die vorbeifahrenden Schiffe ›lanciert‹ haben, um so unerwünschte Gäste von der Küste fern zu halten. Weit friedlicher ging es hingegen etwas nördlicher, in dem klaren Wasser vor dem Felsen Taverne, zu. Hier fischten die Einheimischen einst nach Korallen und verarbeiteten sie zu Schmuckstücken. Im Kontrast zu dem lebhaften Ferienort Tropea verläuft das Leben in Parghelia gemächlich und ruhig.

Die Geschichte des kleinen Ortes war immer mit den Geschehnissen in Tropea verbunden. Abhängig und regiert von der dominierenden Nachbarin, begehrten die freiheitsliebenden Bewohner 1647 gegen den absoluten Zentralismus und die Privilegien der Adelsfamilien auf. Die Revolte wurde allerdings mit Hilfe der Spanier unter Francesco Carafa niedergeschlagen. Erst 1806 errang Parghelia seine Unabhängigkeit.

Schon allein wegen des kunstvollen Kirchturms sollte sich der Durchreisende die Kirche **Santa Maria del Portosalvo** mit ihrem Barockaltar aus dem 18. Jh. unbedingt ansehen. Die Überreste der durch das verheerende Erdbeben 1783 völlig zerstörten Ansiedlung **Alafito** befinden sich oberhalb der nach Tropea führenden SS 522. Dorthin führt auf der Höhe der Brücke ein schmaler Weg entlang dem Bach La Grazia ins Landesinnere (ohne Ortskenntnis nur schwer auffindbar).

Pro Loco: Corso Vittorio Emanuele 40, 89861 Parghelia, Tel. 09 63 60 06 66.

Hotel Santa Lucia: Loc. S. Nicola, an der SS 522, Tel. 09 63 60 07 22, Fax 09 63 60 06 53, www.hotel-santalucia.it. Exklusives 38-Zimmer-Hotel, behindertenfreundlich, Restaurant, Schwimmbad, Tennis- und Fußballplatz, Shuttle-Service zum Strand, Halbpension ab 47 € (Vor- und Nachsaison) bis 82 € (Hauptsaison).

Il Vascello: Marina di Zambrone (Abzweig Aquapark), April–Okt. tgl. abends, ansonsten Fr–So abends. Bar, Ristorante, Pizzeria, freundliches und gepflegtes Ambiente, mit Terrasse, Spezialitäten: Salate, frischer Fisch, Menü ca. 15–20 €, Pizzen ca. 6 €.

Bahn: mehrmals tgl. nach Lamezia und Rosarno.
Bus: Im Sommer 2 x tgl. nach Tropea, Capo Vaticano und Zambrone, Tel. 096 34 33 23; tgl. außer So nach Catanzaro (hält in allen Orten an der Küste); 1.6.–30.9. 4 x tgl. nach Tropea, Ricadi, S. Maria und Zambrone, Tel. 096 36 11 29.

Tropea

Kalabrien-Atlas: S. 236, A 3
Auf einem Felsen hoch über dem Meer liegt der rund 7000 Einwohner zählende, beliebte Ferienort. Tropea – die ›Perle des Tyrrhenischen Meeres‹ – ist zum Inbegriff des Urlaubs in Kalabrien geworden: am Strand relaxen, durch die Stadt bummeln, nachts tanzen, die Sprache erlernen und die kalabrische Kultur kennen lernen. Deshalb ist an den Stränden und in der hübschen Altstadt der Andrang vor allem im August groß.

Nahe der Kathedrale gefundene Tongefäße aus dem Neolithikum und die in der Nähe des heutigen Friedhofs entdeckte Nekropole mit Gräbern und Krügen aus dem 12. Jh. v. Chr. belegen die lange Besiedlungsgeschichte Tropeas. Die Artefakte befinden sich im Nationalmuseum in Reggio di Calabria. Nach zahlreichen Besitzerwechseln erlebte Tropea unter den Anjou und Aragonesen eine Blütezeit, in der z. B. auch zahlreiche prachtvolle Palazzi entstanden.

Im 18. Jh. gehörte Tropea zu den 50 direkt dem König untergeordneten Städten *(città demaniali):* Während die anderen Orte im Zuge der Feudalherrschaft von einem Fürsten regiert wurden, ließ sich der König in Tropea durch einen Statthalter vertreten. Zu dieser Zeit wurden die Geschicke der Stadt

Anfahrtstipps Tropea

Um die Stadt anzufahren, von der Küstenstraße 522 auf die Umgehungsstraße Richtung Capo Vaticano, Abfahrt ›Tropea‹, oberhalb des Zentrums (nahe der Tankstelle) den Wagen abstellen. Oder kurz hinter Parghelia Richtung Tropea mare, hinter der Brücke links abbiegen, am Hafen vorbei, der Straße längs des Meeres folgend, unterhalb der Isola Bella den Wagen abstellen und über die Treppen zum Largo Villetta aufsteigen. Die Altstadt ist im Juli/August für Autos gesperrt.

von zwei Bürgermeistern gelenkt. Als diese weitgehende Selbstverwaltung durch den Verkauf der Stadt an den Fürsten Ruffo von Scilla bedroht war, soll die Bevölkerung Geld gesammelt und die Stadt für einen höheren Preis zurückgekauft haben.

In den schmalen Gassen und auf den kleinen Plätzen des *centro storico* zeugen alte Palazzi, Portale mit Familienwappen und prächtige Innenhöfe vom einstigen Reichtum des Adels. Unter der Altstadt befindet sich ein unterirdisches Netz an Gängen, die zur Zeit der Sarazenenüberfalle dazu dienten, von den zahlreichen Angreifern unbemerkt die Stadt zu verlassen. Leider sind die wenigen noch vorhandenen Zugänge auf Privatbesitz und die Ausstiege nicht mehr genau zu lokalisieren.

An der **Piazza Ercole** befindet sich der einstige Sitz der adligen Repräsentanten, **Il Sedile dei Nobili** 1 aus dem 18. Jh. Heute ist in dem Gebäude die Touristeninformation untergebracht, der erste Stock dient als Repräsentations- und Veranstaltungsraum der literarischen Akademie, der einst auch der wohl berühmteste Sohn der Stadt, der Philosoph Pasquale Galluppi (1770–1846), angehörte. Ihm hat man auf der Piazza ein Denkmal gesetzt.

Eines der wichtigsten Bauwerke der Stadt ist die im 12./13. Jh. errichtete **Kathedrale** 2, die nach mehreren Erdbeben immer wieder aufgebaut wurde, zuletzt 1931 unter Wiederherstellung des romanischen Charakters. Sie beherbergt u. a. in der zweiten Seitenkapelle das schwarze Kruzifix *(crossifisso nero),* ein aus Spanien stammendes hölzernes Kunstwerk aus dem 15. Jh.,

Sehenswürdigkeiten

1. IL Sedile dei Nobili
2. Kathedrale
3. Bischofspalast
4. Affaccio Largo Galluppi
5. Palazzo Toraldo di Francia
6. Affaccio Largo Migliarese
7. Santa Maria dell'Isola
8. Biblioteca

Übernachten

9. Residence Hotel Le Roccette Mare
10. Hotel Terrazzo sul Mare
11. Pensione Bar Trattoria The Bridge
12. Affittacamere P. De Luca

Essen und Trinken

13. Pimms
14. Ristorante Vecchia Tropea
15. Strandrestaurant Lido Alex
16. Bar dell'Isola
17. Tomate

Mare Tirreno

Isola Bella

Mar Piccolo

Lido Roccette

7

Lungomare

13 Largo Migliarese

6

5 Via Lauro

Chiesa del Gesu

Largo Gesuiti

Largo Municipio

4 **Campeggio New Paradise, Porto**

P

Campeggio Marina del Convento,

15

Largo Ruffa

Via Abate Sergio

Via Lepanto

Via Pietro

Via Garibaldi

Piazza Toraldo Grimaldi

Largo Galluppi

16

Largo Villetta

Via Indipendenza

Piazza Ercole

14

Via Roma

Via Dardano

Via Bolano

Via Margherita di Savoia

Corso Vittorio Emanuele

1

Largo Duomo

2

3

Via Glorizio

Via Toraldo

Discesa Marina Vescovado

Torrente Lumia

Via Libertà

Mercato, Capo Vaticano,

10

Via Umberto I

Palazzo Toraldo Serra

Largo S. Michele

Mercato

8

i

Piazza V. Veneto

Chiesa del Purgatorio

17

Viale Coniugi Crigna

Via G. Tocco

Via IV. Novembre

Via Tondo

Viale Stazione

Via degli Orti

Via Carmine

Parghelia, 12

Chiesa del Carmine

P

Stazione, Monte Poro, Drapia, Vibo Valentia, Umgehungstraße, Capo Vaticano,

✈ Pi220

11

TROPEA

0   100 m

Blick auf Isola Bella

in der rechten Apsis die marmorne Madonna del Popolo des Mönchs Giovanni Agnolo aus Montorsoli (1555) sowie ein Tabernakel aus Marmor (linke Apsis, ebenfalls 16. Jh.). In der Mitte der Hauptapsis befindet sich das silbergerahmte Bild der Madonna di Romania, entstanden um 1330. Als sich im Jahr 1638 während einer Prozession zum Lobpreis dieser Madonna ein Erdbeben ereignete, kam es in den umliegenden Orten zu schlimmen Zerstörungen, während Tropea verschont blieb. Für diese Abwendung des Unglücks wird die Schutzpatronin bis heute hoch verehrt.

In der Kapelle des **Bischofspalastes** 3 sind aus dem 15. Jh. stammende Fresken zu sehen. Im gleichen Gebäude ist das noch im Aufbau befindliche Diözesanmuseum untergebracht (Informationen über den Pro Loco). Vom Largo Duomo aus gelangt man über die hier mündende Via Boiano oder die Via Pontorieri zum von zahlreichen Palazzi umstandenen **Largo Galluppi** (auch Largo San Francesco), der vor einiger Zeit modernisiert wurde. Unterhalb des Platzes erwartet den Spaziergänger ein **Aussichtspunkt** 4 mit Blick auf den Hafen und ein Abstieg zum Meer.

Das Archiv der Toraldo im **Palazzo Toraldo di Francia** [5] dokumentiert anhand von Schriftstücken aus dem 12.–16. Jh. die Familiengeschichte und die Wirtschafts- und Sozialgeschichte Tropeas. Des Weiteren sind prähellenische Funde, Grabsteine aus dem 3./4. Jh. sowie Gemälde aus dem 18. Jh. zu sehen (Via Lauro 12, Tel. 096 36 13 88, Besichtigung auf Anfrage). Eine weitere interessante Sammlung befindet sich im Palazzo Toraldo Serra am Largo San Michele.

Über die belebte Flaniermeile, den **Corso Vittorio Emanuele,** schlendern Einheimische und Besucher am liebsten abends hinunter zum **Affaccio Largo Migliarese** [6]. Von der Aussichtsterrasse über der Schwindel erregend hohen Steilküste eröffnet sich ein betörender Blick auf die **Isola Bella** und das in diesem Abschnitt türkisfarbene Meer. Die ›schöne Insel‹ mit der Kirche Santa Maria dell'Isola gilt als Wahrzeichen Tropeas.

Wer den Ausblick auf die Isola Bella, das Meer, den Sonnenuntergang und bei guter Sicht auch auf die Äolischen Inseln lieber bei einer Erfrischung oder einem Eis genießen möchte, findet in der Bar dell'Isola auf dem **Largo Villetta** ein ruhiges, gemütliches Plätzchen.

Unterhalb des Largo führt ein Abstieg zum Strand, von wo man hinauf zur Kirche **Santa Maria dell'Isola** [7] gelangt. Sie wurde im Hochmittelalter von Benediktinern gebaut, durch zahlreiche Erdbeben zerstört (zuletzt 1905) und immer wieder erneuert. Hinter der Kirche erstreckt sich oberhalb einer Grotte ein wunderbar

schattiger, wilder Garten. Bis vor zwei Jahrhunderten lag die Felsinsel noch mitten im Wasser und war nur per Boot erreichbar, so vermutet man jedenfalls.

Starke Erosion hat Restaurierungsarbeiten am Tuffsteinfelsen erforderlich gemacht. Obwohl die sich seit Jahrzehnten vergrößernde Grotte wunderschön ist, muss sie gleichzeitig auch als warnendes Signal des Zerfalls gewertet werden. Man versucht jetzt, die Halbinsel durch im Halbkreis angeordnete Felsbrocken ein wenig vor der Brandung zu schützen. Zu beiden Seiten der Isola Bella erstrecken sich schöne Sandstrände, die zum Baden und Faulenzen einladen.

Wer auch am Abend das Meer nicht missen möchte, kann in einem der Strandrestaurants speisen – wahlweise mit Livemusik oder dem Rauschen des Meeres im Hintergrund.

Die einst aufgrund ihrer exponierten Lage zwischen Sizilien und dem Norden wichtige Handelsstadt lädt mit ihren Geschäften ebenso zu einem Einkaufsbummel ein wie der samstags am südlichen Ende der **Via Libertà** stattfindende Markt (beim Friedhof), auf dem von Textilien, Korbwaren, Keramik bis zu Souvenirs alles Erdenkliche angeboten wird. Frisches Obst und Gemüse gibt es täglich (außer sonntags) neben der **Biblioteca** [8]. In dem Neubau werden kulturelle Veranstaltungen jeglicher Art geboten. Des Weiteren ist hier eine kleine, ebenfalls im Aufbau befindliche Bibliothek untergebracht, die dem Veranstaltungshaus seinen Namen gegeben hat (Mo–Fr 9–13, 15.30–17.30 Uhr). Ein breiteres Ange-

Sprachurlaub in Tropea

Wer Italienisch lernen und zugleich etwas über die kalabrische Kultur erfahren möchte, für den ist Tropea ein idealer Urlaubsort, denn hier gibt es einige Sprachschulen. Zudem bekommt man durch die Gastfreundschaft und Neugierde der Tropeaner schnell Kontakt (Adressen s. S. 50).

bot offeriert die **Biblioteca provinciale** in der Via Don Mottola (Via Liberta/Abzweigung Santa Domenica; 1.7.–30.9. Mo–Fr 7.30–14 Uhr, 1.10.–30.6. Mo–Fr 8–14, Di u. Do 15–18 Uhr).

Eine kleine Parkanlage findet sich unweit der zentralen **Piazza V. Veneto.** Spielgeräte für die Kinder, Telefonzellen, eine Bar, Bänke zum Verweilen und der Ausblick auf einen wunderschönen, unterhalb gelegenen Garten ziehen kleine und große Besucher an.

Pro Loco: Piazza Ercole, 89861 Tropea, Tel./Fax 096 36 14 75, prolocotropea@inwind.it.
Valentour: Piazza Vittorio, 89861 Tropea, Tel./Fax 09 63 60 59 56, www.valentour.com. Agentur, Hotelbuchungen und Ausflüge.

Residence Hotel Le Roccette Mare 9 : Via Mare Piccolo, Tel. 096 36 13 58, 096 36 22 14, Fax 096 36 14 50. Gepflegte Anlage unmittelbar am Strand, Strandservice, Unterbringung in modern eingerichteten Doppelzimmern oder Ferienwohnungen, Halbpension/Hotel in der

Vor- und Nachsaison ca. 42–57 €; Hauptsaison ca. 78 €, Ferienwohnungen (2 Pers.) in der Vor- und Nachsaison ab 238 €, in der Hauptsaison ab 672 €/Woche.
Hotel Terrazzo sul Mare 10 : Via Libertà, Zona Croce, Tel./Fax 096 36 10 20 (Sommer), Tel. 09 63 66 62 28 (Winter), saisonbedingt geöffnet. Modernes Hotel unmittelbar über einem Felsen am Strand, alle Zimmer mit Meerblick, Halbpension ab 38 € (Vor- und Nachsaison) bis 70 € (Hauptsaison).
Pensione Bar Trattoria The Bridge 11 : Via Stazione, Tel. 096 36 17 47. Einfach, familiär geführt, Verpflegung in der Trattoria, Halbpension ca. 25 €.
Affittacamere P. De Luca 12 : Via Carmine, Tel./Fax 09 63 60 33 42. Apartments im Grünen (keine Verpflegung), ca. 1 km zum Zentrum, Vorsaison ca. 15 € pro Person, Juli/Aug. 35 €.
Agriturismo Azienda Torre Galli: oberhalb von Tropea in den Bergen, Loc. San Rocco Moccina 1, Drapia, Tel./Fax 096 36 72 54, TORREGALLI@hotmail.com. Ruhige Unterkunft in einem Haus aus dem 18. Jh., umgeben von Zitronenbäumen, mit Blick aufs Meer. Eigene Produktion und Verarbeitung von Olivenöl, Zitrus- und Waldfrüchten, Koch- und Stickereikurse, Übernachtung mit Frühstück ca. 30–35 €.

Camping:
Campeggio Villaggio New Paradise: C.da La Grazia, Tel. 096 36 25 77, Fax 096 36 18 41, newparadise.tropea.it. Oberhalb des Hafens im Grünen, wunderbarer Blick auf Tropea, Unterbringung im Zelt pro Person ca. 6–8 €, Zeltplatz ca. 4–7 €, KFZ bzw. Camper ca. 2–8 €; Apartments März–Juni, Okt. ab 235 €; Juli/Sept. ca. 300–350 €, Aug. ca. 530 €/Woche.
Camping Marina del Convento: Richtung Südwesten, Via Marina del Convento, Tel./Fax 096 36 25 01 (Sommer), 096

ÄOLISCHE INSELN

Auch wenn die Isole Eolie (im Deutschen auch als Liparische Inseln bekannt) zu Sizilien gehören, sind sie dennoch untrennbar mit Kalabrien verbunden. Denn von der tyrrhenischen Küste aus sind die Vulkaninseln je nach Wetterlage alle oder vereinzelt klar und deutlich zu erkennen.

Der aktive Vulkan **Stromboli** ist mit ca. 60 km Entfernung der Costa degli Dei am nächsten und dementsprechend am häufigsten sichtbar. Ein ganz besonderes Schauspiel bietet sich, wenn Anfang September die Sonne in den Krater des Vulkans einzutauchen scheint. Aber auch sonst ist der abendliche Sonnenuntergang über der liparischen Inselgruppe ein schönes Erlebnis.

Vulcano ist der zweite noch aktive Vulkan der Äölischen Inseln. Neben einem erhol- und heilsamen Schwefelbad in den Quellen bietet sich ein Spaziergang zu den aus Lava geformten Figuren im Valle dei Mostri an. Auf der lebhaften Ferieninsel **Lipari** sind u. a. die Kathedrale San Bartolomeo, das archäologische Museum und das Ausgrabungsgelände auf la rocca (der Felsen) sehenswert.

Panarea, die älteste (ca. 700 000 Jahre) und kleinste Insel, ist mit ihren weißen Villen und den kräftig leuchtenden Blumen zu einem Ort der Reichen geworden. Nicht versäumen sollte man hier die Besichtigung der Ausgrabungsstätte an der Punta Milazzese. **Salina** ist vor allem für ihre Kapern und den Wein Malvasia bekannt. Interessant sind die prähistorische Siedlung in Portella, die Grotte Saracene und der aus dem Felsen entstandene Bogen an der Punta del Perciato. Westlich von Salina liegen die beiden wohl urtypischsten der liparischen Inseln, **Filicudi** mit seinem prähistorischen Dorf und **Alicudi,** die ›stille‹ Insel ohne Straßen.

Für einen Tagesflug zu den Äölischen Inseln, die nach dem griechischen Gott der Winde Aiolos benannt wurden, muss man früh aufstehen (die Schiffe fahren meist gegen 7.30/8 Uhr ab) – aber es lohnt sich. Von Tropea, Briatico, Vibo Marina und Cetraro werden in der Saison Touren zu den ca. 2 Std. entfernten Äölischen Inseln angeboten. Allein die Überfahrt ist bereits die Reise wert. Passagiere, die schnell seekrank werden, sollten allerdings unbedingt das Wetter beachten bzw. sich bei den Einheimischen nach der Wetterlage erkundigen.

Information: Azienda Autonoma di Soggiorno e Turismo delle Isole Eolie, Corso Vitt. Emanuele 253, Lipari, Tel. 09 09 81 14 10.

Tagesausflüge:

Tropea: TROPEAMAR, Corso V. Emanuele 12, Tel. 09 63 66 60 98, oder Via Indipendenza Tel. 09 63 60 30 47.

Briatico: Comerci Navigazione, Ctr. Sant'Irene, Tel. 09 63 39 58 49.

Vibo Marina: Foderaro Navigazioni, Vibo Marina Porto, Tel. 09 63 57 33 01.

Cetraro: Foderaro Viaggi e Turismo, Via Porto 1, Tel. 098 29 12 19.

36 13 20 (Winter), www.marinadelcon
vento.it. Direkt am Meer, Bar, Restaurant,
Unterbringung im Zelt pro Person ca. 6–8
€, zusätzlich Zelt- und KFZ-Stellplatz (saisonbedingt), Apartments Juni, Sept., Okt.
ab 210 €, Juli ab 415 €, Aug. ab 675 €/
Woche.

Pimms 13: am Ende des Corso Vittorio Emanuele, Tel. 09 63 66 61 05,
ganzjährig mittags und abends, Mo geschl., Reservierung erbeten. Exklusives
Restaurant, toller Panoramablick, jahres-
zeitenabhängige gehobene kalabrische
Küche, Menü ca. 40 €.

Ristorante Vecchia Tropea 14: Largo
Barone. An einem kleinen Platz des *centro storico* gelegen, offeriert ganzjährig typisch kalabrische Küche in angenehmer,
ruhiger Atmosphäre, moderat.

Strandrestaurant Lido Alex 15: Lungomare, Tel. 096 36 22 62, tgl. April–
Okt., mittags und abends nach Vorbestellung. Kalabrische Hausmannskost auf
überdachter Terrasse, moderat.

Ristorante Pizzeria La Locanda: Loc. S.
Barbara, Handy 347 71 18 64 04, zw. Tropea und Santa Domenica, ganzjährig
abends. Freundliches Landlokal, deutsch-
sprachig, moderat.

Bar dell'Isola 16: am Affaccio Largo Villetta. Beliebter Treffpunkt mit herrlichem
Ausblick auf die Isola Bella, günstig.

Tomate 17: Viale Stazione 1, Piazza Vittorio Veneto, April–Okt. 18 Uhr bis in die
Nacht, im Aug. bis 9 Uhr morgens. Leb-
haftes Lokal (Creperie, Birreria, Paninoteca, Gelateria), preiswerte Snacks, günstig.

Ditta Terra di Dentro: Via Roma 23.
Kalabrische Spezialiäten.

Pasticceria Gelateria Tre Stelle: Via IV.
Novembre. Selbst gemachtes Gebäck,
Eis und Kuchen.

La Giara: Via Pietro, Keramikboutique
und -werkstatt.

La Libreria: Via Roma. Kleine, sehr gut
sortierte Buchhandlung, auch deutsch-
sprachige Titel.

Antiche Tradizioni: Via Roma 14. Erlese-
nes kalabrisches Handwerk, eigene Herstellung von Schmuck und Kleidung.

 Das **Nachtleben** spielt sich wie in
allen kalabrischen Orten draußen
auf den Piazze und dem Corso bzw. in
den dortigen Lokalen ab. Diskotheken
gibt es in Santa Domenica und Zambrone. Ergänzt werden diese Angebote
durch Discos bzw. Animationsabende in
fast allen Ferienanlagen.

Feste der Madonna di Romania:
27. März, 9. Sept.

Karfreitag: traditionelle Prozession.

Fest der Madonna dell'Isola: 15. Aug.,
Meeresprozession.

**Moonlight Segelschule und Boots-
service:** Thomas und Myriam Hof-

La cipolla rossa

Seit 2000 Jahren ist die rote Zwiebel ein wichtiger Bestandteil der
kalabrischen Küche. Ausgezeichnet durch mild-süßen Geschmack
und Bekömmlichkeit, wird sie roh,
frittiert, gratiniert oder gefüllt zubereitet. Sie hat herausragende
ernährungsphysiologische Eigenschaften, kein Wunder also, dass
Ärzte das Gemüse von alters her
als Heilmittel einsetzen. Die original *cipolle rosse di Tropea* werden
entlang der tyrrhenischen Küste
zwischen Parghelia und Capo Vaticano kultiviert.

meister, Via Vescovado, Tel. 09 63 60 35 16 oder Handy 34 98 11 40 54, vela moonlight@tiscalinet.it. Windsurfen, Katamaransegeln, Mountainbiking.

Strände: Besonders schön sind die Strände auf beiden Seiten der Isola Bella: Roccette (nördlich) und Convento (südlich).

Bahn: mehrmals tgl. Richtung Pizzo, Lamezia, Rosarno, Reggio di Calabria.

Bus: im Sommer 2 x tgl. zum Bahnhof Vibo-Pizzo, nach Lamezia (Thermen, Bahnhof, Flughafen, Tel. 096 34 33 23). Tgl. außer So Verbindung nach Catanzaro (hält in allen Orten an der Küste), Caria, Zaccanopoli, Vibo Valentia (über Monte Poro, Zungri), Ioppolo (über Ricadi). 1.6.–30.9. 4 x tgl. nach Santa Maria (über Ricadi) und Zambrone (über Parghelia). Stadtbus alle 30 Min. Lungomare–Centro Storico–Bahnhof (Tel. 096 36 11 29).

Auto-, Vespa- und Fahrradverleih: Autonoleggio La Torre, Via F. Barone, Tel./Fax 096 36 11 63, C.da Annunziata, Tel./Fax 09 63 76 16 08, Handy 34 71 87 43 07.

Capo Vaticano

Kalabrien-Atlas: S. 236, A 3/4

Hinter der Ortsausfahrt Tropea in Richtung Süden (vor dem Bahnübergang) führt eine Straße hinunter zur **Baia di Riace.** Diese Bucht hat nichts mit dem gleichnamigen Fundort der berühmten Bronzestatuen von Riace (am Ionischen Meer) zu tun. Der beliebte Strand- und Badeplatz ist nach dem imposanten Felsen Scoglio Riace benannt.

Capo Vaticano gilt als das schönste Strand- und Küstengebiet Kalabriens und bietet faszinierende, atemberaubende Ausblicke auf das Meer, die Klippen und wunderbare Buchten. Die Namensgebung dieses sehr beliebten Feriengebietes geht vermutlich auf die *vati* (Propheten) zurück, die an diesem exponierten Punkt gelebt und den Seefahrern ihre Zukunft geweissagt haben sollen. Am *faro* (Leuchtturm) führt ein Weg halb um das Kap herum und gibt die Sicht auf die Bucht **Praia'l Fuoco** frei. Bezaubernde Ausblicke auf bizarre Felsformationen (und den Zugang zur Bucht) bietet der Aussichtspunkt **Belvedere** an der nördlichen Kapseite. Canfora, eine wunderschöne, von den Sarazenen geraubte Frau, soll sich vom Kap in den Tod gestürzt haben. Seitdem leuchte das Meer in ihren Lieblingsfarben Azur und Türkis, erzählen sich die Kalabresen.

Einige Kilometer südlich, hinter **Joppolo,** erhebt sich direkt über dem Meer der Sarazenenturm **Torre Parnaso** aus dem 16. Jh. Es handelt sich um einen der besterhaltenen Wachtürme der Gegend. Weitere befinden sich in der Nähe von **Ricadi** (Torri Ruffa und Marrano).

Das Vorgebirge des **Monte Poro,** das immer wieder von Schluchten durchbrochen wird, reicht mit bewachsenen Felsklippen direkt bis ans Meer. So wird die Küste zwischen Joppolo und Nicotera immer steiler und unzugänglicher.

Von Joppolo aus führt eine Straße in vielen Windungen nach oben. In einer langsamen Auffahrt mit immer wieder atemberaubenden Ausblicken auf die Küste, vorbei an einem Aquädukt, wird der höchste Punkt des Monte Poro in

710 m Höhe erreicht. Hier liegt auch die kleine Wallfahrtskirche **Madonna del Poro** (auch Madonna del Carmine) mit einem kleinen Brunnen – ein schattiger Ort im Grünen.

Pro Loco: Via Vaisette 17, 89866 Ricadi, Tel. 09 63 66 31 19.

Hotel Orizzonte Blu: Loc. Pettilupo, Santa Domenica, Tel. 09 63 66 93 10, Fax 09 63 66 93 11, www.orizzonteblu.it. Außerhalb am Hang gelegen, Shuttle-Service nach Tropea und zum Strand, Schwimmbad, Sportangebote, Bar, Restaurant, Ausflüge in die Umgebung, hoteleigenes Boot, Übernachtung mit Frühstück zwischen ca. 28 € (Vor- und Nachsaison) und ca. 57 € (Hauptsaison).
Hotel Calabrisella: Viale G. Berto, San Nicolo, Tel. 09 63 66 30 65, Fax 09 63 66 50 75, ganzjährig. 800 m vom Strand Grotticelle entfernt (Shuttle-Service), im Grünen gelegen, Restaurant, Tanz- und Musikabende, Halbpension/Woche ca. 206–300 € (Vor- und Nachsaison) und 422 € (Hauptsaison).
Hotel Residence Marinella: Marina di Grotticelle, Tel. 09 63 66 31 97, Fax 09 63 66 37 75, hotelmarinella@libero.it. Familiär geführtes, modern ausgestattetes Hotel, 200 m vom Strand Grotticelle entfernt, Halbpension in der Vor- und Nachsaison pro Person ca. 40 €, Hauptsaison ca. 65 €.
Centro Servizi per il turismo: Viale G. Berto, San Nicolo, Tel. 09 63 66 30 14, web.tiscalinet.it/service. Acht Ferienwohnungen oberhalb von Santa Maria im Grünen, Neubau mit Terrasse oder Garten, ca. 2 km zum Meer, Ferienwohnung für zwei Personen von 20 € (Vorsaison) bis 50 € (Hochsaison) pro Tag, zuzüglich einmali-

Praia'l Fuoco am Capo Vaticano

ge Nebenkosten 25 €. Weitere Unterkünfte in jeder Preislage am Capo Vaticano.

Camping:
Villaggio-Hotel-Camping Marco Polo: Santa Domenica, Tel. 09 63 66 90 54, Fax 09 63 66 91 98, Juni–Sept., www.villaggiomarcopolo.net. Weitläufige, im Grünen gelegene Anlage in der Bucht von Riace, ca. 350 m vom Meer und Ortskern Santa Domenica entfernt, Schwimmbad, Restaurant, Tiere nach Absprache gegen Aufpreis willkommen, Hotel: 1 Woche Halbpension im DZ 270–500 €, Apartment je nach Größe und Saison 240–900 €, Camping pro Person 5–9 €, Zelt 5–11 €, Auto 2–4 €, Wohnmobil 7,50–14 €.
Residence-Villaggio/Camping Quattro Scogli: Loc. Grotticelle, San Nicolo, Tel./Fax Sommer 09 63 66 31 26, Tel./Fax Winter 09 63 66 31 15. Direkt am Strand, in einer der schönsten Buchten des Capo Vaticano, Apartments ca. 290–434 € (Vor- und Nachsaison) und 543 € (Hauptsaison) pro Woche, Camping ca. 6–8,50 € pro Person.

Ristorante Hotel L'Incanto: Via Provinciale, Coccorino di Joppolo, Tel. 33 92 54 96 54, saisonbedingt geöffnet. Oberhalb des Meeres, wunderbare Aussicht, traditionelle Küche, teuer.
Pizzeria Mare blu: Loc. Tono, Tel. 09 63 66 37 72, abends, Juni–Sept. tgl., in den restl. Monaten Sa und So. Direkt am Kap im Grünen gelegen, es werden abends Pizza, *antipasti* und *primi* in freundlicher Atmosphäre serviert; Pizza, *antipasto* und Getränke ca. 20 €.
La Pineta Hotel: Restaurant, Residence, Caroniti, Loc. Monte Poro, Spilinga, Tel./Fax 09 63 88 30 89, ganzjährig mittags und abends, Di geschl. Gepflegtes Landlokal der gehobenen Klasse. Spezialitäten: *filej*, Pilzgerichte, moderat.
Cavallerizza Ristorante: Pizzeria, Via

Provinciale, Loc. Monte Poro, Spilinga, Tel. 09 63 88 34 84, außerhalb der Saison Mo geschl. Das weitläufig angelegte Landlokal bietet ganzjährig preiswerte lokale Küche, Spezialität: Eisdessert *limone*, günstig.

Delizie Vaticane di Tropea: an der Straße S. Domenica–Capo Vaticano, kurz hinter Ortsausfahrt Santa Domenica, saisonbedingt geöffnet. Frisches Gemüse, kalabrische Spezialitäten.

Istruttore Sub: Via C.da Frizza, S. Nicolo, Tel./Fax 09 63 66 35 60. Tauchen am Capo Vaticano und vor den Liparischen Inseln.
Strände: Besonders einladend sind Grotticelle oder Calipsera südlich des Capo Vaticano.

Bahn: mehrmals tgl. nach Rosarno und Lamezia Terme.
Bus: im Sommer 2 x tgl. nach Tropea, Tel. 096 34 33 23. Tgl. außer So nach Tropea, Pizzo und Ioppolo. 1.6.–30.9. 4 x tgl. nach Santa. Maria, Tropea, Parghelia und Zambrone, Tel. 096 36 11 29.

Nicotera

Kalabrien-Atlas: S. 236, B 4
Hoch oben auf dem Berg liegt Nicotera, ein etwas verschlafener Ort mit Panoramablick auf den südlichen Küstenstreifen. Bei klarer Sicht kann man in der Ferne Sizilien erblicken. Bahnreisende erklimmen den Ort über einen kakteengesäumten Weg, der oberhalb des Bahnhofs beginnt, und gelangen so in das enge Gassengewirr.

Nicotera (griech. = Wunder des Sieges) ist in den ersten Jahrhunderten nach Christus von einem siegreich aus Afrika zurückgekehrten Krieger gegründet worden. In seiner Nachfolge stand die Stadt unter der Herrschaft der Araber, Byzantiner, Normannen, Staufer, Anjou und der Aragonesen.

Das Nicotera dominierende Bauwerk ist das unter der Normannenherrschaft 1065 erbaute **Castello Ruffo.** Mehrmals von den Sarazenen und schließlich durch das Erdbeben 1184 vollständig zerstört, wurde es zuletzt 1764 wieder neu errichtet. Das Kastell beherbergt das Archäologische Museum und das Zentrum für Studien und Beobachtungen der bäuerlichen Kultur des Monte Poro (Sommer 9–12, 16–20 Uhr, Mo geschl., Winter 8–13 Uhr, So geschl., Eintritt ca. 2 €). Die archäologischen, paläontologischen und rezenten Sammlungen geben interessante Einblicke in Geschichte und Kultur von Stadt und Umland.

Im Schatten des Kastells liegt das Viertel **Giudecca,** in dem sich unter der Regentschaft des Staufers Friedrich II. im 13. Jh. viele Juden ansiedelten, die im Zuge der sich entwickelnden Landwirtschaft (vor allem Maulbeerbaum-Anpflanzungen) und Textilverarbeitung den Handel vorantrieben. Im **Baglio-Viertel** lebten einst vor allem Handwerker und Edelmänner.

Am Corso Cavour liegt die einschiffige **Chiesa Santa Maria del Rosario** aus dem 16. Jh. Die Deckengemälde in der schmucken Kirche zeigen die Madonna del Rosario von Domenico De Lorenzo (1809) und das von Domenico Russo 1890 geschaffene Gemälde vom ›Tod des hl. Josef‹. Die der Santa Maria Assunta gewidmeten **Kathedra-**

le wurde nur zwei Jahre nach dem schweren Erdbeben von 1783 auf den Ruinen der noch unter Robert Guiskard erbauten normannischen Kirche errichtet. In ihrem dreischiffigen im Spätbarock gehaltenen Interieur sind die aus weißem Marmor geschaffene ›Madonna delle Grazie‹ von Antonello Gagini, zwei Altäre der Neapolitanischen Schule und andere Kunstwerke zu bewundern.

Das **Diözesanmuseum** (Sommer tgl. 9–12, 16–19, Winter So 10.30–12.30 Uhr, Eintritt frei) ist im Bischofsseminar aus dem 17. Jh. untergebracht, das der Kathedrale gegenüberliegt. Neben den ausgestellten Marmorbildern, Inschriften, Ornaten, Silbergegenständen, Skulpturen sind in einer ethnographischen Abteilung u. a. auch typisch kalabrische Trachten zu bewundern.

Nach so viel Kunst und Geschichte lässt sich wunderbar in dem der Kathedrale vorgelagerten Park mit einem tollen Weitblick verschnaufen. In der Ferne rücken die Stahlgerüste von **Gioia Tauro** ins Bild. Die öde Ebene bildet das Kontrastprogramm zu der ›Küste der Götter‹: ein riesiges, endloses Hafengebiet und steil aufragende Kräne. Einst sollte hier, um dem Mezzogiorno den wirtschaftlichen Aufschwung zu verschaffen, ein Eisenhüttenwerk errichtet werden. Doch daraus wurde nichts, weil die Metall verarbeitende Industrie längst in der Absatzkrise steckte. In dieser einst so fruchtbaren Ebene siedelten bereits vor 2600 Jahren die Griechen. Die Lokrer errichteten hier um 600 v. Chr. die antike Ansiedlung *Medma*. 1910 entdeckte Paolo Orsi bei Calderazzo eine Nekropole mit Tonstatuetten und Büsten aus der Frühzeit der Besiedlung. Die archäologischen Schätze finden sich größtenteils im Nationalmuseum von Reggio, aber auch im Museo Archeologico in Nicotera.

Neben Kultur, Geschichte und Kunst bietet der Ort auch rein sinnliches Vergnügen. In **Nicotera Marina** kann an endlos langen, weißen Sandstränden der Bade- und Sonnenlust gefrönt werden.

Pro Loco: Castello Ruffo, Corso Umberto I, 89844 Nicotera, Tel. 096 38 12 17.

Villaggio Sayonara: Loc. Martelletto, Marina di Nicotera, Tel. 096 38 10 50, Fax 096 38 11 36. Ferienanlage mit Pizzeria, Bar, Privatstrand, Schwimmbad direkt am Strand, Sportangebote, Apartments und Hotelzimmer mit moderner Ausstattung, Hotelzimmer mit Halbpension 39–83 €, Apartment für vier Personen 285–1200 € pro Woche.

Ristorante Pizzeria Il Gabbiano: Viale Stazione Ferroviaria, 35, Tel. 096 38 17 32, Mo geschl. Landlokal mit familiärer Atmosphäre, lokale Spezialitäten, Menü ca. 15–20 €.

Madonna dell'Assunta: 15. Aug. Himmelfahrtsfest mit Prozession, Markt (13.–15. Aug.) und Feuerwerk. **Madonna dell'Immacolata, Patrozinium:** 8. Dez.

Bahn: mehrmals tgl. Züge nach Rosarno und Lamezia Terme. **Bus:** 5 x tgl. nach Vibo Valentia über den Monte Poro, 5 x tgl. nach Scilla und Reggio di Calabria (Tel. 09 63 59 24 31).

ÜBER DIE SERRE ANS IONISCHE MEER

Die Fahrt über die Serre gestaltet sich als wahrer Streifzug durch die Geschichte: von Pizzo, wo Gioacchino Murat ermordet wurde, nach Vibo Valentia, dem antiken Hipponion, auf den Spuren des Eremiten Bruno nach Soriano und Serra San Bruno.

Pizzo

Kalabrien-Atlas: S. 236, C 3

Die kleine mittelalterliche Stadt Pizzo ist vor allem durch den König von Neapel, Gioacchino Murat, ›berühmt‹ geworden. In dem von den Aragonesen erbauten Kastell ist die Zelle zu besichtigen, in der die Schwager Napoleons bis zu seiner Hinrichtung am 13. Oktober 1815 eingesperrt war. Heute sind die Bewohner weitaus friedlicher gestimmt und heißen die Besucher mit ihren zahlreichen kleinen Geschäften, Bars und Gelaterien (Eisspezialiät *tartuffo*) herzlich willkommen. Die Friedenssäule auf der weiträumig angelegten **Piazza della Repubblica** manifestiert eindrücklich ihre guten Absichten, und spätestens der wunderbare Panoramablick auf die Südküste vertreibt alle dunklen Gedanken.

Die lebhafte und freundliche Atmosphäre lädt zu einem Spaziergang durch die Gassen ein. Neben der **Chiesa San Giorgio** mit ihrer barocken Fassade ist vor allem die 2 km nördlich des Zentrums (SS 522), oberhalb des Strandes gelegene **Chiesetta di Piedigrotta** sehenswert. Im Inneren der Grottenkirche

haben Angelo und Alfonso Barone Ende des 19. Jh. Figuren aus dem Tuffstein gehauen, die Heilige und Bibelszenen darstellen, in den 1960er Jahren wurden zwei große Medaillons von John F. Kennedy und Papst Johannes XXIII. hinzugefügt. Entstanden ist die Kirche infolge eines Schiffsunglücks. Die in Seenot geratene Besatzung hatte noch an Bord des Schiffes vor dem Bild der ›Madonna di Pompei‹ das Gelübde abgelegt, im Falle ihrer Rettung eine heilige Stätte zu schaffen. Nicht nur die Schiffbrüchigen überlebten: Das über dem Altar hängende Bild der neapolitanischen Schutzheiligen soll nach der Überlieferung das Originalbild sein, das ans Ufer geschwemmt wurde.

Trotz der Einmaligkeit der Tuffsteinkirche sind bis heute noch keine Restaurierungsarbeiten veranlasst worden. So zersetzen der eindringende Regen und die salzhaltige Meeresluft langsam aber stetig dieses einmalige Kunstwerk. Einzig der Fischer Francesco Generoso sorgt seit langer Zeit für die Zugänglichkeit und Reinhaltung der Grotte (tgl. 9–13, 15–17 Uhr). Einmal im Jahr, am 2. Juli, findet hier ein Gottesdienst statt. Nach einem Besuch in der

Grottenkirche bietet das nur wenige Meter entfernte Meer ein erfrischendes Bad und der feine Sandstrand die pure Entspannung.

Pro Loco: Castello Murat, 89812 Pizzo, Tel. 09 63 53 13 10.

Hotel Murat: Piazza della Repubblica 41, Tel. 09 63 53 42 01, Fax 09 63 53 44 69. Gediegenes Hotel unmittelbar an der zentralen Piazza, Restaurant, Piano-Bar, Heizung, Halbpension ca. 50 €. **Residence Il Giglio:** Loc. Marinella, SS 522, Tel. 09 63 53 48 40. Einfache kleine Apartments im Grünen, direkt am Meer, 2-Bett-Apartment pro Woche 280–550 €.

Agriturismo a Casa Janca: Loc. Marinella, SS 18, nördl. von Pizzo, Tel. 09 63 26 43 64 u. 34 95 74 71 35, Verpflegung und Unterkunft in sehr individueller und gastfreundlicher Atmosphäre, Halbpension ca. 50 €. Spezialität: *antipasti*, Menü ca. 20 €.

Ristorante Le Castellam: Piazza della Repubblica, Tel. 09 63 53 25 51, ganzjährig, Mo geschl., Vorbestellung empfehlenswert, wechselnde Öffnungszeiten. Freundlich geführtes Restaurant im Zentrum, landestypische Küche, moderat.

Birreria Pizzeria Olimpus: Via Nazionale 1, Tel. 09 63 53 45 32, ca. 500 m hinter dem Friedhof in Pizzo, an der SS 18 Richtung Vibo Valentia gelegen, ab 20 Uhr, Mi geschl. Lebhafter Treffpunkt, moderat.

Bahn: vom Bahnhof Pizzo (ca. 1 km südlich des Kastells) mehrmals tgl. Züge längs der Costa degli Dei über Tropea und Nicotera nach Lamezia. Vom Fernbahnhof Vibo-Pizzo stdl. Züge nach

Im Zentrum von Pizzo

Reggio di Calabria und Paola sowie Direktverbindungen in den Norden Italiens. **Bus:** mehrmals tgl. nach Vibo Valentia, zum Bahnhof Vibo-Pizzo und nach Vibo Marina (Tel. 096 34 11 09). Ganzjährig 1 x tgl. nach Catanzaro und Briatico, Zambrone, Parghelia, Tropea, Ricadi (Tel. 096 36 11 29). 5 x tgl. nach Monterosso und Vibo Valentia (Tel. 096 34 33 23).

Ausflüge von Pizzo

Kalabrien-Atlas: S. 236, C–D 2–3
Nördlich von Pizzo liegt der 1966 künstlich angelegte **Lago Angitola,** dessen Areal zum Feuchtgebiet von internationalem Wert erklärt wurde. Die vom W.W.F. betreute Oase ist Ruhe- und Nistplatz für viele verschiedene Vogelarten wie Kormorane, Moorfalken, Bussarde, Kiebitze und Reiher. Führungen nur auf Vorbestellung und für Gruppen (Tel. 096 82 95 48; der Park ist Mo–Fr vom Vormittag bis ca. 15 Uhr zugänglich; SS 110 Richtung Monterosso, Tor 7).

Das in Treppen angelegte Dorf **Monterosso** gilt als Eingangstor zur Gebirgskette der Serre. Das Museo della Civiltà Contadina e Artigiana im Palazzo Aceti-Amoroso zeigt 3000 Exponate zu bäuerlicher Kunst und Handwerk und wurde von der UNESCO mit dem Etikett ›Museum Europas‹ ausgezeichnet (Sommer tgl. 10–12, 17–19; Winter tgl. 10–12, 16–17 Uhr, Via G. Marconi 82). In der Chiesa Parrocchiale sind ein Ziborium (1551) und einige Holzfiguren aus dem 13. Jh. zu sehen. Die Chiesa del Santissimo Rosario aus dem 19. Jh. beherbergt ein Gemälde von Tommaso Martini.

Das Museo dell'Emigrazione Giovanni Battista Scalabrini in **Francavilla Angitola** ist nach dem Bischof Giovanni Battista Scalabrini benannt, der sich in Amerika um Immigranten aus aller Welt kümmerte: Er half ihnen bei den Formalitäten der Ein- und Ausreise, unterstützte sie psychologisch und bot warme Mahlzeiten an. Die im kleinen, sehr interessanten Museum ausgestellten Gepäckstücke, Briefe, Heiligenbilder und Fotos (ab 1860) erzählen ganz persönliche Geschichten und vermitteln einen Eindruck vom Schicksal der Emigranten. Eine Bibliothek im Nebenraum rundet das Informationsangebot ab (Mo, Mi u. Fr. 16.30–20.30, Di u. Do 9–12 Uhr, Führungen und Infos unter Tel. 09 68 72 20 46 o. 09 68 72 20 68, Eintritt frei).

Meeresmuseum

Im Museo del Mare in **Pizzo Marina** stehen die Schätze des Meeres im Mittelpunkt des Interesses: Schwämme, Muscheln, Krebse, das Skelett eines Walfischs, ein einbalsamierter Haifisch sowie Gerätschaften für den Fischfang. Öffnungszeiten bitte erfragen unter Tel. 09 63 53 13 10 (Pro Loco).

Vibo Valentia

Kalabrien-Atlas: S. 236, B/C 3
Die Hauptstadt der gleichnamigen Provinz Vibo Valentia bietet sich nicht nur für einen Einkaufsbummel, sondern

Das Kastell von Vibo Valentia

auch für einen interessanten geschichtlichen und kunsthistorischen Ausflug an.

Gegründet wurde die Stadt Anfang des 6. Jh. v. Chr. als griechische Kolonie *Hipponion* und sicherte gemeinsam mit *Medma* (nahe Nicotera) den Lokrern die Kontrolle über Zentral- und Südkalabrien. In der Nähe des heutigen Friedhofs sind noch **Reste der antiken Befestigungsmauer** 1 von *Hipponion* und Grundmauern einiger Wachtürme zu sehen. Die einst ca. 7–8 km lange Befestigung wurde 1920 von Paolo Orsi entdeckt.

Eine weitere Ausgrabungsstätte im **Parco delle Rimembranze** 2 verweist ebenfalls auf die fast 2500-jährige Besiedlung des Ortes: der Tempio di Proserpina (griech. Persephone), der nach der Schutzgöttin *Hipponions* benannt

ist (6. Jh. v. Chr). Hier wurden im 11. Jh. Marmorblöcke und Säulen entfernt, um sie für den Aufbau der normannischen Kathedrale des nahe gelegenen Mileto zu verwenden. Vom Park, heute vor allem ein Treffpunkt für junge Leute, genießt man einen wunderbaren Panoramablick auf den Golf von Sant'Eufemia.

Im Parco delle Rimembranze erinnert ein Monument an Giuseppe Garibaldi, der die Stadt mit seinem legendären Befreiungsfeldzug ›Marsch der 1000‹ im August 1860 erreichte. An die Anwesenheit der Römer erinnert noch heute der Stadtname, der auf Vibonia, Vibo und Valentia zurückgeht. Doch über sieben Jahrhunderte trug die Stadt den Namen Monteleone: Als der Stauferkönig Friedrich II. im 13. Jh. die Stadt nach der argen Vernachlässigung durch die Normannen, welche das nahe gelegene Mileto bevorzugt hatten, wieder zu neuem Leben erweckte, taufte er die Stadt ›Löwenberg‹. Erst seit 1928 trägt die Stadt wieder ihren römischen Namen.

Der **Dom Santa Maria Maggiore** 3, nach dem Schutzpatron der Stadt auch San Leoluca genannt, wurde von dem Vibonesen Francesco Antonio Curatoli entworfen und Ende des 17./Anfang des 18. Jh. erbaut. An dieser Stelle stand einst eine byzantinische Basilika, später eine im 13. Jh. erbaute und durch das Erdbeben von 1638 zerstörte Kirche. Besonders beeindruckend ist die bronzene Eingangstür, auf deren Innenseite Giuseppe Niglia Szenen aus der Geschichte von Vibo dargestellt hat.

Im Inneren beherbergt die stuckverzierte, barocke Kathedrale die Marmorgruppe der ›Madonna della Neve‹ und ein marmornes Triptychon, das Antonello Gagini 1524–34 schuf. Die drei großen Figuren, Maria Magdalena, die Madonna mit dem Kind und der Evangelist Johannes, stellen die ›gereinigten Seelen‹ dar, was dem Altar seinen Namen ›Altare delle anime purganti‹ gegeben hat.

Neben den Figuren von Heiligen wie Ignazio Dellovola, Francesco di Paola, Rosalia Panormitana und Filippus Mierius ist auch eine alte Kirchenglocke zu bewundern. Dem Dom angeschlossen ist das Valentianum, ein ehemaliges Dominikanerkloster mit einem schönen Kreuzgang. Heute hat hier die Università degli Studi della Calabria ihren Sitz.

Unter den zahlreichen kulturellen Schätzen der Stadt spielt die **Chiesa del Rosario** 4 als älteste Kirche im Ort eine wichtige Rolle. Um das Jahr 1280

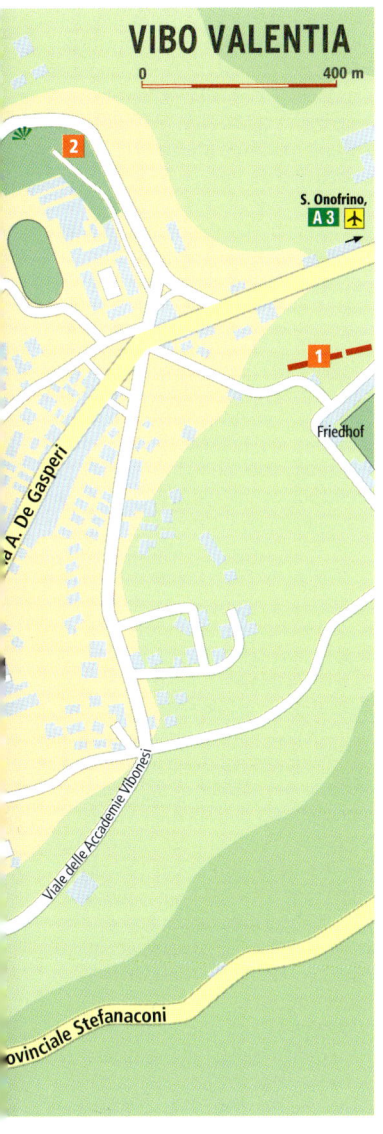

Sehenswürdigkeiten

1. Reste der antiken Befestigungsmauer
2. Parco delle Rimbembranze
3. Dom Santa Maria Maggiore
4. Chiesa del Rosario
5. Villa Comunale
6. Santa Maria degli Angeli
7. Palazzo Murmuro
8. Palazzo Gagliardi
9. Palazzo Gagliardi-De Risa
10. Santa Maria Gesù
11. San Michele
12. Palazzi Cordopatri und Romei
13. Palazzo Capialbi
14. Palazzo Marzano
15. Arco Marzano
16. Porta e Torre del Conte d'Apice
17. Kastell

Übernachten

18. Hotel 501
19. Hotel Risorgimento

Essen und Trinken

20. Ristorante Pizzeria Vecchio Vibo
21. City-Bar

auf den Resten eines griechisch-römischen Theaters errichtet, beherbergt sie die Kapelle De Sirica-Crispo, Grabstätte des Anjou Domenico De Sirica (14. Jh.). Den Marmorsarkophag des Soldaten ziert die Lilie der Anjou.

Nach so viel Kunst bietet die gegenüberliegende **Villa Comunale** 5 eine willkommene Gelegenheit zur Entspannungspause im schattigen Grün. Über den Viale Regina Margherita gelangt man zur **Piazza XXIV Maggio.** Hier bietet sich ein Ausblick auf die unterhalb gelegene lebhafte Stadt. Nur wenige Meter entfernt befindet sich zur Linken die Chiesa **Santa Maria degli Angeli** 6 (17. Jh.). Weiter gehts zur **Piazza Garibaldi** mit schönen Palästen aus dem 18. Jh.: **Palazzi Murmuro** 7 und **Gagliardi** 8, gegenüber **Palazzo Gagliardi-De Risa** 9.

An der Piazza Diaz befindet sich neben der Kirche **Santa Maria Gesù** 10 (16. Jh.) die Touristeninformation Pro Loco und eine dem vibonesischen Patrioten Michele Morelli gewidmete Gedenktafel. Unterhalb des Corso Umberto führen die Straßen in den modernen Teil der Stadt mit der Flaniermeile **Corso Vittorio Emanuele III,** der allabendlich, vor allem auf Höhe des *municipio,* stark bevölkert ist.

Unterhalb des Arco Marzano führt die Via San Michele über altes Kopfsteinpflaster zur Chiesa **San Michele** 11 mit dem imposanten Glockenturm aus dem 16. Jh.

Sehenswert sind im *centro storico* die alten Adelspaläste mit zum Teil aufwändig gearbeiteten Portalen, Eisenbeschlägen und schmiedeeisernen Balkonen. Durch die kleinen, engen

Gassen schlendernd gelangt man beispielsweise zu den **Palästen Cordopatri** und **Romei** 12 (Via Francesco Cordopatri), **Capialbi** 13 (Via Ruggero il Normanno), **Marzano** 14 (Via Marzano) und zum **Arco Marzano** 15. Dieser Bogen und die **Porta e Torre del Conte d'Apice** 16 (beide Ende des 12. Jh. erbaut) sind die einzigen noch erhaltenen Stadttore von Vibo.

Das **Kastell** 17 wurde im 11. Jh. errichtet. Noch heute ist über dem Eingang das Stadtwappen von Monteleone zu sehen. Der Staufer Friedrich II. fügte vier Bollwerke hinzu, und auch Karl II. von Anjou verstärkte die Burg. Heute ist in dem restaurierten Kastell das archäologische Museum (Museo archeologico) mit zahlreichen Funden der Umgebung untergebracht. Neben einer eindrucksvollen Münzsammlung sind in übersichtlich gegliederten Sälen zahlreiche Zeugnisse des Kore-Persephone-Kults sowie weitere Schätze zu bewundern (tgl. 9–19 Uhr, Eintritt 2 €).

Die Gläubigen ehrten die Göttin der Fruchtbarkeit in ihrem Tempel mit Weihetäfelchen *(pinakes).* Um Platz für neue Weihegaben zu schaffen, wurden sie in regelmäßigen Abständen zerschlagen und durch neue ersetzt. Das wichtigste Fundstück des Museums ist die *laminetta aurea,* ein Goldblechstück vom Ende des 5. Jh. v. Chr. Es ist eine der wenigen dieser Art gefundenen Grabbeigaben, die den Verstorbenen den Übergang ins Jenseits erleichtern sollten.

Von der Burg aus bietet sich ein Panoramablick auf die – abgesehen von einer Häuserfront – grüne Umgebung und das Meer. Die so häufig als

›Giardino sul mare‹ (Garten über dem Meer) bezeichnete Provinzhauptstadt macht ihrem Beinamen alle Ehre.

Pro Loco: Piazza Diaz 11/12, 89900 Vibo Valentia, Tel./Fax 096 34 53 00, vibovalentia@libero.it.
APT Vibo Valentia: Via Forgiari (Galleria Vecchio), 89900 Vibo Valentia, Tel. 096 34 20 08, Fax 096 34 43 18, www.costa dei.net.

Hotel 501 18: Via per il mare, Tel. 096 34 39 51, Fax 096 34 34 00, www.501hotel.com. Luxushotel mit Schwimmbad, Restaurant und Disko, Halbpension ca. 86 €.
Hotel Risorgimento 19: Via P. Colletta 12, Tel. 096 34 11 25. Zentral gelegen, Restaurant, Halbpension ca. 50 €.

Ristorante Pizzeria Vecchia Vibo 20: Via G. Murat, Tel. 096 34 30 46, Mi geschl., teuer.
City-Bar 21: Pasticceria, Gelateria, Piazza Spogliatore, Tel. 096 34 20 31. Angenehme, gepflegte Atmosphäre, leckeres Gebäck und abends *pizzettine*, moderat.

Markt: jeden Sa (beim Dom).
Trödelmarkt Barattella: Jeden 2. Sa im Monat (Piazza Diaz).

Zodiaco Pub: Via V. Veneto, Tel. 096 34 42 71. Gemütliches Lokal, günstig.

Karneval: Sonntag, Umzug in Vibo Marina; Dienstag Umzug in Vibo Valentia.
Ostern: Karfreitagabend Prozession Desolata (Madonnenstatue wird durch die Straßen getragen, symbolisiert die Suche Marias nach dem Grab Jesu); Sonntagmittag Prozession Affrontata (Maria trifft auf den auferstandenen Jesus).

Prozession der Madonna di Pompei übers Meer: 3. So im Aug., Vibo Marina.
Palio di Diana: 1. So im Sept., Umzug mit 400 kostümierten Teilnehmern zu Fuß und zu Pferd durch die Straßen der Stadt.

Bahn: vom Schnellzug-Bahnhof Vibo-Pizzo in Vibo Marina stdl. Züge Richtung Reggio di Calabria und Lamezia.
Bus: 5 x tgl. außer So nach Nicotera, Scilla und Reggio di Calabria. In der Saison 1 x tgl. zu den Thermen di Caronte (Tel. 09 63 59 24 31). 5 x tgl. außer So nach Monterosso und Pizzo (Tel. 096 34 33 23). 1x tgl. außer So nach Tropea und Zungri (Tel. 096 36 11 29).

Ausflug von Vibo Valentia

An der SS 182 zwischen Vibo und Soriano liegen die Ruinen der **Chiesa San Francesco.** In den 1970er Jahren begann ein kulturinteressierter Bürger namens Francesco Tonzo mit Ausgrabungen und entdeckte in 3 m Tiefe die Reste einer romanisch-gotischen Basilika, die 1490 im Auftrag des augustinischen Paters Francesco Marino da Zumpano errichtet worden sein soll. Auf Initiative von Tonzo wurde in den 1980er Jahren die sternförmig angelegte Kirche San Francesco von Soreto gebaut. Hier betet und diskutiert Pater Elia, ein Kartäuser aus Serra San Bruno, mit Besuchern und Gläubigen. In der kleinen, schlichten Kirche bilden drei Mosaike San Francesco di Paola, Franz von Assisi und Francesco Marino da Zumpano ab. Alljährlich am vierten Sonntag im Mai findet das Fest des Schutzheiligen statt, das mit seinem Markt viele Besucher anzieht.

Soriano

Kalabrien-Atlas: S. 236, C 4
Die Fahrt über die SS 182 nach Soriano führt durch eine anmutige Landschaft mit Oliven- und Obstbäumen, Eukalyptus, Ginster, Schilf und Eichen. Längs einer kurvenreichen Straße steuert der von Westen Anreisende auf das Tal zu, an dessen Hang das lebhafte Handelsstädtchen liegt. Unten erstreckt sich ein geschäftiger moderner Teil, am Hang dominieren die hoch aufragenden Ruinen der Kirche und des Konvents **San Domenico.** Über Treppenstufen neueren Datums gelangt man in den Innenhof, der mit seinem alten Kreuzgang und den ringsherum intakten Mauern die Welt draußen vergessen lässt.

Anfang des 16. Jh. errichtete man den Konvent nach dem Vorbild des spanischen Escorial. Er entwickelte sich unter den Dominikanern zu einem der kulturell und religiös aktivsten Zentren des Südens. So verwundert es nicht, dass hier Tommaso Campanella und Kaiser Karl V. weilten. Die Erdbeben von 1659 und 1783 überdauerte nur der untere Teil der schönen Barockfassade. Die neue Kirche San Domenico wurde im 19. Jh. errichtet und beherbergt ein Ölgemälde des Heiligen über dem Hauptaltar. Im Kloster sind die wertvoll ausgestattete Bibliothek (auf Nachfrage geöffnet, Tel. 09 63 35 10 22), Baufragmente des alten Klosters und weitere Kunstwerke zu besichtigen, die von der kulturellen Bedeutung Sorianos zeugen.

Soriano blickt zurück auf eine lange Tradition als kulturelles Zentrum der Folklore und Volksbräuche, was eine Dauerausstellung über kalabrisches Handwerk im **Rathaus** (Palazzo municipale) gegenüber der Kirche belegt. Schon unter den dominikanischen Patres wurde Keramikgeschirr hergestellt und damit intensiver Handel getrieben. Auch die Kunst der Holzschnitzerei steht in dieser Tradition. Heute werden vermehrt kleine und große Gegenstände sowie Möbel aus Holz und Weidegeflecht gefertigt. Weit über die Stadt hinaus als kulinarischer Genuss bekannt und überall auf den Märkten der Region zu erstehen sind die *mostaccioli,* ein nach altem griechischen Rezept zubereitetes Honiggebäck. Man kann es in Form von Herzen, Pferden und barockähnlichen Verzierungen kaufen, was immer noch an die einstige magisch-religiöse Bedeutung erinnern soll.

Über das Gründungsjahr der Stadt besteht bis heute Unklarheit. Während einige Historiker von der Gründung unter dem Normannen Roger I. im 11. Jh. ausgehen, meinen andere, dass Soriano bereits vorher existierte. Als die Einwohnerzahl der kleinen Stadt hoch oben auf dem Berg stark anstieg, dehnte sie sich ins Tal aus, wo sich zunächst nur die Stallungen befanden. Um die beiden Ansiedlungen zu unterscheiden, wurden der eigentliche Kern der Stadt ›Soriano Superiore‹ (oben gelegene) und der untere Teil ›Soriano Inferiore‹ genannt. Die Franzosen teilten die Stadt 1811 in zwei unabhängige Kommunen: Soriano Superiore hieß fortan Sorianello und Soriano Inferiore Soriano.

Pro Loco c/o De Masi Pasquale: Convento Domenicano, 89831 Soriano, Tel. 09 63 35 10 22.

Ristorante Da Lucia: Via della Libertà, Tel. 09 63 35 10 39, ganzjährig tgl. mittags und abends. Typische lokale Küche, geräumiges Lokal, Menü ca. 15 €.

Pasticceria Ceravolo: Via Giorgio Amendola 5. In der Pasticceria werden *nzuddi,* ein figürliches Gebäck, hergestellt.

Markt San Domenico: 27./28. Aug. **Fest des Schutzpatrons San Martino:** 2. Nov.

Bus: mehrmals tgl. nach Vibo Valentia, Tel. 096 34 54 80.

Sorianello

Kalabrien-Atlas: S. 236, C 4
Kurz bevor die Straße von Soriano Richtung Sorianello ansteigt, geht es auf Höhe der Brücke links in die Valle dei Mulini. Die Wassermühlen im ›Tal der Mühlen‹ wurden zur Herstellung von Olivenöl und Mehl genutzt. An diesem idyllischen Ort ruhte sich bereits vor 900 Jahren der hl. Bruno – der Begründer der Certosa in Serra San Bruno – aus, wenn er zu Fuß nach Mileto unterwegs war. Ihm zum Gedenken wurde hier eine Granitstatue erschaffen und 1915 eine kleine Kapelle errichtet. Leider ist dieser Ort in letzter Zeit sehr vernachlässigt worden.

Der kleine Ort Sorianello thront mit seinen knapp 1700 Einwohnern oberhalb von Soriano. Im Gegensatz zum lebhaften Soriano geht es hier sehr viel gemächlicher und ruhiger zu. Dafür sorgen schon die engen und steil ansteigenden Straßenzüge, die das Tempo der Menschen und der motorisierten Gefährte zwangsläufig verlangsamen.

Unterhalb der Via M. Bianca liegt die kleine Kirche **San Nicola** byzantinischen Ursprungs mit einer schönen Deckendekoration, einer in Gold gehaltenen Kuppel und einem Glockenturm mit Eisenlaterne. Die kleine Kirche ist ein trauriges Beispiel misslungener Instandsetzung: Die antiken Mauern sind mit Mörtel zugespachtelt und die ockerfarbene Fassade ist ein echter Stilbruch. Als kleine Entschädigung gibt es aber einen wunderschönen Ausblick auf das Tal.

Markt: 1. Mai.
Fest des Schutzheiligen mit Markt: 4. So im Mai, Chiesa San Francesco (SS 182).
Fest des Schutzpatrons San Nicola da Bari: 6. Dez.

Serra San Bruno

Kalabrien-Atlas: S. 237, D 4
Umgeben von einem wunderschönen Laub- und Nadelwald, in etwa 800 m Höhe inmitten der Serre, liegt das weit über Kalabrien hinaus bekannte Städtchen Serra San Bruno. Der Begründer des Kartäuserordens, Bruno aus Köln, errichtete 1091 etwa 2 km südlich des Ortes im Wald die **Certosa Santa Maria del Bosco**. Das Grundstück hatte ihm der Normanne Roger I. zum Geschenk gemacht. Der Kartäuserorden versteht sich als Gebetsorden, in dem die Mönche acht Stunden am Tag allein im Gebet verbringen.

Gemäß ihren Grundsätzen bemühten sich die Kartäuser nicht um die Heiligsprechung ihres Gründungsvaters. Erst seit dem 16. Jh., nach der Heiligsprechung Brunos durch Papst Leo X., ist der 6. Oktober (Brunos Todestag) ein Festtag. Pfingstmontag werden in einer Prozession die Reliquien und die Statue des hl. Bruno von der heutigen Kartause zur Certosa Santa Maria del Bosco getragen.

Später siedelten die Mönche in das 1,5 km entfernte Kloster Santo Stefano um. Allerdings ging es kurz darauf an den Zisterzienserorden über und wurde erst im 16. Jh. an die Kartäuser

Museo della Certosa

Im Museo della Certosa erhält man Einblicke in das zurückgezogene Leben der Mönche. Auf 1200 m² präsentieren Schautafeln und audiovisuelle Medien die Lebensweise, den Glauben und die Regeln des Kartäuserordens. Die im Hintergrund abgespielten Mönchsgesänge vermitteln die Spiritualität dieses Ortes – auch für Nichtgläubige ein Erlebnis. Nicht ganz so weltabgewandt geht es im Verkaufsraum des Museums zu: Hier werden neben den Gesängen auf CD auch von den Kartäusern hergestellte Liköre, Marmeladen und Eingemachtes verkauft (Mai–Okt. 9–13, 15–20, Nov.–April 9.30–13, 15–18 Uhr, Mo geschl., Führungen in deutscher Sprache nach Voranmeldung, Tel. 096 37 06 08).

zurückgegeben. Das verheerende Erdbeben von 1783 zerstörte den Komplex fast völlig. Geblieben sind lediglich die Frontseite, ein Teil der Arkadenmauer und Reste des Kreuzgangs.

Diese Ruinen liegen auf dem Gelände der heutigen **Certosa Serra San Bruno,** die um 1900 mit gotischen Elementen erbaut wurde. Sie besteht aus einer weiträumigen Anlage mit zylinderförmigen Ecktürmen und einer Kapelle. Die Kartause ist nur sehr eingeschränkt zu besichtigen (Anfragen und Voranmeldungen über das Museum).

Doch das kleine 6000 Einwohner zählende Städtchen Serra San Bruno hat noch weit mehr an Kultur zu bieten, etwa die barocke Kirche **Addolorata** im historischen Stadtkern. In dem sehr aufwändig gestalteten Inneren sind ein prachtvoller Hauptaltar mit einem mosaikbesetzten Ziborium und Kunstwerke aus der ehemaligen Kartause zu besichtigen. In der Kirche **San Biagio** befinden sich die von David Müller für die Kartause geschaffenen Marmorstatuen, die die Heiligen Bruno, Stephan, Johannes den Täufer und die Madonna mit dem Kind darstellen.

In Serra sind viele Häuser mit kunstvollen Portalen versehen. Aus Eisen geschmiedete Geländer zeugen von der langen Handwerkstradition, die auf die Kartäusermönche zurückgeht. Wen wundert es da, dass das Stadtwappen Baum, Säge, Hammer und Amboss abbildet.

Eine gastronomische Spezialität im gesamten Serre-Gebiet sind die Pilze. Aber auch das süße Mandelgebäck *nzullo* (oder auch *nzuddi*) ist ein besonderer Gaumenkitzel.

Certosa Serra San Bruno

 **Comune di Serra San Bruno:** Piazza Tucci, 89822 Serra San Bruno, Tel. 09 63 77 94 01.

Agriturismo Fondo dei Baroni: Loc. La Chiusa, Tel./Fax 096 37 17 06, info@fondodeibaroni.it, April–Okt. Landwirtschaftlicher Betrieb mit Zimmer- und Apartmentvermietung, kulturellen Angeboten, Trekking, Mountainbiking, Halbpension ca. 40 €. Restaurant: Voranmeldung erforderlich, Mo geschl. Lokale Küche in gepflegtem Ambiente, Spezialität: Pilzgerichte, moderat.

Hotel Ristorante Certosa: Via Alfonso Scrivo 4, Tel. 096 37 15 38, Fax 096 37 21 30. Im Zentrum von Serra San Bruno gelegen, im Sommer schattiger Ort, modernisierte Zimmer mit Heizung, Klimaanlage, Bad und WC, TV, Vollpension ca. 50 €. Restaurant: lokale und internationale Küche, moderat.

Ristorante Bar Ritrovo Santa Maria: Loc. Santa Maria, Tel. 096 37 00 00, Mo geschl. Am Rand des Ortes, der Wirt bietet eine Hausmannskost mit typischen lokalen Gerichten, moderat.

Domenico Grenci: Via Fontana Vecchia, Brognaturo (nördl. von Serra San Bruno). Pfeifen mit kunstvollem Dekor.

Markt von San Biagio: 3. Feb. **Fest des Schutzpatrons San Bruno,** begleitet von einem Markt: Pfingstmontag.
Serraestate (Mitte Juli–Mitte Sept.): Musik-, Theaterdarbietungen, *sagre* und Sportveranstaltungen, Programm www.comune.serrasanbruno.vv.it.
Fest des hl. Bruno mit Markt: 5./6. Okt.

Bus: mehrmals tgl. nach Vibo Valentia, Tel. 096 34 54 80.

Mongiana

Kalabrien-Atlas: S. 237, D 4
Der kleine, knapp 1000 Seelen zählende Ort Mongiana im Herzen der Serre
ist im 18. Jh. rund um die Eisenwerke
entstanden, die der Bourbone Ferdinand hier 1782 bauen ließ. Die gefertigten Produkte dienten sowohl zivilen
als auch militärischen Zwecken. Über
ein Jahrhundert avancierte Mongiana
zu einem wichtigen Zentrum für Eisen-
produktion und -verarbeitung. Der
Brennstoff wurde aus den Wäldern der
Umgebung gewonnen, und das Eisen
in den Minen von Stilo und Pazzano
abgebaut. Heute sind von der ehemaligen Hochburg der Eisenverarbeitung
nur noch Überreste zu sehen, so das
Eingangstor der ehemaligen Waffen-
schmiede mit zwei mächtigen gussei-
sernen dorischen Säulen.

Bei einem Spaziergang durch den
Ort trifft man auf weitere Zeugnisse, wie
z. B. schmiedeeiserne Handwerks-
kunst an einigen Häusern (Case Panuc-
ci, Bosco, Morabito). Der Wald von
Mongiana mit seinem dichten Baumbestand ist ein begehrtes Ausflugsziel
im heißen Sommer und zur Pilzzeit im
Herbst. Das Ambiente und der kleine
See laden zu einem Picknick im Schatten ein. Fast könnte man meinen, mitten im Schwarzwald zu sein – wären da
nicht in geringer Entfernung das Ionische und das Tyrrhenische Meer sowie
das so angenehme warme Klima. Der
Parco Vittoria, ein 400 ha großer bota-
nischer Garten mit Wildgehege (hier
sind Hirsche, Rehe, Wildschweine,
Pfauen und Fasane zu Hause) ist ein
beliebtes Ziel für Naturfreunde.

In den Wäldern der Serre bieten sich
dem Urlauber viele Möglichkeiten, unweit der beiden Meere die Natur zu genießen und sich zu erholen: Man kann
z. B. Pilze sammeln gehen, wandern,
einfach die frische Waldluft genießen,
auf einem Pferderücken die Serre erkunden, Tennis oder Boccia spielen.

Comune di Mongiana (Rathaus):
Corso Vitt. Emanuele III, 89823
Mongiana, Tel. 09 63 31 10 87.

**Albergo Ristorante Vallelon-
ga:** Via Diaz, 32, Tel. 09 63 31
10 62, Fax 09 63 31 12 17, ganzjährig
geöffnet. Im Zentrum, Zimmer mit Bad,
Heizung und TV, Übernachtung 15 €, Halbpension 30 €, Vollpension 35 €. Restaurant: lokale Küche, Spezialität: hausgemachte Pasta mit Pilzen, Menü 15–20 €.

Bar Ristorante La Pineta: Via Roma, Tel. 0963/ 31 12 66, Do geschl.
Nahe dem Corpo Forestale, Landlokal mit
lokaler Küche, Spezialitäten: Pilzgerichte,
risotto (Reisgerichte), Menü 15–20 €.

Parco Villa Vittoria: Ex Azienda
Stato Forestale di Mongiana, Via
Roma 30, Tel. 09 63 31 10 22/33, tgl. 7–20
Uhr. Reitzentrum Le ferriere, Tennisplätze,
Boccia.

Bivongi

Kalabrien-Atlas: S. 237, D 4
Auf dem Weg nach Stilo sollte man noch
einen Abstecher nach Bivongi inmitten
des Stilaro-Tals wagen. Ein Wasserfall,
die alte Eisenmine und das griechisch-
orthodoxe Kloster lohnen den Umweg.
Hoch oben liegt die Basilika **San Gio-**

vanni Tereste (von der Straße nach Bivongi geht es links 3 km aufwärts – nicht zu verwechseln mit dem Monastero degli Apostoli). Hier, an den grünen Hängen der Serre, umgeben von Olivenhainen und Weinstöcken, vereint sich eine wilde Landschaft mit einer jahrtausendealten Kultur. Die Basilika ist ein Kleinod normannisch-byzantinischer Baukunst aus dem 12. Jh. In der basilianischen Epoche war das Kloster mit einer großen Bibliothek das wichtigste in Süditalien. Es gehörte zu der Region, die einst als ›heilige Erde des Basilianismus‹ in Kalabrien bezeichnet wurde. Ab dem 9. Jh. kamen viele Mönche in diese Gegend, um sowohl in dieser Einsiedelei, als auch im Monastero degli Apostoli oder in Stilo zu leben.

Das Kloster ist nach dem hl. Johannes dem Schnitter benannt, der in der zweiten Hälfte des 11. Jh. lebte. Seinen Beinamen erhielt er, weil er der Legende nach innerhalb kürzester Zeit eine Wiese mähen konnte. Die Mönche wurden im 17. Jh. durch Briganten vertrieben und siedelten in den Konvent San Giovanni Nuovo (Theristis) in Stilo über. 1994 kehrten Mönche des Athos-Bergs in Griechenland in das Kloster San Giovanni Theristis zurück und führten den alten Ritus wieder ein. Hier wird u. a. das griechisch-orthodoxe Osterfest gefeiert, das nach der katholischen Festwoche stattfindet (16. Sept.–30. Juni Sa und festtags 10–12, 15–17 Uhr, 1. Juli–15. Sept. tgl. von 17 Uhr bis Sonnenuntergang, Infos unter Tel. 09 64 73 40 17).

Der Weg zu dem ca. 10 km außerhalb von Bivongi gelegenen Wasserfall **Cascata dal Marmarico** ist recht beschwerlich und kann nur teilweise mit dem Auto zurückgelegt werden. Der Ausflug bietet sich daher für eine Wanderung (festes Schuhwerk) an, deren Mühen reichlich belohnt werden: Der Stilaro-Fluss schlängelt sich durch den Wald von Stilo und stürzt schließlich aus 100 m Höhe in das Tal. Am Fuß des Wasserfalls liegt ein klarer, kühler See, der zu einem erfrischenden Bad einlädt. Entlang des Stilaro sind Picknickplätze angelegt und an heißen Tagen kann man hier wunderbar entspannen.

Die alte **Mine Noceto** ist Zeuge der industriellen Vergangenheit von Bivongi. Hier wurden jahrhundertelang Kupfer und Eisen abgebaut, das in den Eisenwerken von Mongiana und Ferdinandea verarbeitet wurde.

Nicht versäumen sollte man die kulinarischen Genüsse der Gegend. Ein typischer *primo piatto* ist die *pasta cu alivi,* hausgemachte Pasta mit gequetschten Oliven in Tomatensoße. Für Schleckermäuler sind die *nzulli* (Mandelgebäck), *pitta di San Marco* (ein Weihnachts- und Ostergebäck mit Nüssen), *cuzzupa* (Eiergebäck) sowie getrocknete und unterschiedlich zubereitete Feigen *(fichi secchi)* empfehlenswert.

Pro Loco Bivongi: Viale Principe Umberto, 89040 Bivongi, Tel. 09 64 73 18 65.

Ristorante La Vecchia Miniera: Contrada Perrocalli-Lavaria, Tel. 09 64 73 18 69, Mo geschl. Straße entlang des Stilaro, 2 km außerhalb, typische Trattoria mit Gebirgsküche, Spezialitäten: *maccarruni i casa, pomodori secchi, funghi sott'olio,* moderat.

Die Basilika San Giovanni Tereste bei Bivongi

Sagra del vino: Am Abend des 13. Aug. werden auf dem Weinfest lokaler Wein und Spezialitäten angeboten, kulturelles Rahmenprogramm.

Marina Riggio: Tel. 09 64 73 17 78, Handy 33 89 66 25 83. Führungen, Besichtigungen der Mine und Wanderungen zu den Wasserfällen.

Stilo

Kalabrien-Atlas: S. 237, D/E 4
Die Ursprünge der Stadtgründung und des Namens sind bis heute nicht geklärt. Eine Vermutung ist, dass die Einwohner von *Kaulonia,* die immer wieder von arabischen Einfällen und Malaria heimge-

sucht wurden, sich im 3. Jh. hier ansiedelten. Den Beinamen *Città del sole* (Stadt der Sonne) verdankt Stilo seinem wohl berühmtesten Sohn, Tommaso Campanella (1568–1639). Der viele Jahre für seine Ideen verfolgte Philosoph lebte und arbeitete im Kloster San Domenico. Er schrieb 1602 ›Città del sole‹, ein utopisches Szenario einer gerechten, guten und naturbelassenen Welt. Ihm wurde auf der **Piazza Luigi Carnovale** ein bronzenes Denkmal gesetzt.

Der 3000 Einwohner zählende Ort am Fuße des Monte Consolino ist aber vor allem durch die Cattolica weltbekannt und lockt alljährlich viele Touristen an. Doch neben diesem Juwel hat der Ort einiges mehr zu bieten. Ein Spaziergang führt durch die Gassen Via XXI. Aprile und Via Luigi Cunsolo (oberhalb der Piazza Vittorio Emanuele) vorbei an einigen prachtvollen Palästen, kleinen eng aneinander geschmiegten Häusern und der **Fontana Gebbia**, einem Brunnen aus dem 18. Jh. Die an vielen Häusern angebrachten Eisenhalterungen dienen während des *palio* (Anfang August) als Fackelhalterungen. Während des historischen Umzugs ziehen Reiter, Musiker, Kartenleger, Wahrsager und Schauspieler durch die mit Fackeln erleuchtete Stadt, in den Tavernen werden traditionelle Speisen angeboten. Neben einem Wettkampf der sechs *casali* (Burschenschaften) finden artistische Spiele und ein Feuerwerk statt.

Der **Dom Santa Maria d'Ognissanti** stammt aus dem 14. Jh. Sein imposantes gotisches Portal zeigt das Königswappen von Otto II. von Sachsen, der Stilo 982 eroberte. Links neben dem Portal sind zwei Füße, Teil einer heidnischen, marmornen Figur, gemauert. Diese seltsame Konstruktion demonstriert den Triumph des Christentums über die Ungläubigen. Im Inneren befinden sich wertvolle Kunstwerke wie das Bild der ›Madonna d'Ognissanti‹ von Battistello Caracciolo, Pergamente aus dem 17. und 18. Jh., ein Holzkreuz im barocken Stil sowie Silber- und Goldstücke.

Die **Chiesa San Domenico** mit der **Porta Stefania** und dem anschließenden Wachturm liegt unterhalb des Doms und war einst Eingangstor der Stadt. Von den noch vorhandenen Kirchen fällt besonders eine Kirche mit einem steinernen Kuppeldach am Ortseingang auf. Die **Chiesa San Nicola da Tolentino** (11. Jh.) mit dem Grundriss eines griechischen Kreuzes wird allerdings zurzeit restauriert.

Auch in Stilo gibt es eine dem Mönch und Heiligen Johannes Therestis (der Schnitter) gewidmete Kirche. Die 1625 errichtete und im Laufe der Zeit mehrfach umgebaute Kirche **San Giovanni Nuovo** zeigt eine barocke Fassade und zwei Glockentürme. Der Altar mit der bronzenen Büste birgt die Reliquien des Heiligen. Bemerkenswert sind auch die Gemälde, Skulpturen und Goldornamente.

Im anschließenden ehemaligen **Konvent** sind das Rathaus, die nach Tommaso Campanella benannte Bibliothek und die Pinakothek Francesco Cozza untergebracht, letztere erhielt ihren Namen von dem einheimischen Maler aus dem 17. Jh. Ebenfalls im Palazzo San Giovanni zu besichtigen ist das Museum der industriellen Archäologie, das über die Eisenfabrikation informiert (sämtliche Einrichtungen sind auf Nachfrage in den Gemeindebüros im selben Gebäude zu besichtigen).

Hoch oben auf die Spitze des Berges Consolino thronen die Ruinen des von Roger dem Normannen 1071 erbauten Kastells. Und an diesem Berg – man muss schon genau hinsehen, um sie mit bloßem Auge auszumachen – liegt das byzantinische Juwel von Stilo, chamäleonartig der Vegetation des Bergs angepasst: die **Cattolica**. Je näher man kommt, desto faszinierender ist der Anblick der Kirche aus dem 10./11. Jh. (Sommer 8–20, sonst 7–19 Uhr).

Auf einer Grundfläche von 6 x 6 m erhebt sich die winzige Kirche mit drei gen Osten gerichteten Apsiden mit je einem Fenster. Die Säulen im Inneren stammen teils aus *Kaulonia,* teils aus dem Stilaro-Tal. Die erste Säule rechts bildet ein griechisches Kreuz ab, die linke Säule weist eine Allah gewidmete Inschrift auf. An den Wänden befinden sich Freskenschichten aus unterschiedlichen Epochen. Sie spiegeln ebenso wie die Säuleninschriften die unterschiedlichen Kulturen und Besatzungen wider. Der Archäologe Paolo Orsi, der Anfang des 20. Jh. wesentlich zur Erhaltung der Cattolica beitrug, schrieb einmal: »Alles in der Cattolica verströmt den Byzantinismus: ihre Struktur, der Organismus, die vielfarbige Anordnung der Außenmauern, die Kuppeln, der auf das Ionische Meer gerichtete Blick«. Umgeben von einer teils zerklüfteten, aber grünen und blühenden Landschaft, unten das Flussbett des Stilaro, in der Ferne das blaue Meer, strahlt dieses Fleckchen Erde Ruhe und Geborgenheit aus.

Genuss versprechen aber nicht nur Kunst und Natur, sondern auch die Raffinesse der stilesischen Küche: beispielsweise delikate Artischocken in Öl, mit Mandeln, Nüssen oder Anissamen gespickte Feigen.

Ufficio Pubbliche Relazioni: Palazzo San Giovanni Tereste (erste Etage), Piazza San Giovanni Tereste 1, 89049 Stilo, Tel. 09 64 77 60 06, Fax 09 64 77 53 12, comunestilo@libero.it.

Hotel San Giorgio: Palazzo Lamberti, Via Citarelli 8, Tel. 09 64 77 50 47, Fax 09 64 73 14 55. Kleines Hotel im Zentrum von Stilo, gediegene Atmosphäre, luxuriöse Ausstattung, Schwimmbad, Lesesaal, Garten, Halbpension ca. 45 €. **Hotel Città del Sole:** Viale Roma, Tel. 09 64 77 55 88, Fax 09 64 77 57 00, www.bagetur.it. Modernes Hotel mit 32 Zimmern, Restaurant, Bar, kleine Hunde außerhalb der Saison erlaubt. In der Vor- und Nachsaison Übernachtung mit Frühstück ab 40 € pro Person, Vollpension 46 €; in der Hauptsaison nur Vollpension (70 €).

Pizzeria Viale Roma: Piazza L. Carnovale. Leckere Pizzen, moderat. **Ristorante La Cattolica:** Viale Roma di Tel. 09 64 77 50 17, Mi geschl. Spezialität: *antipasti,* günstig–moderat.

Antica fiera della Befana: 6. Jan., traditioneller Markt mit kalabrischen Handwerksprodukten. **Ostern** (Do–So): traditionelle Festwoche. **Fest von San Giovanni:** 24. Juni, nach basilianischem Ritus, Markt. **Palio di Ribusa:** Reiterwettkampf am ersten So im Aug. **Fest der Immacolata:** 8. Dez., beginnt im Morgengrauen vor der Kirche San Giovanni Tereste.

Bahn und Bus: s. Monasterace Marina, S. 185.

Kaulonia – Monasterace Marina

Kalabrien-Atlas: S. 237, E 4

Der Badeort Monasterace Marina an der ionischen Küste blickt auf eine lange Geschichte zurück, denn hier siedelten bereits vor 2800 Jahren die Griechen. Nur wenige Meter vom Meer entfernt (SS 106 Richtung Punta Stilo, kurz vor der Brücke rechts) liegen die Reste eines dorischen Tempels (ca. 450 v. Chr.). Die Kultstätte war Teil einer ehemals 10 000 Einwohner zählenden Kolonie namens **Kaulonia,** die wahrscheinlich Ende des 7. Jh. v. Chr. gegründet wurde. Bei den Ausgrabungen fanden Archäologen einen enormen Schatz an Münzen, die aus der 2. Hälfte des 6. Jh. v. Chr. stammen. Im Jahre 388 v. Chr. zerstörte Dionysos I. aus Syrakus die Stadt und verschleppte die Einwohner nach Sizilien. Ein Jahrhundert später ließ Dionysos II. Kaulonia wieder aufbauen, 205 v. Chr. wurde es von den Römern endgültig zerstört. Unklar ist nach wie vor, ob nicht das im Landesinneren liegende Stilo eine Neugründung der Bewohner des einstigen Kaulonia war.

Anhand der von Paolo Orsi 1890 entdeckten Mauerreste lassen sich die unterschiedlichen Bauphasen (7.–6., 6.–5., 4.–3. Jh. v. Chr.) nachvollziehen. Die Funde sind in den Museen von Crotone und Reggio zu besichtigen. Der Tempel der Passoliera, 200 m südöstlich der Stadtmauer, wurde En-

de des 6. Jh. v. Chr. erbaut. Im Nationalmuseum von Reggio ist heute das mehrfarbige Mosaik eines Seeungeheuers aus dem Haus des Drachens (unterhalb des Leuchtturms), zu bewundern, das der Archäologe De Francisis 1960 entdeckte. Da in dem Gebiet noch wesentlich mehr Ruinen vermutet werden, sind weitere Ausgrabungen anberaumt. Der Aufbau eines archäologischen Parks, ähnlich dem von Sibari, Locri und Squillace, ist in Planung.

 Affitacamere: Giancarlo Panetta, c/o ORM, Contrada Vasi, Strada XL 1, Tel. 09 64 82 22 72, Fax 096 48 23 41. Familiäre Atmosphäre, ca. 10 Betten, 250 m von der SS 106, 600 m vom Meer, Unterbringung in Zimmern oder Apartments, Kochgelegenheit, pro Person 20–35 €. Nach Absprache kann auch Verpflegung angeboten werden.

Camping:
Villaggio Camping Faro Punta Stilo: Guardavalle Marina, Tel./Fax 096 78 64 31. Gut ausgestattetes Feriendorf mit Sportmöglichkeiten (u. a. Reiten, Minigolf), Restaurant, Disko; Camping ca. 4–8 € pro Person, Zelt 4–7 €, Wohnmobil 4–9 €; Apartments 154–516 € pro Woche (Pers.).

 Bahn: von Monasterace-Stilo tagsüber stdl. nach Catanzaro Lido über Soverato und Squillace, Reggio di Calabria über Roccella Ionica, Locri, Capo Spartivento und Bova Marina.
Bus: vom Bahnhof Monasterace-Stilo 2 x tgl. entlang der Südküste bis Bova Marina, entlang der Nordküste bis Catanzaro Lido (Tel. 09 65 81 23 35), mehrmals tgl. von Stilo und Reggio di Calabria über Monasterace und Locri (Tel. 09 65 59 02 12).

Die Südspitze Kalabriens

Blick auf Chianalea
bei Scilla

Kalabrien-Atlas S. 238–239

AN DER STRASSE VON MESSINA

Dieser Küstenstrich bietet von allem etwas: farbenprächtige Sonnenuntergänge an der Costa Viola, ein charakteristisches Fischerviertel in Scilla, Einkaufsbummel, Besuch historischer Stätten und Besichtigung des Nationalmuseums mit den berühmten Kriegern von Riace in Reggio di Calabria.

Scilla

Kalabrien-Atlas: S. 238, B 2

Kurz vor der Meerenge von Messina, am Tyrrhenischen Meer, liegt Scilla, das antike *oppidum Scyllaeum* aus dem 4. Jh. v. Chr. Um Scilla ranken sich die unterschiedlichsten Mythen, so wird die Stadt in einer Legende als versteinerter Adler beschrieben, dessen Kopf der Fels mit dem Kastell Ruffo und dessen angelegte Flügel die Buchten Chianalea und Marina Grande darstellen. Homer beschreibt in der ›Odyssee‹ ein schreckliches Meeresungeheuer mit sechs Köpfen und zwölf Tatzen. Dieses Monster namens Skylla soll auf dem Felsen gelebt und alles, was seiner Höhle zu nah kam, vernichtet haben, so auch die sechs Begleiter von Odysseus. Wer sich den Strudeln der Skylla entziehen konnte, geriet in die der gegenüber wütenden Charybdis von Sizilien. – Was hier beschrieben wird, warnt vor der starken Strömung zwischen Scilla und Cariddi (Sizilien): Denn dort, wo die Wogen des Tyrrhenischen und des Ionischen Meeres aufeinander

treffen, existiert in der Tat ein nicht ungefährlicher Strudel.

Chianalea ist das überwiegend von Fischern bewohnte Viertel nördlich des Kastells. Der Spaziergang vorbei an schön restaurierten Fassaden, pflanzenbehangenem Mauerwerk, alten heruntergekommenen und verlassenen Gebäuden wird durch das rauschende Meer untermalt und von stimmungsvollen Ausblicken auf das zwischen den Häusern auftauchende Blau begleitet. Das Meer umspült bei stürmischem Wetter die Fundamente der Häuser, und ganz selbstverständlich parken dort Boote statt Autos. Am nördlichen Ende des Viertels, in der Via Annunziata, befindet sich die kleine Kirche **San Giuseppe** mit alten Holzbänken, einem Marmoraltar und der Figur des hl. Joseph.

In **Marina Grande** erstreckt sich der 600 m lange und ca. 30 m breite Sandstrand von Scilla. Neben Fischerbooten liegen Tretboote für einen Ausflug bereit. Restaurants, Pizzerien, Bars und Strandbuden sorgen für das leibliche Wohl von Einheimischen und Touristen.

Unübersehbar erhebt sich mitten im Viertel die **Kirche Santo Spirito** (Via C. Colombo). Der Kirchenbau ist 1752 erstmals errichtet, aber bei dem schweren Erdbeben 1783 fast vollständig zerstört worden. Dank der Mühen der Scilleser konnte die Kirche wieder aufgebaut werden. Die barocke Fassade ziert ein Portal mit dekorativen Elementen aus dem Syrakus-Stein. Im Inneren befindet sich ein schön gearbeitetes Holzgestühl und das Altarbild der Madonna, das bereits zweimal entwendet und dann wieder gefunden wurde.

Das sagenumwobene **Kastell Ruffo** trägt den Namen einer der ältesten Familien Europas, die 1543–1806 über die Stadt herrschte. Durch die Erdbe-ben von 1783 und 1908 schwer beschädigt, wurde das Kastell mehrfach erneuert. Heute gewährt die Burg den Besuchern einen einzigartigen Panoramablick und Einblicke in das alte Mauerwerk mit einem Brunnen und dem Wappen der Ruffo über dem Eingangstor. Sie wird wieder militärisch, aber auch privatwirtschaftlich genutzt. Offen steht dem Besucher eine Ausstellung rund um den Fischfang. Ein altes Schwertfischfangboot und eine ausführliche Darstellung der Geschichte verschaffen Einblick in das Alltagsleben der Fischer.

Direkt unterhalb des Kastells liegt die sehr farbenfrohe, im 20. Jh. vollständig umgebaute **Chiesa dell'Im-**

Blick auf Castello und Marina Grande

macolata mit einem von Mario Benedetto 1986 gefertigten Mosaikbild der Stadt. Vom Vorplatz der Kirche bietet sich eine wunderschöne Aussicht auf das Viertel Chianalea und die nördliche Küste.

Das oberhalb gelegene **Viertel San Giorgio** wird von der zentralen **Piazza San Rocco** mit der gleichnamigen Kirche aus dem 15. Jh. beherrscht. In der Apsis befindet sich die Marmorstatue des hl. Rochus (16. Jh.), des Schutzpatrons der Stadt. Die Piazza wird neben der Kirche von der weiträumigen gen Süden gerichteten Terrasse dominiert. Zum Greifen nah sieht man Sizilien auf der anderen Seite der Meerenge von Messina, nordwestlich die Liparischen Inseln mit dem rauchenden Stromboli. Bevor die Sonne abends ins Meer taucht, entfacht sie mit ihren letzten Strahlen ein Farbenspiel, dem der Küstenabschnitt den Namen Costa Viola (violette Küste) verdankt.

Pro Loco: Via Minasi 1, 89058 Scilla. **Municipio:** Piazza Rocco, 89058 Scilla, Tel. 09 65 75 40 03, Fax 09 65 75 47 04.

Apartmentvermietung Signora Elisabeta Cardona: Via C. Colombo 11, Tel. 09 65 75 40 59 (Mai–Okt.), Via Umberto I. 52, 33038 San Daniele del Friuli, Tel. 04 32 95 49 39 (Nov.–April). Apartments in Marina Grande mit und ohne Meerblick, gehobene Ausstattung; Apartment bis 3 Pers. ca. 250 €, Aug. 350 €; Apartment bis 5 Pers. 500 €, Aug. 700 €; Preise pro Woche inkl. Strom, Wasser, Wäsche.
Pension Le Sirene: Via Nazionale 55, Tel. 09 65 75 40 19, 09 65 75 41 21, nach Absprache ganzjährig. Kleiner Familienbetrieb, Frühstücksterrasse mit Blick aufs Meer, Zimmer mit Bad, Übernachtung mit Frühstück ca. 40 €.

Agriturismo Romeo Rijtano: Via Per Militino 18, Melia di San Roberto, Tel. 09 65 75 53 01, Fax 09 65 89 79 52. Zimmervermietung und Stellplätze für Wohnmobile, auf einem Ausläufer des Aspromonte, Obst-, Oliven- und Kräuteranbau, auch Hofführung oder Teilnahme an Obstlese möglich, Übernachtung ca. 20 €. Restaurant: nur nach Voranmeldung. Familiäre Atmosphäre, ca. 15 € pro Mahlzeit.

Ristorante La Pescatora: Lungomare, Marina Grande, Tel. 09 65 75 41 47, Vorbestellung sinnvoll. Spezialitäten: Fischgerichte, Menü ca. 30 €.
Ristorante Grotta Azzurra: Via C. Colombo, Marina Grande, Tel. 09 65 75 48 89, ganzjährig, Mo geschl. Gehobenes Restaurant mit freundlicher Atmosphäre, vorderer Saal im mediterranen Stil, blauer Speisesaal im hinteren Teil. Lokale Fischküche, moderat.
Ristorante Vertigine: Piazza del Rocco, Tel. 09 65 75 40 15, ganzjährig, Mo geschl. Terrasse mit ›Schwindel‹ *(vertigine)* erregend schönem Ausblick, Küche bietet nichts Außergewöhnliches, moderat.

Bottega Artigiana: Via R. Piria 42. Im Fischerviertel Chianalea, zahlreiche handgearbeitete Geschenkartikel.

Fest des San Francesco di Paola: 25.–28.April.
Fest des Schutzpatrons San Rocco: am auf den 16. Aug. folgenden So, mit Prozession und Markt.
Estate scillese: kulturelle Veranstaltungen im Juli/Aug.

Bahn: ca. stdl. Verbindungen nach Villa San Giovanni, Reggio di Calabria, Rosarno, Lamezia und Paola.

Reggio di Calabria

Kalabrien-Atlas: S. 238, A 3

Die im Jahr 743 v. Chr. von den chalki-
dischen Griechen als *Rhegion* gegründete Stadt blickt auf eine lebhafte Vergangenheit zurück. Leider sind die
meisten Spuren der Geschichte durch
die verheerenden Erdbeben von 1783
und 1908 verwischt worden. Allein bei
dem letzten Erdbeben wurde ein Drittel
der 45 000 Einwohner unter den Trüm-
mern begraben. Nach dem Wiederauf-
bau entstand eine moderne, in quadra-
tischen Straßenzügen angelegte Stadt-
landschaft mit einigen Überbleibseln der
Geschichte. In der 1970er Jahren kam
es in Reggio di Calabria zu revolutionären Unruhen, als die Stadt der Kon-
kurrentin Catanzaro bei der Wahl der *ca-
pitale* unterlag. Auch heute noch gilt die
Stadt an der Straße von Messina vielen
als heimliche Hauptstadt Kalabriens.

Im oberen Teil der Stadt befinden
sich die Ruinen des **Castello Aragonese** [1] mit seinem imposanten Mauerwerk und den Rundtürmen. Die mittelalterliche Burg wurde im 15. Jh. von
den Aragonesen errichtet. Unterhalb
des Kastells steht die kleine Kuppel-
dachkirche **Chiesa degli Ottimati** [2].
Sie besticht durch ihre anmutige
Schlichtheit, die lediglich durch bunte
Fensterbilder und einen farbigen Marmoraltar durchbrochen wird.

An der Piazza Duomo befindet sich
der nach dem Erdbeben Anfang des
20. Jh. im neuromanischen Stil wieder-
errichtete **Dom** [3]. Die von dem Meister Francesco Jerace geschaffenen
Statuen auf der Freitreppe stellen die
HII. Paulus und Stephan dar. Beachtenswert ist die Innenseite der Haupt-
eingangstür, auf der die Stiefelspitze
Italiens mit den wichtigsten Kirchen ab-
gebildet ist. Das Innere des dreischiffi-

Der Dom von Reggio

gen Doms mit dezenter Deckenverzie-
rung, Kerzenleuchtern und buntem
Fensterglas ist sehr eindrucksvoll. Neben den Grabstätten einiger Bischöfe
ist ein wertvoller Kirchenschatz mit Sil-
ber- und Goldschmiedearbeiten aus
dem 15./16. Jh. zu sehen.

Im linken Querhaus des Doms befindet sich die mit Marmor ausgeklei-
dete Kapelle Santissima Sacramento
mit einem imposanten Altar und riesi-
gen Säulen, Heiligenfiguren und Deckengemälden. Bischof Agostino Gon-
zalez hatte 1537 die Kapelle errichten
lassen. Später wurde sie nach mehreren Zerstörungen durch Eroberer und
Erdbeben wieder errichtet und umge-
tauft. Wegen ihrer wertvollen, noch ori-
ginalen Intarsienarbeiten des späten
16. Jh. wurde die Kapelle zum Natio-
naldenkmal erklärt.

An der belebten **Piazza Carmine** nahe dem Dom strebt die **Chiesa del Carmine** [4] mit einer schlichten Außenfas-
sade und einem in Stein gemeißelten,
dekorierten Türbogen gen Himmel.
Nach der andächtigen Stille der Kirchen
bietet die **Villa Comunale** [5] willkommene Abwechslung. Inmitten des schön
angelegten Parks mit Palmen und Pini-
en befindet sich ein Spielplatz für Kinder. Der schattige Ort inmitten dieser ge-
schäftigen Handelsstadt schluckt den
rundherum tosenden Straßenlärm und
bietet das pure Kontrastprogramm, das
in Kalabrien so häufig anzutreffen ist:
Modernität, Geschichte und Natur ver-
setzen den Besucher immer wieder in
ein Wechselbad der Gefühle. Zwischen
den Anpflanzungen verstecken sich
Kunstwerke wie die vier neoklassizistischen Büsten, eine Büste des Signore

Sehenswürdigkeiten

1. Castello Aragonese
2. Chiesa degli Ottimati
3. Dom
4. Chiesa del Carmine
5. Villa Comunale
6. Römische Thermen
7. Griechische Stadtmauer
8. Museo Archeologico Nazionale
9. Maria Santissima della Consolazione

Übernachten

10. Grand Hotel Excelsior
11. Hotel Miramare
12. Hotel Palace Masonari's
13. Albergo Noel

Essen und Trinken

14. Trattoria Braceria
15. Ristorante Il Mirto e La Rose
16. Gelateria Cesare

REGGIO DI
CALABRA

0   300 m

G. Zerbi, ein Torbogen aus dem 14. Jh. sowie einige Säulenreste.

Anregend ist auch der Spaziergang entlang des **Lungomare Matteotti,** den Gabriele D'Annunzio einst als den schönsten Kilometer Italiens bezeichnet haben soll: Auf der einen Seite die Meerenge von Messina, unmittelbar auf der anderen Seite die viel befahrene Straße. Dahinter, inmitten des Grünstreifens, befinden sich die **Ruinen der Römischen Thermen** 6 mit einem freigelegten Mosaikfußboden. Nur wenige Schritte weiter sieht man noch **Reste der Griechischen Stadtmauer** 7.

Spaziert man in der Abenddämmerung oder im Dunkeln die Uferpromenade entlang und lässt den Blick gen Sizilien schweifen, kann man sich lebhaft vorstellen, wie einst leise Ruderschläge zu vernehmen waren, Boote anlegten und sich die Sarazenen an Land schlichen. Auch die Normannen brachen in der Nacht von Reggio nach Sizilien auf und eroberten die Insel. Nördlich des Lungomare, an der **Piazza Indipendenza,** befindet sich nebst einem dem Autor Corrado Alvaro gewidmeten **Denkmal** die **Gelateria Cesare** mit ihren wunderbaren Eiskreationen.

Ein Bummel durch die Innenstadt über den **Corso Garibaldi** mit seinen eleganten Geschäften bietet sich nach dem Museumsbesuch ebenso an wie ein Streifzug durch die Seitenstraßen (Via Fra Gesualdo Melacrino, Via G. del Fosso), in denen alte Palazzi mit in Stein gehauenen, prunkvollen Balkonen und reich verzierten Außenfassaden das Auge erfreuen. Auch wenn Reggio nicht unbedingt das Ziel des Badeurlaubers ist, offeriert der unmittelbar in der Innenstadt, unterhalb der Bahnstation Lido gelegene Strand Gelegenheit für ein erfrischendes Bad.

Wer nach Sizilien möchte, muss vorerst noch mit dem Schiff (von der Bahnstation Villa San Giovanni oder ab dem Hafen von Reggio) vorlieb nehmen. Der lang diskutierte Plan, eine ca. 5 km lange Brücke von Villa San Giovanni zum nordöstlichen Zipfel Siziliens zu bauen und damit den direkten Zugang vom italienischen Festland nach Sizilien herzustellen, soll nun trotz zahlreicher ökonomischer und umweltpolitischer Einwände realisiert werden.

Museo Archeologico Nazionale

Von der Moderne zurück in die Antike findet der Besucher im auf Initiative von Paolo Orsi eingerichteten **Archäologischen Nationalmuseum** 8 (Piazza della Nave). Auf vier Etagen sind die in Reggio ausgegrabenen Schätze und die bedeutendsten Funde aus ganz Kalabrien zu bewundern (Mo–So 9–18.30 Uhr, 1. und 3. Mo im Monat geschl., Eintritt 4 €).

Die vor- und frühgeschichtliche Sammlung im Erdgeschoss präsentiert in insgesamt 15 Sälen u. a. Funde aus Locri, die größtenteils aus der Casa Marafioti und dem griechischen Theater stammen. Anfang des 20. Jh. entdeckte Orsi die Scherben des Terrakottadachs (Casa Marafioti) ebenso wie eine steinerne Reiterfigur. Datiert sind die Funde auf das 5. Jh. v. Chr. Neben vielen Keramikvasen sind auch *pinakes* zu bestaunen. Diese tönernen Weihetäfelchen bilden Szenen des Persephone-Kore-Kults und der Entführung der Kore ab.

Die wohl berühmtesten Fundstücke Kalabriens, die ›Krieger von Riace‹, befinden sich in der Abteilung Unterwasserarchäologie in drei Sälen des Untergeschosses. Die eindrucksvollen Statuen sollen im 5. Jh. v. Chr. von unterschiedlichen unbekannten Meistern erschaffen worden sein und lagen über zwei Jahrtausende auf dem Grund des Ionischen Meeres, bis sie im Sommer 1972 zufällig von einem Hobbytaucher entdeckt wurden. So mancher Betrachter schwärmt von der erotischen Ausstrahlung und der Perfektion dieser übergroßen Mannsbilder. In der griechischen Kultur ist der männliche, nackte Körper ein Zeichen von Göttlichkeit und Tugend.

Ein weiteres interessantes Fundstück ist der ebenfalls Ende des 5. Jh. v. Chr. datierte, so genannte ›Philosophenkopf‹ aus Bronze. Er ist als Abbild eines Philosophen identifiziert worden, weil er das für alle Philosophen damals so typische Stirnband trug. Die umfangreiche Münzsammlung des Museums zeigt Funde unterschiedlicher Epochen aus ganz Kalabrien.

Die Pinakothek ist in chronologischer Abfolge gegliedert. In der Abteilung der mittelalterlichen Kunst sind u. a. eines der frühesten Gemälde von Mattia Preti und ein Gemälde von Antonello da Messina (14. Jh.) zu betrachten. Der schuhförmige Kindersarg wurde in der Nekropole rund um das Museum gefunden. Unter den Mauern des heutigen Museums wurden Grabstätten freigelegt, die für die Öffentlichkeit nicht zugänglich sind.

Wallfahrt

Einer Legende nach soll im 16. Jh. dem Mönch Antonio Tripodi die Jungfrau erschienen sein und verkündet haben, er möge hingehen und den Bürgern von Reggio sagen, sie sollen den Allerhöchsten preisen für die Gnade, dass er die Pest von ihnen genommen hat. Seitdem wird die Schutzpatronin Madonna della Consolazione bei allen Naturkatastrophen und Unglücken um Hilfe gebeten. In einer eindrucksvollen Prozession Mitte September wird das Gemälde vom Dom in den außerhalb gelegenen Wallfahrtsort **Chiesa Maria Santissima della Consolazione** ⑨ (Busse vom Bahnhof aus) geleitet.

Um detaillierte Informationen zu den einzelnen Fundstücken zu erhalten, sollte der Besucher sich unbedingt vorab mit Literatur ausstatten (Buchladen im Museum), denn die Beschreibungen zu den Fundstücken sind bisher ausschließlich in italienischer Sprache und teils unvollständig. Am Wochenende sind häufig Museumsassistenten im Einsatz, die kompetent und ausführlich informieren.

Azienda di Promozione Turistica APT: Via Roma 3, 89100 Reggio di Calabria, Tel. 096 52 11 71, Fax 09 65 89 09 47.
APT c/o Stazione Centrale FF.SS.: Piazza Garibaldi, Tel. 09 65 271 20.
Uffici Informazioni Turistiche: Corso Garibaldi 327, Tel. 09 65 89 20 12.

Grand Hotel Excelsior [10]: Via V. Veneto 66, Tel. 09 65 81 22 11, Fax 09 65 89 30 84. Luxuriöses Kongresshotel, Ristorante Gala (exklusive Küche), Halbpension ca. 120 €.

Hotel Miramare [11]: Via Fata Morgana 1, Tel. 09 65 81 24 44, Fax 09 65 81 24 50, miramare@reggiocalabriahotels.it. In einem imposanten Palazzo, gediegene, gepflegte Atmosphäre, mit Restaurant, Halbpension ab 75 €.

Hotel Palace Masonari's [12]: Via Vittorio Veneto 95, Tel. 096 52 64 33, Fax 096 52 64 36, www.reggiocalabriahotels.it. Gut ausgestattetes Hotel, Halbpension ca. 141 € pro Zimmer.

Albergo Noel [13]: Viale Zerbi 13, Tel. 09 65 89 09 65, Fax 09 65 33 00 44. Am Lungomare, einfache Zimmer, Übernachtung ca. 30 €.

Trattoria Bracieria [14]: Via Demetrio Tripepi 81–83, Tel. 09 65 293 61, tgl. Oberhalb des Corso Garibaldi, kalabrische Küche in einfacher, ursprünglicher Atmosphäre, moderat.

Ristorante Il Mirto e La Rosa [15]: Via Roma 10, So geschl. Kleines, zentral gelegenes Restaurant, moderat.

Gelateria Cesare [16]: Piazza Indipendenza/Via C. Colombo 2, Di geschl. Köstliches Eis gibt es in dieser unterhalb des Nationalmuseums gelegenen Eisdiele.

Euroartigianato: Viale G. Zerbi 1/3, Di nachmittags geschl. Geschenkartikel, Keramik.

Enoteca Vintripodi: Via Veneto 46b. Weine, Liköre, Geschenkartikel.

Libreria Paoline: Via T. Campanella 65, Mo Vormittag geschl. Am Domplatz, Literatur zu christlichen und weltlichen Themen.

Karneval: Umzüge mit geschmückten Wagen von Donnerstag bis Dienstag, Sport- und Kulturprogramm.

Estate reggina: Sommer mit kulturellen Veranstaltungen, u. a. *Bergamotto d'oro* und Vergabe des Literaturpreises *Rhegium Julii*.

Fest der Madonna della Consolazione: Mitte Sept., mit Markt.

Bahn: mehrmals tgl. Schnellzüge nach Neapel, Rom, Florenz, Bologna, Turin, Mailand; stdl. Verbindung nach Villa San Giovanni, Messina, Rosarno, Vibo Valentia-Pizzo, Lamezia, Paola; stdl. entlang der ionischen Küste bis nach Catanzaro Lido; mehrmals tgl. nach Cosenza, Locri, Catanzaro, Crotone, Sibari, Taranto und Bari, Tel. 09 65 89 81 25.

Bus: tgl. vom Hafen und Bahnhof nach Locri, Roccella Ionica, Monasterace und Stilo (Tel. 09 65 59 02 12), mehrmals tgl. von der Piazza Garibaldi nach Gambarie (Tel. 09 65 62 01 29).

Flughafen: Aeroporto dello Stretto, Via Provinciale Ravagnese 11, Tel. 09 65 64 30 32; Alitalia Tel. 09 65 64 30 95; Air One Tel. 09 65 63 66 00, tgl. Flüge nach Rom und Mailand. In die Stadt verkehrt mehrmals stdl. ein Shuttle-Bus zum Bahnhof/Nationalmuseum, Tel. 09 65 62 01 21.

Schiff: Überfahrten (35 Min., Pkw, Personen) von der Bahnstation Villa San Giovanni nach Messina alle 30–60 Min. (Infos bei der Bahn); Traghetti Meridiano, Fähren vom Hafen Reggio (Stazione Lido) nach Messina (30 Min.), Mo–Fr stdl., Sa alle 2 Std., So 2 x tgl., Tel. 09 65 81 04 14, pro Person 1,50 €, Auto 7,50 €, Motorrad 2,50 €; Ausflüge zu den Liparischen Inseln in den Sommermonaten vom Hafen Reggio, Stazione Lido mehrmals tgl., Tel. 096 52 95 68.

Autoverleih: Maggiore Autonoleggio, V. Aeroporto Civile, Tel. 09 65 64 31 48, Fax 09 65 63 60 71; Autonoleggio Auto Europcar, V. Aeroporto Civile, Tel./Fax 09 65 64 54 22; Büro nahe Hbf., Via Aspromonte 18, Tel. 09 52 00 21.

ASPROMONTE UND COSTA DEI GELSOMINI

Tief im Süden dominiert der Aspromonte mit seiner wilden, teils unzugänglichen Natur. Sehenswert sind das fast verlassene Bergdorf Pentedattilo und die griechischen Dörfer. Zur Entspannung und für ein erfrischendes Bad bietet sich die Costa dei Gelsomini mit ihren Sandstränden an.

Aspromonte-Gebirge

Kalabrien-Atlas: S. 238,B 3

Bereits der Name ›rauer Berg‹ vermittelt einen ersten Eindruck von dem Naturspektakel des Aspromonte-Gebirges mit seinem höchsten Berg, dem Monte Cocuzza (1955 m): eine wilde und fast unberührte Natur, wie sie nur noch selten in Europa anzutreffen ist. Der Aspromonte ist reich an Wasserläufen, z. B. der Amendolea, die im Sommer ausgetrocknet sind, doch im Winter zu reißenden Strömen werden können. Ist die Vegetation im Südwesten von dichtem Nadelwald bestimmt, überwiegt an der Ostseite der karge Charakter. Im Gebirgsmassiv des Aspromonte findet man die jahrhundertealte Tradition der Schaf- und Ziegenzucht, sicherlich eine der letzten Spuren archaischen Bauernlebens in Italien. Der in San Luca geborene und aufgewachsene Corrado Alvaro beschreibt in seinem Buch ›Gente in Aspromonte‹ anschaulich das einfache und harte Leben der Hirten.

Das Aspromonte-Gebirge ist ein wunderbares Ziel für Wanderer und zugleich ein beliebtes Wintersportgebiet. In 1360 m Höhe bietet **Gambarie** mit seinem milden mediterranen Klima pure Winterfreuden. 7 km nördlich dieses Feriendorfs gedenkt ein **Monument Garibaldis,** der wesentlich an der Befreiung Italiens von den Bourbonen und an der nationalen Einigung beteiligt war. Als er jedoch mit seinen Getreuen weiter für eine gerechte Umsetzung der revolutionären Ziele in Italien kämpfte, kam es 1862 im Aspromonte zu einer Auseinandersetzung mit den Piemontesen. Dabei erlitten die Revolutionäre eine Niederlage, Garibaldi wurde verletzt.

Die ›Berühmtheit‹ hat der Aspromonte allerdings weder durch seine wunderschöne Natur noch durch Garibaldi erlangt. In den letzten Jahrzehnten des 20. Jh. wurden hier zahlreiche Entführungsopfer monate-, manchmal jahrelang in Höhlen gefangen gehalten. Viel ist über die Hintergründe der grausamen Entführungen durch die

197

Wintersport

Gambarie blickt auf eine lange Tradition als Wintersportort zurück: In den 1950er Jahren wurde er zum ersten Wintersportort Süditaliens und war bis in die 1970er Jahre Austragungsort des Nationalen Pflicht-Abfahrtslauf. Der kleine, moderne Touristenort verfügt über 10 km Skipiste (Abfahrt und Langlauf), zwei zweisitzige Sessellifte und zwei Skilifte. Skilaufen im Aspromonte ist ein besonderes Ereignis, denn hier genießt man von der Piste aus den Blick auf das Meer.

'Ndrangheta spekuliert worden. Schließlich ist ein Heer von Mitwissern beteiligt, das auch seinen Anteil an dem Lösegeld haben will. Und so steigen denn auch die horrenden Forderungen an die Familien der Entführten, deren Zahlung häufig durch die italienische Polizei vereitelt wird, Monat für Monat, Jahr für Jahr bis ins Unermessliche. Der Journalist Sergi Pantaleone hat diesbezüglich die Frage aufgeworfen, ob die fast aussichtslose Suche nach Geiseln nicht einfach nur inszeniert wird, um die Carabinieri von dem Drogenhandel im Aspromonte-Gebirge abzulenken.

Auch wenn es in den letzten Jahren keine neuen Entführungen gegeben hat, sollte dennoch eine besondere Achtsamkeit gewahrt werden. Abenteuerlust und Ignoranz gegenüber etwaigen Äußerungen der Bewohner des Aspromonte sind absolut unangebracht. Empfehlenswert, auch wegen der teils schwer zugänglichen und abgelegenen Winkel, sind daher Führungen und Wanderungen, die von zahlreichen Organisationen angeboten werden.

Ente Parco Nazionale dell'Aspromonte: Via Aurora, 89050 Gambarie di Santo Stefano, Tel. 09 65 74 30 60, Fax 09 65 74 30 26.
Consorzio Turistico Gambarie: Via degli Abeti 8, 89050 Gambarie.

Hotel Miramonti: Via degli Sci, Tel./Fax 09 65 74 31 90, assotur@diel.it, ganzjährig. Modernes 40-Zimmer-Hotel in Gambarie. Ausflugsprogramm, Restaurant, Diskothek, Bar, Spielplatz, Übernachtung mit Frühstück 52–55 € für 2 Pers./Doppelzimmer, Halbpension 46–48 € pro Person.

Albergo Ristorante Centrale: Piazza Mangeruca 23, Tel. 09 65 74 31 33, Fax 09 65 74 31 41, www.hotelcentrale.net, ganzjährig. Im Zentrum von Gambarie, nahe dem Skigebiet gelegenes, familiär geführtes, komfortables 48-Zimmer-Hotel: Balkon, Aufzug, Bar, Diskothek und Kongresssaal, Ausflüge mit dem Mountainbike, Übernachtung mit Frühstück ca. 55 €/Doppelzimmer, Halbpension 42–49 € pro Person. Restaurant: lokale Gebirgsküche, Spezialität: *tagliallini ai funghi*. Menü ca. 20 €.

C.A.I. Club Alpino Italiano: Via Francesco da Paola 106, Reggio di Calabria, Tel. 09 65 89 82 95, www.cai reggio.it. Bieten Ausflüge, Trekking, *torrentismo* und Rafting an.

Im Aspromonte-Gebirge

G.E.A. – Gruppo Escursionistico Aspromonte: Via Castello 2, 89121 Reggio di Calabria, Tel. 09 65 33 28 22. Informationen zum Aspromonte, Ausflüge und Veranstaltungen im Nationalpark.

Aspromonte Up & Down, Via degli sci 10, 89050 Gambarie, Tel. 09 65 74 30 61. Wanderungen, *torrentismo,* Mountainbiking und Ausflüge.

 Bus: mehrmals tgl. nach Reggio di Calabria, Tel. 800 43 33 10.

Pentedattilo

Kalabrien-Atlas: S. 238, B 4

Von der SS 106 gelangt man über eine sehr kurvenreiche Straße vorbei an einer reichen Vegetation mit Kakteen, Glockenblumen, gelben Margeriten, wildem Fenchel, Mandel-, Oliven- und Eukalyptusbäumen zu dem in 400 m Höhe gelegenen, entvölkerten Pentedattilo. Der Name des Bergdorfs am Fuß des Aspromonte geht zurück auf das griechische *pente daktylos* (fünf Finger), denn der Felsen, auf dem sich Pentedattilo ausdehnt, soll einer Hand gleichen. Direkt unter einer Felswand stehen bzw. verfallen die kleinen an den Hang gebauten Häuser. Bedrohlich und beschützend zugleich ragen die Felsen gen Himmel.

Die Geschichte des Bergdorfs liegt im Dunkeln und lässt Raum für allerhand Legenden. Wahrscheinlich geht die erste Besiedlung auf das 7. Jh. v. Chr. zurück. Anzunehmen ist, dass die strategisch günstige Position zwischen den ehemals griechischen Ansiedlungen *Rhegion* und *Lokroi Epizephyrioi* zu der Gründung führte. Als Pentedattilo im Jahre 1589 vom Besitz der Barone Abenavoli in den des Marquis Alberti überging, begann eine Tragödie. Die Tochter des Marquis, Antonietta, verliebte sich in den Sohn des Barons von Montebello, Bernardino. Doch Alberti lehnte diese Verbindung ab. Als Antonietta sich dem galanten Don Petrillo Cortez zuwendete, war Bernardino beleidigt und nahm Rache. Er schlich sich unter dem Schutz des rauschenden Windes heran, eroberte die Burg der ›dreihundert Türen‹ (Ruinen des Kastells noch heute sichtbar) und veranstaltete ein blutiges Gemetzel. Dann entführte er Don Petrillo, kerkerte ihn in Montebello ein und zwang Antonietta, ihn zu heiraten. Schon bald musste Bernardino fliehen und starb fernab der Heimat im Kampf gegen die Türken.

Um diese Begebenheit ranken sich viele Legenden. So wollen die Bewohner Pentedattilos in stürmischen Winternächten noch den Wut- und Schmerzensschrei des Marchese Alberti vernommen haben. Eine andere Geschichte erzählt von dem tödlich verwundeten Marquis, der seine blutige Hand gegen die Felswand stützte, und den Abdruck der fünf Finger hinterließ.

Ende des 18. Jh. siedelte sich hier eine Gruppe von Griechen an, die als Bauern und Hirten lebten. Die Erdbeben von 1783 und 1908 sowie heftige Unwetter verursachten allerdings schwere Schäden. So zogen immer mehr Bewohner an die Küste oder emigrierten, bis der Ort schließlich vollkommen verlassen war. Heute sind einige der alten Häuser restauriert und werden von ihren Besitzern in den Sommermonaten bewohnt.

Pro Loco, Via Crotone 6, 89063 Melito di Porto Salvo, Tel. 09 65 78 70 04.

Hotel Villaggio Stella Marina: Annà di Melito di Porto Salvo, Tel. 09 65 78 76 44, Fax 09 65 78 70 01. 5 km von Pentedattilo entfernt liegt diese moderne Ferienanlage, Bungalows, Spielplatz, Pizzeria, Animation und Reiten am Meer, Halbpension ab 45 €, Camping in der Hauptsaison ca. 6 € pro Person, Zelt 7 €, zuzüglich 3 € für Strom, 3 € für Auto, in der Vorsaison ca. 25% günstiger.

Bovesia – die griechischen Dörfer

An der Südspitze Kalabriens sprechen in den Dörfern Roghudi, Ghorio di Roghudi, Roccaforte del Greco, Condofuri, Gallicianò und Bova noch einige ältere Bewohner grekanisch, und in einigen Kirchen wird die Messe nach griechischem Ritus gefeiert. In der Abgeschiedenheit des Aspromonte konnte trotz der Einflüsse durch Römer, Normannen, Staufer und Anjou die griechische Kultur überleben. *Grecanico* ist jene Sprache, die sich im Zuge der griechischen Besiedlung Süditaliens ausgebildet hat. Bis vor wenigen Jahren wurden in den Dörfern noch alte Handwerkstraditionen gepflegt: Holzschnitzerei und vereinzelt die Herstellung von Musikinstrumenten. Aus den strapazierfähigen Fasern des weit verbreiteten und robusten Ginsters wurden Decken, Mehlsäcke, aber auch Kleidungsstücke hergestellt. Veränderte Lebensbedingungen und Abwanderung haben diese Traditionen fast vollständig verschwinden lassen.

Um dieses einmalige Erbe bewahren zu können, hat Italien 2002 die Aufnahme der Bovesia in das Weltkulturerbe der UNESCO vorgeschlagen.

Gallicianò

Kalabrien-Atlas: S. 238, C 3/4

Die griechische Tradition ist in Gallicianò sehr lebendig, es gilt als das urtümlichste der griechischen Dörfer. Eine sehr steile, schmale, größtenteils unbefestigte Straße (ca. 7 km) führt hinauf in das abgelegene Bergnest. Dort, wo früher die Maultiere und Menschen hinauftrotteten, hat man dem Berg eine zementierte Straße abgetrotzt, die bei Regenwetter oder starkem Wind aufgrund hinabstürzender Steine unbedingt gemieden werden sollte. So beschwerlich die Anfahrt ist, der Besucher wird für die Mühe belohnt: Hoch oben über dem Flussbett der Amendolea, wahrscheinlich nach den hier wachsenden Mandelbäumen benannt *(mandorli),* kann man die Stille der Natur genießen. Die Steininschrift am Ortseingang heißt die Besucher in Neu-Griechisch und *grecanico* (grekanisch) mit den Worten »inmitten der Berge, angefüllt von Schmerz und Gesängen« willkommen.

Es wird vermutet, dass der Ort einst von Einwohnern Amendoleas gegründet wurden, die sich wegen der Sarazenenüberfälle immer weiter ins Landesinnere zurückzogen. Nach heftigen Unwettern 1951 und 1971 verließen viele Bewohner ihr Dorf, das heute wegen des Rückgangs der traditionellen Schaf- und Ziegenzucht sowie der Landwirtschaft immer weniger Menschen ein Einkommen bietet, so dass heute nur noch rund 300 Gallicianesi hier leben.

Die Ortschaft, deren Straßen die Namen von griechischen Göttern und mythischen Figuren tragen, ist klein und überschaubar. Mittendrin thront die **Kirche San Giovanni Battista.** Im Inneren befindet sich eine Marmorstatue des Heiligen Johannes aus der Schule von Gagini (17. Jh.). Dem Schutzpatron wird Ende August mit einer Prozession, begleitet von Musik und Tanz, gedacht.

Der orthodoxe Ritus wird in der **Chiesa del Ringraziamento alla Madonna,** einer kleinen Kirche im oberen Teil des Ortes, zelebriert. Der Raum, in dem sich der Altar befindet (darf nicht betreten werden), ist von dem Raum, in dem die Ikonen aufbewahrt werden, getrennt. Die Ikonen stellen u. a. Johannes den Täufer, die Madonna della Grecia und die 12 wichtigsten Feste im liturgischen Jahr dar.

Associazione Cumelca: 89030 Gallicianò, Tel. 09 65 72 70 91. Der Verein bemüht sich um die Bewahrung der griechischen Kultur und bietet neben Informationen auch Führungen, Wanderungen, Unterkunftsvermittlung in Gallicianò an.

Taverna Greca: Vorbestellung notwendig, Tel. 09 65 72 71 51 u. 72 70 16. Traditionelle Verpflegung und Unterkunft.

Amendolea, Bova und Roghudi

Kalabrien-Atlas: S. 238, C 3–4

Auf der Rückfahrt von Gallicianò bietet sich ein Abstecher zu den Ruinen des normannischen Kastells in **Amendolea** an. Im Tal angelangt, folgt man dem Wegweiser, überquert die Amendolea und gelangt nach ca. 7 km (extremes Gefälle, besser das Auto im Ort abstellen) zu den Ruinen des Castello dei Ruffo und der Chiesa dell'Assunta aus dem 12. Jh. Das Kastell thront über dem mittlerweile fast vollständig ausgetrockneten Flussbett. Bis vor einigen Jahrhunderten drang von der Meeresseite Wasser ein und machte den Fluss befahrbar. Abholzungen des Waldes verursachten eine stetige Anhebung des Flussbettes.

Im Nordwesten ist **Roccaforte del Greco** (970 m) zu sehen. Nordöstlich erblickt man **Bova,** das man über die unbefestigte Straße oberhalb des Kastells erreichen kann. Eine unbeschwerlichere Anfahrt zu der in 800 m Höhe befindlichen Ansiedlung führt über eine in Bova Marina beginnende, sich stetig nach oben schlängelnde Straße (14 km). In dem ehemaligen Bischofssitz *Vua* (griechischer Ortsname), wurde bis 1573 der griechische Ritus ausgeübt. Geschichte und Moderne, eingebettet in die urtypische Landschaft des wilden Aspromonte, ergeben einen seltsamen Anblick: Halb verfallene Palazzi aus dem 17./18. Jh. zeugen von einer harmonischen Architektur, Bauschutt, Ruinen und hässliche Gebäude neueren Datums von Bauwut und -sünden.

Die beste Aussicht über die sattgrüne Umgebung und das Flussbett der Amendolea genießt man zweifellos von den Ruinen des Kastells. Die Burg ist direkt an den Fels gebaut worden, um die naturgegebene Befestigung zu nutzen. In Schwindel erregender Höhe, neben einem halb zerfallenen Kreuz, erblickt man im Süden das Ionische Meer, im Norden den Aspromonte, direkt unterhalb die Ortschaft mit den Kirchen San Leo und dell'Immacolata.

In dem wichtigen Landwirtschaftszentrum werden sehr gute Weine (u. a. bekannt ist der rote Bova) und Öl hergestellt, Textil- und Holzverarbeitung florieren.

Nördlich von Bova gelangt man in das völlig abgeschiedene **Dorf Roghudi** (527 m). Geschmiegt an einen begrünten Hang scheinen die verlassenen Häuser das Flussbett der Amendolea zu bewachen.

Pro Loco: c/o Municipio, Piazza Roma, 89033 Bova.

Jahrmarkt: 2. Oktoberwochenende in Roccaforte del Greco.
Paleariza: im Sommer, Festival der griechischen Kultur und Musik, schwerpunktmäßig in Bova, *sagre,* Ausstellungen lokaler Produkte, www.palearizia.it.

Naturaliter: c/o Agriturismo Il Bergamotto, Contrada Amendolea, Condofuri, Tel./Fax 09 65 72 72 13, www.naturaliter.web.it. Die Kooperative Naturaliter bietet Ausflüge zu den griechischen Dörfern und in die Umgebung sowie Trekking an.

Bova Marina

Kalabrien-Atlas: S. 238, C 4
Die rund 4000 Einwohner zählende Stadt Bova Marina mit ihren Sandstränden und dem klaren Wasser ist das reine Kontrastprogramm zu den Dörfern im Aspromonte. Mitte des 16.

Bergamotte

Melito di Porto Salvo, der südlichste Punkt der italienischen Halbinsel, ist eines der wichtigsten Anbauzentren der Bergamotte. Weltweit wächst die ›Frucht der Götter‹ fast ausschließlich rund um die Südspitze Italiens von Bagnara (Tyrrhenisches Meer) bis Locri (Ionisches Meer). Aus ihrer Schale wird eine wegen ihres Duftes und Geschmacks, aber auch wegen ihrer antiseptischen und antibakteriellen Eigenschaften begehrte Essenz gewonnen, die Verwendung in der Parfüm-, Pharma- und Lebensmittelindustrie findet. So ist es nicht verwunderlich, dass die Früchte ausgesprochen kostbar sind: Um 1 kg Essenz zu gewinnen, werden 200 kg Früchte benötigt. Alle Versuche, die Bergamotte anderswo unter ähnlichen klimatischen Bedingungen anzupflanzen, blieben bisher erfolglos.

Jh. ließ man unter König Karl V. zahlreiche Küstenwachtürme zur Verteidigung gegen die Türken errichten. Einer dieser so genannten Sarazenentürme, die Torre di San Giovanni d'Avalos bzw. deren Grundmauern sind noch am Kap San Giovanni zu besichtigen. Erst im 17./18. Jh., als die Überfälle nachließen, begannen sich die Küstenstriche wieder zu bevölkern. In dem kleinen Handelszentrum ist die **Università per la terza età e per il tempo libero** ansässig, die sich um die Bewahrung und Pflege der Traditionen der Bovesia bemüht. Ihr Sitz ist die **Biblioteca Comunale,** in der auch das **Museo delle tradizioni popolari e grecaniche** Landwirtschaftsgeräte, Handwerkszubehör und Haushaltsgegenstände ausstellt (Mo–Sa 10–14 Uhr, Eintritt frei).

 Pro Loco: Piazza Mercato, 89035 Bova Marina.

 Karneval.
Internationaler Preis für griechische Literatur: Mai.
Festa della Madonna del Mare: 1. So im Aug., Meeresprozession.

Costa dei Gelsomini

Kalabrien-Atlas: S. 238/9, B–D 3–4
Jasminküste, so lautet der Name der ionischen Küste an der Südspitze des italienischen Festlands. Der zentrale Abschnitt der Costa dei Gelsomini liegt auf der Höhe von Brancaleone. Den Namen trägt die Küste nach der Pflanze mit dem bezaubernden Duft, die hier früher auf Plantagen angebaut wurde, heute aber leider nur noch in wenigen Exemplaren existiert.

Der ausgesprochen flache Küstenabschnitt von **Brancaleone** nordwärts Richtung **Africo** bietet dem Bade- und Sonnenhungrigen weitläufige, wenig besuchte Strände. Hinter den überwiegend weißen, grobkörnigen Sandstränden verläuft ein Grüngürtel, der von der nah verlaufenden Eisenbahnlinie und Straße ablenkt. Angesichts der vielen Dünen längs der Küstenstrecke glaubt man sich manchmal in eine Wüste versetzt. Farbige Kontraste setzen Klatschmohn, Orchideen und Oleander. Ergänzt wird die Blütenpracht durch Akazien, Mimosen, Ginster, Ficus und Glockenblumen.

 Comune: Via Toscano, 89036 Brancaleone, Tel. 09 64 93 30 64 o. 09 64 93 34 99

 Hotel Residence Altalia: Via Nazionale 106, Brancaleone, Tel. 09 64 93 30 31, Fax 09 64 93 39 92. Hotel und Residence, Schwimmbad, Tennisplatz, Privatstrand, Restaurant, Bar, Aufzug, Halbpension ca. 50 €.
Villaggio Eurocamping Costa dei Gelsomini: an der SS 106, Palazzi di Casignana, Bovalino, Tel. 09 64 91 13 47, Fax 09 64 91 14 07. Umgeben von mediterraner Vegetation, wenige Meter vom Meer, liegt diese 32 000 m² große Ferienanlage mit Tennis-, Fußballplatz, Disko, Animationsangebot, Spielplatz, Restaurant, Bar und Supermarkt; Camping 4–6,50 € pro Person, Strom 2,50 €, Wohnmobil 4,50–7,50 €, Zelt 4–6,50 €; Unterbringung in Bungalows mit 4 Betten 26–62 € pro Tag, mit 5 Betten 36–77 € pro Tag.

Bahn: Von Melito Porto Salvo, Bova Marina, Capo Spartivento, Brancaleone, Africo Nuovo, Bianco, Bovalino und Ardore fahren tagsüber stdl. Züge Richtung Reggio di Calabria und Catanzaro Lido (Locri, Monasterace, Soverato, Squillace).
Bus: von Bianco (Bhf.) nach Locri (Piazza dei Martiri) über Bovalino (Bhf.) und Ardore (Bhf.), Tel. 09 64 91 33 70; von Bova Marina (Bhf.) nach Rom über Brancaleone (Bhf.), Africo (Ampel), Bianco (Bhf.), Bovalino (Piazza Mercato), Locri (Piazza dei Martiri), Roccella Ionica (Bhf.), Monasterace, Soverato, Copanello, Catanzaro Lido bis Rom, Tel. 09 65 81 23 35.

LOCRI UND GERACE

Im archäologischen Park Locri Epizefiri wandeln die Besucher auf den Spuren der Griechen. Das Juwel Gerace lädt mit seinem Dom und dem historischen Zentrum zu einem beschaulichen Bummel ein.

Locri Epizefiri

Kalabrien-Atlas: S. 239, D/E 2

Die Gründer der griechischen Kolonie *Lokroi Epizephyrioi* siedelten zunächst 20 km südlich in der Nähe des heutigen Capo Bruzzano (früher Zefiro). Als sie das nördliche, wesentlich fruchtbarere Gebiet entdeckten, gründeten sie dort Ende des 8. Jh. v. Chr. eine Stadt. In Erinnerung an den ersten Siedlungsort gaben sie Lokroi den Beinamen Epizephyrioi (Zefiro). Die Stadt wurde auch dank dem hier lebenden Zaleucos, Verfasser des ersten europäischen Gesetzbuches (7. Jh. v. Chr.), bekannt. Sie entwickelte sich rasch und gründete bereits Ende des 7. Jh. die Tochterkolonien *Hipponion* (Vibo Valentia) und *Medma* (Ebene von Gioia Tauro) am Tyrrhenischen Meer.

Berühmt geworden ist die einst reiche Stadt mit ihren 30 000 Einwohnern allerdings durch die Schlacht an der Sagra: Als die Krotoner den Goldschatz von Persephone aus dem Tempel rauben wollten, schlugen die Lokrer den angeblich zehnmal stärkeren Gegner in die Flucht. Durch die Heirat einer lokrischen Adligen mit dem Herrscher von Syrakus gewann die Stadt

weiter an Macht. Dionysos I. vermachte *Lokroi* weite Gebiete von *Rhegion* und *Kaulonia*. Als sein Sohn, Dionysios II., aus Syrakus vertrieben wurde und nach *Lokroi* kam, begann eine schreckliche Tyrannenherrschaft, die mit einem Aufstand gegen seine Familie endete. Hannibal besetzte den Ort 216/215 v. Chr., später wurde Locri Epizefiri *municipium* des Römischen Reichs. Im Zuge der vielen Angriffe der Sarazenen verließen die Einwohner um das 7./8. Jh. die Stadt und gründeten im Landesinneren Gerace.

Heute zeugt der zwischen Meer, Olivenhainen und Feldern gelegene **Archäologische Park** vom einstigen Glanz der Stadt. An Ausgrabungen sind besonders die Mauerreste des ionischen Tempels Marasà und die Säulenhalle des Hafens, die *stòa,* beachtenswert (beide an der Ostseite des Parks). Anhand der freigelegten Mauerreste im Nordosten konnte errechnet werden, dass einst eine 7 km lange Mauer die Stadt umgab. Zu sehen sind westlich davon die Fundamente des griechischen Theaters (erbaut um das 6. Jh. v. Chr.), das durch seine Bauweise und seinen Durchmesser von 70 m eine wunderbare Akustik gehabt haben muss (tgl. von 9 Uhr bis Sonnen-

Im antiken Theater von Locri

untergang; Zugang durch das Nationalmuseum, s. u.).

Im äußersten Westen, jenseits der
inneren Stadtmauern befand sich der
Wachturm des Hauses Marzano und
etwas südlich der Tempel der Persephone. In dem Heiligtum hat Paolo Orsi zahlreiche Terrakotta-Täfelchen
(pinakes) mit den Darstellungen des
Persephone-Kore-Kults und diverse
Keramikgegenstände gefunden. Die
pinakes wurden im Frühjahr zu Ehren
der Fruchtbarkeitsgöttin in die Bäume
gehängt und im Herbst zerschlagen. Im
Nationalmuseum von Reggio sind einige Fundstücke aus der Casa Marafioti

wiederzufinden. Weitere Funde sind im
Antiquarium, in Locri (Collezione Scaglione), in Catanzaro (Museo provinciale) und in Crotone (Museo Archeologico Nazionale) zu besichtigen. Die
Sammlung der Familie Scaglione
zeigt Fundstücke aus der griechischen
Epoche und kann auf Anfrage kostenlos besichtigt werden (Via Domenica Candida 6, Tel. 09 64 203 44).

Im **Nationalmuseum** auf dem Ausgrabungsgelände sind Funde wie *pinakes,* Terrakottafiguren, Münzen, Grabbeigaben und Vasen ausgestellt. Zugleich wird die Ausgrabung der
centocamere (die Grundmauern von ei-

nigen Wohnhäusern konnten freigelegt werden) umfassend dokumentiert (Contrada Marasà, im Sommer Di–Sa 9–13, 15.30–19, Mo und So 9–13 Uhr, im Winter Di–Sa 9–13, 15.30–17.30, Mo und So 9–13 Uhr).

Azienda di Promozione Turistica Locri: Via Fiume 1, Locri, Tel. 096 42 96 00.

Azienda Agrituristica Ritorto: Contrada Calvace, Portigliola, 2 km zum Meer, Tel./Fax 09 64 36 53 46. Inmitten von Oliven- und Zitrusbäumen, idyllisch gelegen, Tischtennis, Mountainbiking, Halbpension ca. 35 €. Restaurant: lokale Küche mit Zutaten aus eigener Herstellung: Öl, Wein, Gemüse, Obst, Likör, Kräuter, günstig.

Ristorante la Playa: Lungomare, Tel. 09 64 23 52 22, ganzjährig tgl. mittags und abends geöffnet, abends auch Pizza, 120 Plätze, im Sommer Veranda mit Meerblick, im Sommer *menu turistico* ca. 15 €, Pizzen ca. 4 €.

Bahn: tagsüber stdl. Züge Richtung Reggio di Calabria und Catanzaro Lido über Melito di Porto Salvo, Bova Marina, Capo Spartivento, Brancaleone, Africo Nuovo, Bianco, Bovalino und Ardore, Monasterace, Soverato, Squillace.
Bus: vom Bahnhof aus mehrmals tgl. nach Gerace, Tel. 09 64 209 80; mehrmals tgl. nach Siderno, Ardore, Bovalino, Tel. 09 64 215 36; von der Piazza dei Martiri nach Bianco (Bhf.) über Bovalino (Bhf.) und Ardore (Bhf.), Tel. 09 64 91 33 70; nach Bova Marina (Bhf.) über Brancaleone (Bhf.), Africo (Ampel), Bianco (Bhf.) und Bovalino (Piazza Mercato), nach Rom über Roccella Ionica (Bhf.), Monasterace, Soverato, Copanello, Catanzaro Lido, Tel. 09 65 81 23 35.

Gerace

Kalabrien-Atlas: S. 239, D 2
Das 3000 Einwohner zählende Städtchen an den nordöstlichen Ausläufern des Aspromonte ist ein kleines Juwel. Der Ort wurde um das 7./8. Jh. von den aus dem nahe gelegenen *Lokroi* geflüchteten Einwohnern gegründet und erlebte unter der Herrschaft der Normannen seine höchste Blüte. Nach der Einigung Italiens 1861 entstand eine neue Siedlung am Meer, Gerace Marina, die 1934 auf den Namen Locri getauft wurde.

Im unteren Teil der Stadt, dem Borgo, ist von den fünf Gotteshäusern die byzantinische **Kirche Santa Maria del Mastro** aus dem Jahre 1084 besonders sehenswert. Durch eines der Stadttore, die Porta del Sole mit dem bronzenen Stadtwappen, gelangt man in den oberen Stadtteil, den Borghetto. Direkt die erste Straße links führt zu dem Augustinerkonvent und der Kirche **Sant'Anna.** Im Inneren sind einige Kunstwerke zu sehen, so das Bild vom hl. Pantaleon von Mattia Preti (17. Jh.), der ›Ruhm der hl. Anna‹ (17. Jh.) und das Abbild der hl. Katherina von Azzolino, ebenfalls 17. Jh. Dass die unterhalb der Kirche gelegene **Passeggiata delle Bombarde** in früheren Zeiten der Entdeckung unerwünschter Gäste diente, kann der Besucher anhand des wunderbaren Panoramas erahnen.

Über die Piazza Tocco und die Via Zaleuco gelangt man links in die Via Beccari. An einem Palazzo sind zwei **Biforienfenster** aus dem 13. Jh. zu bestaunen. Besonders interessant an den zweibogigen Fenstern ist das Farben-

Museo d'Arte

Ein bedeutendes Museum moderner und zeitgenössischer Kunst befindet sich inmitten des Aspromonte in Mammola (Kalabrien-Atlas: S. 239, D 1). Auf einem Gelände von 7 ha findet der Besucher im harmonischen Einklang mit der Natur zahlreiche moderne Skulpturen, *murales* und Gemälde, überwiegend vom Künstler Nik Skearts geschaffen (Museo d'Arte Moderna Santa Barbara, Via Santa Barbara, Mammola, nördlich der SS 281, www.musaba.org, Mai–Sept. Mo–So 9–21, Okt.–Dez. Mo–So 9–14, Jan.–Feb. Mo–So 9–16 Uhr).

spiel mit dem aus Gerace stammenden hellen Stein und dem schwarzen Lavagestein. Vorbei am Largo Baarlam geht es zur Piazza Tribuna, die vom imposanten Bau der Kathedrale dominiert wird. Rechts neben dem Dom schließt sich der Torbogen **Porta dei Vescovi** mit dem Wappen des jeweils amtierenden Bischofs an.

Der **Dom** von Gerace ist der größte Kalabriens und von enormer Bedeutung, da er die Kontinuität zwischen dem antiken *Lokroi* und dem mittelalterlichen Gerace bewahrt hat. Denn für den Bau der imposanten romanischen Marienkirche wurden größtenteils die Säulen und Kapitelle aus den Tempeln des alten *Lokroi* verwendet. Wann genau der Dom errichtet wurde, ist nicht bekannt, wahrscheinlich hat man ihn um 1100 vollendet. Nach zahlreichen

Erdbeben ließ man ihn wieder herrichten und 1222 erneut weihen. Im Dom sind zahlreiche Grabmäler, die im gotischen Stil 1431 errichtete Sakramentskapelle und der Hauptaltar aus dem 18. Jh. zu bewundern.

In der Krypta befindet sich die vergitterte Kapelle der Madonna dell'Itria. Das ehemalige Höhlenkirchlein war wahrscheinlich schon im 8. Jh. vorhanden. Beachtenswert ist darin die Altarstatue der ›Jungfrau mit dem Kinde‹ aus dem 14. Jh. Ebenfalls im Untergeschoss ist wertvolles Kirchengerät aus dem Domschatz und aus anderen Kirchen von Gerace zu besichtigen.

Über die Via Caduti gelangt man zur **Piazza San Francesco,** auch Largo delle Tre Chiese genannt. Rund um den Platz befinden sich drei Gotteshäuser aus unterschiedlichen Epochen. Die Kirche **San Giovanello**, ein byzantinisch-normannisches Kleinod, ist im 11./12. Jh. erbaut worden. 1993 hat man hier den orthodoxen Ritus wieder aufgenommen. Kirche und Konvent **San Francesco d'Assisi** sind im gotischen Stil um 1252 erbaut worden. Im einschiffigen Inneren stechen der schmuckvoll gearbeitete Marmoraltar und -bogen ins Auge (1664). Bilder von Blumen, Landschaften und Tieren sind kunstvoll als Intarsienarbeiten im toskanisch-sizilianischen Stil gearbeitet worden. Hinter dem Altar befindet sich der Marmorsarkophag des Fürsten Nicola Ruffo. Die einst im Barockstil erbaute **Chiesa del Sacro Cuore di Gesù** wurde durch das Erdbeben von 1783 zerstört und im 19. Jh. wieder errichtet.

Der Spaziergang durch die einladende und ruhige mittelalterliche Stadt

Blick über Gerace bis ans Meer

führt über eine mit großen Steinen gepflasterte Straße. Über die Via Duomo gelangt man zu den **Ruinen des normannischen Kastells.**

In Gerace wird heute noch nach alter Tradition Keramik hergestellt. So kann man beim gemütlichen Schlendern durch die Gassen noch das eine oder andere schöne Teil als Mitbringsel erstehen.

Pro Loco: Piazza del Tocco, 89040 Gerace, Tel. 09 64 35 61 40, 35 63 88.

Albergo La Casa di Gianna: Via Paolo Frascà 6/nahe Piazza Tocco, Tel. 09 64 35 50 24/18, Fax 09 64 35 50 81, www.lacasadigianna.it. Luxuriös eingerichtetes, sehr persönlich und der alten Tradition der Gastfreundschaft verbundenes Hotel im Borghetto von Gerace, Halbpension ab 125 €. Restaurant: ausgewählte internationale und nationale Küche, teuer–Luxus.

Ristorante Lo Sparviero: Piazza del Tocco, Tel. 09 64 35 68 26, Di geschl. Typische *trattoria*, moderat.

Ceramiche Condò: Verkauf im Largo Vescovo Chiappe (neben dem Dom), Werkstatt im Borgo von Gerace, Via S. Martiri, Keramikproduktion und -verkauf.

Estate Geracese: Juli–Aug., mit Ausstellungen und Konzerten.
Fest der Madonna Assunta: 15. Aug., der Himmelfahrtstag wird in Gerace besonders feierlich begangen.
Fest des Schutzpatrons San Antonio del Castello: 22./23. Aug.

Bus: mehrmals tgl. vom Largo delle tre chiese nach Locri.

REISEINFOS VON A BIS Z

Alle wichtigen Infor-
mationen rund ums
Reisen auf einen Blick
– von A wie Anreise bis
Z wie Zeitungen

Extra: Ein Sprachführer
mit wichtigen Redewen-
dungen, den Wochen-
tagen, Zahlen und einem
Überblick über die
italienische Speisekarte

Strand bei Tropea

REISEINFOS VON A BIS Z

Anreise

… mit dem Flugzeug

LTU und Aerolloyd fliegen mehrmals wöchentlich (April–Okt.) von diversen deutschen Städten nach Lamezia Terme. Weitere Charterflüge nach Crotone. Mehrmals tgl. Linienflüge von Rom und Mailand nach Lamezia, Crotone und Reggio di Calabria. Von Wien im Sommer Charterflüge nach Lamezia Terme, ganzjährig von Wien und Salzburg Linienflüge nach Rom und Mailand, von Innsbruck nach Rom. Von Zürich und Basel tgl. nach Rom und Mailand.

Aeroporto dello Stretto: V. P. Ravagnese, 89128 Reggio di Calabria, Tel. 09 65 64 30 95

Aeroporto Civile: Contrada S. Anna, 88841 Isola di Capo Rizzuto (bei Crotone), Tel. 09 62 79 43 88, www.aero porto.kr.it

Aeroporto Lamezia Terme: V. Aeroporto, 88040 Lamezia Terme, Tel. 09 68 41 41 11, www.sacal.it

… mit der Bahn

Per **Nachtzug** (via *cuccette* = Liegewagen oder *vagone letto* = Schlafwagen) von Berlin, Frankfurt a. M., München und Hamburg, in Rom umsteigen (Infos www.bahn.de). Tgl. von Zürich nach Lamezia Terme (umsteigen in Mailand, Infos www.sbb.ch), von Wien nach Lamezia Terme (umsteigen in Rom, Infos www.oebb.at).

Es besteht die Möglichkeit, von mehreren deutschen Städten aus einen **Autoreisezug** zu benutzen (www.db-autozug.de, Tel. 018 05 24 12 24). Die Züge verkehren von Berlin, Hamburg, Frankfurt, Dortmund und Düsseldorf nach Bozen und Verona (ab März 1 x wöchentlich). Von Mai bis Oktober gibt es weitere Verbindungen von Hamburg, Berlin, Düsseldorf, Frankfurt und München nach Livorno, sowie von München nach Neapel. Im Sommer verkehrt von Zürich 1 x wöchentlich ein Autoreisezug nach Lamezia Terme und Villa San Giovanni (www.sbb.ch).

In Italien verkehren die Autoreisezüge *(auto al seguito)* ganzjährig wöchentlich von Bologna und Rom nach Villa San Giovanni und von Bozen nach Lamezia Terme und Villa San Giovanni. Im Sommer gibt es zusätzlich wöchentliche Verbindungen von Zürich, Mailand, Rom, Turin und Venedig nach Lamezia Terme und Villa San Giovanni.

Für die erste Nacht

In der Nähe des Flughafens Lamezia Terme befindet sich auf einem Bauernhof eine sehr einladende und behagliche Unterkunft, die für Flugreisende, die erst mal richtig ausschlafen wollen, eine sinnvolle Adresse ist (11 Zimmer mit Bad und Heizung). Anreise: Vom großen Kreisel des Flughafens (Nahe Autobahnausfahrt Lamezia Terme) auf die SS 18, nach 2 km links abbiegen und Beschilderung folgen. Übernachtung im Doppelzimmer pro Person 31–33 €, Halbpension 47–51 €, Menü auf Vorbestellung ab 18 €. Azienda Agrituristica Trigna, Contrada Trigna, Lamezia Terme, Tel./Fax 09 68 20 90 34, www.agriturismotrigna.it

Informationen und Buchungen an italienischen Bahnhöfen.

Fernbahnhöfe in Kalabrien: Paola, Lamezia Terme, Vibo Valentia-Pizzo, Rosarno, Villa San Giovanni, Reggio di Calabria, Catanzaro Lido und Crotone.

.... mit dem Bus

Schnellbusse verbinden u. a. Hamburg, Hannover, Frankfurt, Augsburg, München mit Kalabrien (u. a. San Giovanni in Fiore, Cosenza, Spezzano, Rossano, Sibari): Agenzia SIMET, V.le L. De Rosis 49–51, Rossano, Tel. 09 83 51 27 93/4, Fax 09 83 51 60 79, www.simetspa.it. Information/Buchung bei Holiday Express, Tel. 0511/36 84 80.

... mit dem Auto

Über die Alpen, dann über die Autobahn Milano, Firenze, Roma, Napoli, Salerno Richtung Reggio di Calabria. In Kalabrien sind keine Mautgebühren zu zahlen.

Apotheken

Eine Apotheke gibt es oft sogar in den kleineren Orten. In der *farmacia* finden Sie fachkundiges Personal und ein gutes Sortiment. Benötigen Sie eine genaue Information, sollten Sie über italienische Sprachkenntnisse verfügen oder einen Dolmetscher mitnehmen.

Ärztliche Versorgung

Urlauber aus EU-Ländern bekommen mit einem Auslandskrankenschein ihrer gesetzlichen Krankenversicherung die Kosten für ambulante und stationäre Behandlung erstattet, wenn sie

diesen bei der *Azienda Sanitaria Locale* (in größeren Orten) gegen ein italienisches Formular eintauschen. Viele Ärzte akzeptieren nur Privatpatienten, d. h. es muss Vorkasse geleistet werden. Es empfiehlt sich daher der Abschluss einer privaten Auslandsreise-Krankenversicherung, die ggf. auch einen Rücktransport bezahlt. Erste Hilfe leisten die Unfallstationen der Krankenhäuser und die *Guardia medica* in jedem größeren Ort.

Autofahren

Innerhalb von Ortschaften 50 km/h, auf Landstraßen 90 km/h (mit Anhänger 80 km/h), auf Autobahnen 130 km/h (Pkw unter 110 ccm 110 km/h). Autobahnen werden auf grünen, Schnellstraßen auf blauen Schildern angekündigt. Die Anschnallpflicht gilt für Fahrer und Beifahrer. Telefonieren ist während der Fahrt verboten. Parkverbot herrscht an schwarz-gelb markierten Bordsteinen. Außerhalb geschlossener Ortschaften müssen Autos mit Licht fahren, Motorräder immer.

Der **Pannendienst** des italienischen Automobilclubs ACI *(Soccorso Stradale)* kann unter Tel. 116 oder 800 11 68 00 erreicht werden.

Automobile Club Catanzaro: Via dei Normanni, 99, Catanzaro, Tel. 09 61 75 41 31, Fax 09 61 75 44 32

ADAC-Notruf (Milano): Tel. 02 66 15 91, Fax 02 66 10 15 17

Behinderte

In ihrer Bewegungsfreiheit eingeschränkte Menschen sollten bei der

Auswahl eines Ferienorts darauf achten, dass die Gegebenheiten geeignet sind. Gepflasterte Gassen, Trampelpfade und fehlende Bürgersteige sowie steile Abstiege zum Strand können den Aufenthalt arg erschweren.

Diplomatische Vertretungen

Bundesrepublik Deutschland
Botschaft: Francesco Siacci 2c, 00198 Rom, Tel. 068 84 47 41
Dt. Konsulat Neapel: Via Crispi 69, 80122 Napoli, Tel. 08 17 61 33 93

Österreich
Botschaft: Via Pergolesi 3, 00198 Rom, Tel. 068 44 01 41
Konsulat Neapel: Corso Umberto I. 275, 80100 Napoli, Tel. 081 28 77 24

Schweiz
Botschaft: Via Barnaba Oriani 61, 00197 Rom, Tel. 068 08 36 41
Schweizerisches Generalkonsulat Neapel: Via Pergolesi 1, 80122 Napoli, Tel. 08 17 61 43 90, Fax 08 17 61 17 50

Einreise- und Zollbestimmungen

Reisende aus der Bundesrepublik, Schweiz und Österreich benötigen einen Personalausweis oder Reisepass, wenn der Aufenthalt nicht länger als 3 Monate dauert. Der nationale Führerschein ist ausreichend, empfehlenswert ist die Grüne Versicherungskarte.

Für EU-Bürger ist die Ein- und Ausfuhr von Waren für den Eigenbedarf unbegrenzt möglich. Richtmengen zur Abgrenzung gegenüber dem gewerblichen Verbrauch: 800 Zigaretten, 10 l Spirituosen, 90 l Wein.

Nicht-EU-Bürger dürfen 200 Zigaretten, 2 l Wein, 1 l Spirituosen ein- bzw. ausführen.

Elektrizität

Die Netzspannung beträgt 220 Volt. Zum Teil benötigt man einen Adapter *(adattore),* der an der Rezeption oder von der Hauswirtin ausgeliehen oder in einem Haushaltswaren- und Elektroladen gekauft werden kann.

Feiertage

1. Januar (Neujahr), 6. Januar (Dreikönigstag), Ostern, 25. April (*La Resistenza,* Tag der Befreiung und des Widerstands im Zweiten Weltkrieg), 1. Mai (Tag der Arbeit), 1. So im Juli (Tag der Republikgründung), 15. August *(ferragosto,* Mariä Himmelfahrt), 1. November (Allerheiligen), 8. Dezember (Mariä Empfängnis), 25./26. Dezember (Weihnachten/Stephanstag).

Fotografieren

Die Kalabresen sind grundsätzlich ein sehr gastfreundliches Volk. Dort, wo wenige Touristen anzutreffen sind, begegnen sie den Fremden mit neugieriger Zurückhaltung. Mit einem freundlichen *buon giorno* wird die Stimmung fast immer gelockert. Richten Sie sich nach Hinweisen zum Fotografieren in Kirchen, Museen oder anderen öffentlichen Gebäuden. Ansonsten fragen Sie einfach: *»Mi scusi, è permesso fare una foto?«* Filme sind in Italien, insbesondere in den Badeorten, teurer als bei uns.

Frauen allein unterwegs

»Ciao bella, ciao bionda«, die Sprüche der Italiener sind auch in Kalabrien allgegenwärtig. Wenn kein Interesse besteht, einfach nicht reagieren, so wehrt man aufdringliche Verehrer ab. In den Ferienorten allein unterwegs zu sein, stellt kein Problem dar, denn die meisten *machos* sind harmlos. Es sei denn, die dauernde Anmache verdirbt einem die Urlaubslaune. Als Frau allein durch das Hinterland zu reisen, ist nicht zu empfehlen. Ein solches Verhalten wäre für eine süditalienische Frau untypisch und wird daher leicht missverstanden.

Geld

Inzwischen haben vielerorts in Kalabrien auch die Geldautomaten Einzug gehalten, an denen problemlos Geld mit ec/Maestro-Karte und Geheimnummer gezogen werden kann. Die Bezahlung mit Kreditkarte ist nur in wenigen Lokalen und Geschäften möglich.

Gesundheitsvorsorge

Es sind keine speziellen Impfungen notwendig. Besonders wichtig ist ausreichender Sonnenschutz: Kopfbedeckung und Hautschutz (hoher Lichtschutzfaktor empfehlenswert) dürfen im Gepäck nicht fehlen, am Strand empfiehlt sich die Anmietung eines Sonnenschirms. Die Sonne sollte in den Stunden von 11.30 bis 15 Uhr wegen der starken Strahlung und der er-

höhten Ozonwerte gänzlich gemieden werden (vor allem im Juli und August).

Informationsstellen (ENIT)

… in Deutschland
Kaiserstr. 65
60329 Frankfurt a. M.
Tel. 069/23 74 34, Fax 23 28 94
enit-ffm@t-online.de
Goethestraße 20, 80336 München
Tel. 089/53 13 17, Fax 53 45 27
enit-muenchen@t-online.de
Friedrichstraße 187
10117 Berlin
Tel. 030/247 83 98, 247 83 99, Fax 247 83 99, enit-berlin@t-online.de

… in Österreich
Kärntnerring 4, 1010 Wien
Tel. 01/505 16 30 12, Fax 505 02 48

… in der Schweiz
Uraniastraße 32, 8001 Zürich
Tel. 01/211 30 31, Fax 211 38 85

Prospektbestellung in Deutschland, Österreich und der Schweiz unter der gebührenfreien Telefonnummer: 008 00 00 48 25 42.

… in Kalabrien
Assessorato al Turismo
Via San Nicola (Galleria Mancuso)
88100 Catanzaro
Tel. 09 61 74 16 57, Fax 09 61 74 14 31

Die örtliche Touristeninformation übernehmen die **Azienda Promozione Turistica (APT)** und **Pro Loco.** Leider funktionieren diese Einrichtungen teilweise schlecht.

Informationen im Internet

Auskunft über Kalabrien erteilt das Staatliche Italienische Fremdenverkehrsamt ENIT unter www.enit.it.

Hilfreich ist die Adresse www.espe ria.it, unter der – auch in englischer Sprache – wichtige Orte in Kalabrien vorstellt und Unterkünfte vermittelt werden. Unterkunftsvermittlung, Ausflüge und Reisen bietet montagne & mare, Claudia Baumgartner, Ebenauerstr. 20, 80637 München, Tel. 089/15 70 48 45, Fax 15 70 48 46, www.kalabrien.com.

Sehr informative Internetseiten zu den Museen und Ausstellungen in Kalabrien finden sich unter www.musei online.it (Italienisch und Englisch).

Karten

Sehr empfehlenswert ist die Carta Generale d'Italia (1:200 000) von De Agostini. Weitere Karten von der Sila, dem Monte Pollino, dem Aspromonte, den Provinzen Cosenza, Catanzaro und Crotone sind über die jeweiligen Informationsstellen anzufordern.

Lesetipps

Alvaro, Corrado: Die Hirten vom Aspromonte, 1942, Berlin (Original Gente d'Aspromonte, 1930, Florenz).
Der sicherlich bekannteste Schriftsteller Kalabriens (1895–1956) beschreibt in seiner Erzählung anschaulich das einfache, beschwerliche Leben der Schäfer, ihre geschlossene Welt und ihre Werte.
Campanella, Tommaso: La Città del sole, Feltrinelli, 1991.

Der aus Stilo stammende Philosoph (1568–1639) entwirft in diesem Buch sein Szenario einer besseren Welt.
Douglas, Norman: Reisen in Süditalien, 1969, München (Original Old Calabria, 1915, London).
Dieses Werk gilt als eines der schönsten Bücher über Italien: eine geistreiche Reiseerzählung, die Beobachtungen von Natur und Kulturbetrachtung verbindet mit einer kritischen Reflexion der kalabrischen Realität.
Homer: Odyssee. Reclam, 1979.
Der griechische Dichter (8. Jh. v. Chr.) beschreibt die Abenteuer des Odysseus, der auf seiner Heimfahrt nach der Eroberung Trojas auch nach Kalabrien kam.
Palange, G.: Die Königin der drei Brüste. Wegweiser ins magische und legendäre Kalabrien. Rubbettino, 2000.
Rohlfs, Gerhard: Dizionario Toponomastico e onomastico della Calabria. Longo Editore, 1974. Wörterbuch des kalabrischen Dialekts.
Rotter, Ekkehart: Kalabrien Basilikata. Kunst-Reiseführer, DuMont, 2002.
Wolf, Armin und Hans-Helmut: Die wirkliche Reise des Odysseus. Zur Rekonstruktion des Homerischen Weltbildes, 1990, München, Wien.
Nach den Erkenntnissen der deutschen Brüder Wolf ist Kalabrien Homers ›Land der Phäaken‹.

Notruf

Polizei: Tel. 112
Krankenwagen: Tel. 113
Feuerwehr: Tel. 115
Pannenhilfe des ACI: Tel. 116
ADAC-Notruf: Tel. 02 66 15 91

Öffnungszeiten

In der Regel sind die **Geschäfte, Museen, Banken** und **Postämter** 8–12/12.30, am späten Nachmittag 16.30/17–19 bzw. je nach Saison bis 24 Uhr geöffnet. Die meisten **Informationsstellen** haben sehr unregelmäßige Öffnungszeiten.

Häufig findet der Besucher die Türen der **Kirchen** verschlossen. Gute Besuchszeiten sind nach der Messe am Morgen oder am späten Nachmittag vor der Abendmesse (18/19 Uhr).

Post und Postleitzahlen

Die süditalienische Post wird ihrem schlechten Ruf in der Hauptsaison immer wieder gerecht: Nicht selten sind Postkarten und Briefe bis zu einem Monat unterwegs. Abhilfe schafft die *Posta prioritaria:* Gegen Zahlung eines erhöhten Portos garantiert die Post, dass die Zustellung im Eiltempo erfolgt. Briefe und Karten ins europäische Ausland benötigen dann 2–4 Tage.

Die Postleitzahlen von italienischen Ortschaften können über das Internet herausgefunden werden: www.non solocap.it.

Reisekasse und Preise

Die Preise in den Lokalen gleichen in etwa den Preisen in Deutschland. Im Vergleich viel günstiger sind die Lebenshaltungskosten für Selbstversorger (Einkauf auf dem Markt unbedingt anzuraten). Sehr günstig sind Zugfahrkarten. Viele kulturelle Angebote wie Konzerte oder Ausstellungen sind kostenlos. Souvenirs und Kleidung finden Sie oft günstig auf den Wochenmärkten (Handeln möglich). Unverhältnismäßig hohe Preise werden im August für Unterkünfte, insbesondere Apartments verlangt. Sollten Sie dennoch im August Urlaub machen wollen, ist die Hotelunterkunft meist günstiger als die Eigenversorgung bei Anmietung einer Wohnung. Die Benzinkosten sind in Kalabrien etwa so hoch wie in Deutschland.

Sicherheit

Die Strandbetriebe sind verpflichtet, während der Öffnungszeiten einen Bademeister *(bagnino)* mit der Aufsicht zu beauftragen. Weht die rote Fahne, so bedeutet dies, dass vom Baden abgeraten wird. Baden trotz Warnung geschieht auf eigene Gefahr! Insbesondere der starke, auch für gute Schwimmer gefährliche Brandungssog wird immer wieder unterschätzt.

Das lange Zeit verbreitete Vorurteil, man fahre nach Italien und komme ohne Auto wieder, entspricht längst nicht mehr den Tatsachen. Sicherlich sollten gewisse Vorsichtsmaßnahmen berücksichtigt werden. So sind beispielsweise die Anti-Diebstahl-Pedal-Schlösser *(anti furto)* in Kalabrien weit verbreitet. Das Auto sollte möglichst auf dem Grundstück der Unterkunft abgestellt werden.

Selbstverständlich locken beliebte Ferienorte in der Hauptreisezeit auch Langfinger an. Wenn Sie am Strand Wertsachen und Bargeld dabei haben, sollten Sie diese möglichst in einer angemieteten Kabine aufbewahren. Am besten sind Wertsachen natürlich im Safe der Unterkunft aufgehoben.

Souvenirs und Lebensmittel

Die Wochenmärkte, die in den meisten größeren Ortschaften stattfinden, sind eine günstige Gelegenheit, lokale Handwerksprodukte und Import-Artikel oder typisch kalabrische Spezialitäten zu erwerben. Handeln ist selbstverständlich erlaubt.

Wenn Sie sich im Urlaub selbst verköstigen, sollten Sie die in vielen Orten täglich stattfindenden Gemüsemärkte aufsuchen. Dort erhalten Sie frische Produkte aus der Umgebung. Auch wenn inzwischen fast überall kleine Supermärkte vorhanden sind, ist der persönliche Service im Tante-Emma-Laden, dem *alimentari,* vorzuziehen.

Steuern/Kassenzettel

Infolge zahlreicher Fälle von Steuerhinterziehung führt die zuständige Behörde, die *guardia di finanza,* Stichproben bei den Kunden durch. Laut Gesetz ist der Kunde verpflichtet, die Quittung *(ricevuta)* nach dem Einkauf oder dem Restaurantbesuch zunächst aufzubewahren. Wer also auf Nummer sicher gehen möchte, sollte den Kassenzettel erbitten: *»Lo scontrino, per favore!«*

Straßenhunde und -katzen

Überall sind sie anzutreffen, die Hunde und Katzen ohne Besitzer. Oft werden sie von den Einheimischen gefüttert und mit Wasser und Streicheleinheiten versorgt. Andere wiederum werden

verscheucht oder gar getreten. Wer die Tierschutzarbeit im Land unterstützen möchte, melde sich bei: PETA, Via degli ontani 32, 00172 Roma, Tel. 06 23 23 25 69, Fax 06 23 23 25 98. WWF, Delegazione Calabria, Via Anile 3, 88046 Lamezia Terme, Tel./Fax 098 62 95 48.

Telefonieren

Landesvorwahl I: 00 39
Landesvorwahl D: 00 49
Landesvorwahl CH: 00 41
Landesvorwahl A: 00 43

Telefonieren nach Italien: Die 0 der Ortsvorwahl muss mitgewählt werden. **Telefonieren von Italien:** Egal ob vom Festnetz oder Handy, man wählt die Landesvorwahl des Ziellandes und die Rufnummer (ohne die 0 der Ortskennzahl). **Telefonieren in Italien:** Auch für Gespräche innerhalb einer Ortschaft muss die Vorwahl mitgewählt werden. Ihr Handy ist auch in Italien empfangs- und sendebereit. Zu beachten sind die hohen Gebühren, denn der Anrufer aus der Heimat zahlt nur die Gebühren bis zur Grenze, den Rest zahlen Sie.

Die meisten Telefonzellen sind auf Telefonkarten umgestellt. Die *scheda telefonica* gibt's beim *tabaccaio* (Tabakwarenladen) und in einigen Zeitungsläden. Preiswert sind die internationalen Telefonkarten *(schede internazionale),* mit denen Sie von jedem Telefonanschluss nach Einwahl über den Code Ihrer Telefonkarte telefonieren können.

Trinkgeld und Rechnung

Obwohl der Service bereits im Preis einkalkuliert ist, wird in der Regel 10 % Trinkgeld gegeben, meist nach oben hin aufgerundet. In den letzten Jahren wird auch von den Kalabresen selbst immer stärker beäugt, ob der Service tatsächlich ein Trinkgeld wert ist.

Es ist in Italien nicht üblich, getrennte Rechnungen zu verlangen: Die Rechnungssumme wird einfach durch die Zahl der Anwesenden geteilt, ohne auszurechnen, wer mehr und wer weniger verzehrt hat. Das Trinkgeld bleibt auf dem Tisch liegen.

Trinkwasser

Am Wegesrand in Kalabrien stehen unzählige Brunnen, aus denen sauberes Trinkwasser plätschert. Ansonsten kann es in den Sommermonaten je nach Infrastruktur des Ortes durchaus zu einem kurzzeitigen Wassermangel kommen.

Umgangsformen

Die Kalabresen sind höfliche und zuvorkommende Gastgeber, sowohl zu Hause als auch im Restaurant oder in der Trattoria. Wenn Sie im Lokal zu erkennen geben, mit wie vielen Personen Sie einen Tisch wünschen, wird man einen Platz für Sie aussuchen.

Wenn Sie unsicher sind, ob Sie einen Raum oder eine Wohnung betreten können, bitten Sie einfach mit »permesso« um Einlass. Sie erhalten dann sicher bald die Aufforderung einzutreten, z. B. mit »venga« (kommen Sie) oder »avanti« (vorwärts).

Das höfliche »per favore« begleitet im Italienischen fast selbstverständlich einen Wunsch oder eine Bestellung. Und das kleine Zauberwort »grazie« (danke) trägt auch zur guten Verständigung bei.

Unterkunft

Übernachtungspreise sind den jeweiligen Empfehlungen in den Reisekapiteln zu entnehmen. Je nach Hotel werden oft fünf bis sechs Saisonzeiten unterschieden. Die Hauptsaison beginnt in der Regel Anfang August und endet mit der dritten Augustwoche. Von November bis März sind die Übernachtungen am günstigsten – allerdings haben dann viele Betriebsferien. Da in vielen Orten die Saison nur zwei bis drei Monate (Mitte Juni–Mitte Sept.) dauert, versuchen viele Anbieter in dieser Zeit einen möglichst hohen Gewinn zu erzielen und verlangen insbesondere im August extrem hohe Preise.

Relativ preiswert ist die Anmietung einer Ferienwohnung in einem Villaggio oder der Campingurlaub. Mit Selbstverpflegung in der eigenen Küche kann man die Reisekosten ebenfalls gering halten.

Hotels und Feriendörfer

Die Bandbreite der Ferienwohnungen und Hotels reicht von einfachen über rein funktional bis zu komfortabel ausgestatteten Unterkünften. Die meisten *villaggi* sind mit in der Regel kaum mehr als 30 Einheiten klein genug, um überschaubar zu sein und groß genug für Animation, Kinderbetreuung, Disko, Mini-Supermarkt und Sportmöglichkeiten. Meist eignen sich gerade diese Feriendörfer aufgrund ihres breiten Angebotes für einen Urlaub mit Kindern. In den meisten Angeboten der Hotels und Feriendörfer ist der Sonnenschirm und Liegestuhl am Strand im Preis enthalten. Ansonsten sind pro Person und Tag ca. 5 € zu veranschlagen.

Camping
Viele Campingplätze verfügen über kleine **Bungalows,** die oft eine preiswerte Alternative zu den Ferienwohnungen darstellen. In den Wohnungen benötigt man zum Kochen eine Gasflasche *(bombola di gas),* die je nach Vereinbarung vom Gast oder vom Vermieter bezahlt wird (ca. 25 €).

Je nach Ortschaft, Gegend und Saison werden **Wohnmobile** geduldet oder weggeschickt. Es bietet sich an, Ortsansässige zu fragen, um die jeweilige Stimmung zu testen: *»Mi posso fermare qui un giorno/una notte?«* (Kann ich hier einen Tag/eine Nacht halten?). Geht das nicht, muss man einen der Campingplätze anfahren, die zumindest entlang der Küste zahlreich sind.

Agriturismo
Der Urlaub auf dem Bauernhof vermittelt interessante Einblicke in das kalabrische Landleben. Ob Bergamotte- und Zitronen-Anbau, Olivenernte, Keramikherstellung oder kulturelle Ausflüge in die Umgebung – auf den Höfen wird viel gezeigt und angeboten. Meist produzieren die Bauern Lebensmittel – teilweise kontrolliert biologisch –, die dem Gast traditionell zubereitet kredenzt werden. Gerade wer eine preiswerte Unterkunft sucht, sollte die in den letzten Jahren immer zahlreicher werdenden Agriturismo-Angebote beachten. Infos im Internet: www.agriitalia.it, www.agriturist.it sowie auch in englischer Sprache www.agriline.it und www.agriturismoitaly.it.

Verkehrsmittel

Bahn
Um das Land zu erkunden, bietet sich teilweise die italienische Bahn mit ihren sehr preiswerten Verbindungen an: Insbesondere die Strecken entlang der tyrrhenischen und ionischen Küste sind sehr reizvoll. Nicht zu vergessen der kleine Zug Calabro-Lucane, der einige Orte im Landesinneren verbindet (Cosenza–Catanzaro, Cosenza–Camigliatello). Fahrkarten gibt es an den Schaltern, die meist nur begrenzte Öffnungszeiten am Morgen und am Spätnachmittag haben. Eine Zugfahrt sollte daher rechtzeitig geplant werden. Unbedingt zu beachten ist die Entwertung *(convalidità)* der Fahrkarten. In der Nähe der Bahnsteige stehen in der Regel gelbe Automaten dafür bereit. Sollten sie nicht funktionieren, ist es ratsam, die Schaffner beim Einstieg zu informieren, denn unabgestempelt ist die Fahrkarte im Zug nicht gültig.
Internet: www.fs-on-line.com
Info-Telefon Trenitalia: Tel. 89 20 21 (aus dem Festnetz in Italien anzurufen).

Bus
Mehrmals täglich Verbindungen von Cosenza zum Monte Pollino, zum Ionischen Meer und nach Catanzaro bietet saj, Trebisacce, Tel. 09 81 50 03 31, www.saj.it; Verbindungen von Cosenza

nach Lamezia, Paola, Amantea u. a. Costabilebus, Tel. 09 84 46 22 80; tägliche Verbindungen zwischen Rossano, Camigliatello, Catanzaro, Crotone, Guardia Piemontese, Paola, San Giovanni in Fiore bietet u. a. ias, Tel. 09 83 56 56 35, www.iasautolinee.it; mehrmals täglich verbinden die Autolinee Romano, Tel. 09 62 217 09, Crotone mit Cirò, Isola di Capo Rizzuto, Santa Severina und Catanzaro; längs der südlichen ionischen Küste von Bova Marina nach Catanzaro fährt die Buslinie Saja, Tel. 09 65 81 23 35; von Locri nach Bianco Autolinee Bonfa'Talia, Tel. 09 64 91 33 70; von Reggio di Calabria bis nach Stilo verkehren Autolinee Federico, Tel. 09 65 59 02 12; Überlandfahrten durch die Serre nach Vibo Valentia bieten die Ferrovie della Calabria, Tel. 09 63 454 80, an.

Auto
Denken Sie unbedingt an gutes Kartenmaterial. Es ist ratsam, im Zweifel eher der Karte als den teilweise nicht eindeutig ausgerichteten Wegweisern zu trauen. Da die Straßen zum Teil sehr eng sind, bietet sich ein Kleinwagen an, der jedoch eine ausreichende PS-Zahl aufweisen sollte, um die teilweise erheblichen Höhenunterschiede zu bewältigen. Bei der Tourenplanung sollte an die rechtzeitige Ankunft am Zielort gedacht werden, um so durch etwaige Umleitungen verursachte nächtliche Fahrten durchs Gebirge zu vermeiden. Wer in Bezug auf eine ausreichende Tankfüllung auf Nummer sicher gehen will, der sollte die Fernverkehrsstraßen bzw. die *strade statale* (SS) nutzen. Ebenfalls beachten sollte man bei der Planung, dass in manchen Ferienorten

außerhalb der Hochsaison bereits am frühen Abend die Lokalitäten geschlossen sind. Daher empfiehlt es sich, vorab ein Hotelzimmer zu reservieren.

Mietwagen
Wer das kalabrische Hinterland entdecken möchte, der kann dies ohne Probleme nur mit einem Auto bewerkstelligen. In den Ferienorten und an den Flughäfen gibt es in der Regel einen Vespa- und PKW-Verleih (Anbieter finden sich im Reiseteil).

Zeit

Italien liegt in der Mitteleuropäischen Zeitzone (MEZ), auch hier wird zwischen Sommer- *(ora legale)* und Winterzeit *(ora solare)* unterschieden.

Zeitungen und Zeitschriften

Tageszeitungen sind ›Il Quotidiano della Calabria‹, ›Il Giornale di Calabria‹, ›Il Domani‹ und die im Cosentinischen erscheinende ›La Provincia Cosentina‹. Einen Regionalteil zu Kalabrien hat die ›Gazzetta del Sud‹.

Das Magazin ›Calabria Letteraria‹ widmet sich der Literatur, das von der Regionalregierung herausgegebene Monatsheft ›Calabria‹ (nicht am Kiosk zu beziehen, Infos: www.calabria.org) behandelt zeitgeschichtliche, die Region betreffende Themen, sozialpolitische Themen behandelt die alle 2–3 Wochen erscheinende ›carta‹ (www.carta.org).

Eine kleine Auswahl an deutschsprachigen Zeitungen und Zeitschriften erhalten Sie in den Ferienorten in der *edicola* (Zeitungsladen).

KLEINER SPRACHFÜHRER

Begrüßung

Herzlich willkommen	benvenuto
Guten Tag! Guten Morgen!	buon giorno
Guten Abend!	buona sera
Gute Nacht!	buona notte
Auf Wiedersehen!	arrivederci
Hallo! Tschüss!	ciao
Auf bald!	a presto

Allgemeines

Frau	Signora
Herr	Signore
Danke!	grazie
Bitte!	per favore
Entschuldigen Sie bitte!	Mi scusi, per favore!
Entschuldige bitte!	Scusa, per favore!
Wie geht es Ihnen/Dir?	Come sta/stai?
Gut, danke!	Bene, grazie!
Nicht so gut, danke!	Non tanto bene, grazie!
Wie heißen Sie?	Come si chiama?
Wie heißt Du?	Come ti chiami?
Ich heiße …	Mi chiamo …
Wie teuer ist das?	Quanto costa?
Ich möchte …	Vorrei …
Wo finde ich …?	Dove trovo …?
rechts/links	destra/sinistra
geradeaus	diritto
zurück	indietro
Telefonkarte	scheda telefonica
Briefmarke	francobollo
Brief	lettera
Postkarte	cartolina
Rauchen verboten	vietato fumare

Unterkunft

Hotel	hotel
Feriendorf	villaggio
Campingplatz	campeggio
Einzelzimmer	camera singola
Doppelzimmer	camera doppia
Apartment	appartamento
Bad	bagno
Dusche	doccia
Wasser	acqua
Telefon	telefono
Frühstück	colazione

Im Restaurant

Bedienung	cameriere (m)/ cameriera (w)
Bringen Sie uns bitte die Speisekarte!	Ci porti la lista, per favore!
Was empfehlen Sie uns?	Cosa ci consiglia?
Brot	pane
Getränke	bibite
Bier	birra
Wein	vino
Weiß-/Rotwein	vino bianco/rosso
Dose	lattina
Glas	bicchiere
Flasche	bottiglia
Fleisch	carne
Fisch	pesce
Vorspeisen	antipasti
vegetarisch	vegetariano
Essig/Öl	aceto/olio
Salz und Pfeffer	sale e pepe
Käse	formaggio
Eis	gelato
Obst	frutta
Süßspeisen	dolci

Sprachführer

Bringen Sie uns bitte die Rechnung!	Ci porti il conto, per favore!

Unterwegs

Autovermietung	autonoleggio
Reservierung	prenotazione
Zug	treno
Liegewagen	cuccette
Autobus	pulman
Schiff	nave
Fähre	traghetto
Autobahn	autostrada
Abzweigung	bivio
Abfahrt	partenza
Ankunft	arrivo
Fahrkarte	biglietto
Gefahr	pericolo
verlangsamen	rallentare

Im Krankheitsfall

Hilfe, wir brauchen einen Arzt!	Aiuto, abbiamo bisogno di un medico!
Hier tut es mir weh!	Mi fa male qui!
Wo ist die Apotheke?	Dov'è la farmacia?
Krankenhaus	ospedale
Notaufnahme	pronto soccorso
medizinischer Dienst	guardia medica
Apotheke	farmacia
Arzt	medico
Zahnarzt	dentista
Medikament	medicina

Ortsbezeichnungen

Altstadt	centro storico
Hauptbahnhof	stazione centrale
Bank	banca
Bibliothek	biblioteca
Brücke	ponte
Hafen	porto
Haupteinkaufsstraße	corso
Kirche	chiesa
Leuchtturm	faro
Markt	mercato
Museum	museo
Meer	mare
Platz	piazza
Post	posta
Rathaus	municipio
Strand	spiaggia, lido
Tunnel	galleria
Turm	torre
auf dem Land	in campagna
auf dem Hügel	sulla collina

Wochentage

Montag	lunedi
Dienstag	martedi
Mittwoch	mercoledi
Donnerstag	giovedi
Freitag	venerdi
Samstag	sabato
Sonntag	domenica
Wochenende	fine settimana
Sonn- und Feiertage	giorni festivi
Werktage	giorni feriali

Zahlen

0	zero
1	uno
2	due
3	tre
4	quattro
5	cinque
6	sei
7	sette
8	otto
9	nove

10	dieci	cozze	Miesmuscheln
11	undici	fagioli	Bohnen
12	dodici	fico	Feige
13	tredici	formaggio	Käse
14	quattordici	funghi	Pilze
15	quindici	gamberi	Krabben
16	sedici	granchi	Garnelen
17	diciassette	latte	Milch
18	diciotto	latte macchiato	Milch mit Espresso
19	diciannove	latte di mandorla	Mandelmilch
20	venti	limone	Zitrone
30	trenta	macedonia	Obstsalat
40	quaranta	mela	Apfel
50	cinquanta	melanzane	Auberginen
60	sessanta	minestrone	Gemüsesuppe
70	settanta	nduja	scharfe Wurst
80	ottanta	olio	Öl
90	novanta	olive	Oliven
100	cento	panini	Brötchen
500	cinquecento	parmigiano	Parmesan
1000	mille	patate	Kartoffeln
2000	due mila	patate fritte	Pommes frites
1 000 000	un milione	peperone	Paprika
		peperoncino	scharfes Gewürz
		(ähnelt der Chilischote)	

Kulinarisches Lexikon

acqua naturale	Wasser ohne Kohlensäure
acqua frizzante	Wasser mit Kohlensäure
aglio	Knoblauch
agnello	Lamm
baccalà	Stockfisch
bietola	Mangold
birra	Bier
bistecca	Beefsteak
bistecca alla milanese	Schnitzel
caffè freddo	kalter Kaffee
carciofo	Artischocke
carota	Möhre
cipolla	Zwiebel
contorni	Beilagen

pesca	Pfirsich
pesce spada	Schwertfisch
polpetta	Fleischkloß
pomodori	Tomaten
riso	Reis
salsicce	Wurst
spinaci	Spinat
te freddo	kalter Tee
tonno	Thunfisch
tramezzino	dreieckiges doppeltes Toastsandwich
uova	Ei
uva	Weintraube
vino	Wein
vitello	Kalbfleisch
zucca	Kürbis
zucchini	Zucchini

REGISTER

KALABRIEN-ATLAS

LEGENDE

1 : 420.000

0 — 15 km

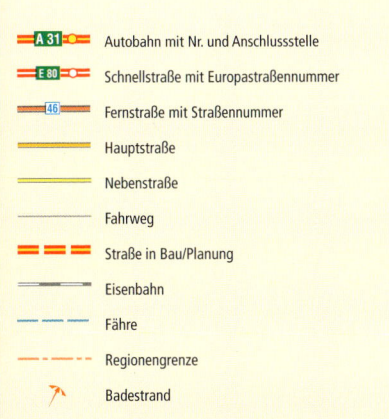

A 31	Autobahn mit Nr. und Anschlussstelle
E 80	Schnellstraße mit Europastraßennummer
46	Fernstraße mit Straßennummer
	Hauptstraße
	Nebenstraße
	Fahrweg
	Straße in Bau/Planung
	Eisenbahn
	Fähre
	Regionengrenze
	Badestrand

	Nationalpark, Naturpark
	Campingplatz
	Ankerplatz, Hafen
	Internationaler Flughafen
	Flugplatz
	Schloss, Burg
	Kirche, Kapelle, Kloster
	Denkmal, Monument
	Höhle
	Archäologische Stätte
	Leuchtturm; Wasserfall
	Berggipfel; Höhenpunkt; Pass

KALABRIEN

D

Lampo
8 m

Chiaromonte

T. Serrapotama

Senise
Tpa. Altare
483 m

Lago di Monte Cotugno

653

Monte S. Oronzo
540 m

Insinor
Monte Oppolo
890 m

E

Nova Siri

T. S. Nicola

106

F

Marina di Nova Siri

S. Giorgio
Lucano

Il Castello

Rocca
Imperiale

Rocca Imperiale Marina

1

Noepoli

92

Nocara

Canna

Francavilla
in Sinni

653

Monte Catarozzo
873 m

S. Costantino
Albanese

Cersosimo

Oriolo

Montegiordano

Monte Soprano
713 m

Montegiordano Marina

Monte Rotondella
666 m

T. Rubbio

Tempa S. Nicola

S. Paolo
Albanese

Palazzo
Santo Stefano

481

Roseto
Capo Spulico

Il Castello
Borgata Marina

r c o

Monte Caramola
1524 m

La Rotondella
1416 m

Castroregio

Capo Spulico

F. Ferro

Terranova
di Pollino

92

Monte Carnara
1284 m

Tne. d. Foresta
1108 m

Amendolara

481

Torre Spulico

Varco

Monte Pelato
1396 m

T. Sarmento

Tempone Bruscata
1415 m

Alessandria
del Carretto

Serra Manganile
1100 m

Marina di Amendolara

Serra di Crispo
2053 m

Timpa di S. Lorenzo
1652 m

Monte Sparviere
1713 m

Albidona

T. Avena

2

l e

Pollino
2248 m

T. Raganello

Serra
Dolcedorme
2267 m

Timpa di Cassano

S. Lorenzo
Bellizzi

Plataci
Cozzo d. Barone
1024 m

Monte Mostarico
774 m

F. Saraceno

Pagliara

M a r

Morano Calabro-
Castrovillari

Monte Manfriana
1981 m

Monte Moschereto
1318 m

Mt. Sellaro
1439 m

Cerchiara
di Calabria

Grotta
S. Maria delle Ninfe

Villapiana

Trebisacce

106

I o n i o

Monzone
1051 m

Frascineto

Palma-
nocera

Timpa Demanio

Civita 855 m

Francavilla
Marittima

La Silva

T. Satanasso

3

Castrovillari
Frascineto

19

Castrovillari

105

Cassano
allo Ionio

S.a Madonna
d. Catena

92

Villapiana Scalo

S. M. d.
Castello

105

Pellegrini

Grotta di
Sant'Angelo

T. Raganello

Bruscata

Marina di Sibari

Saracena

A 3

F. Garga

Zoccalia

19

Sibari

106

106r

Marina Laghi di Sibari

Firmo

F. Coscile

Spezzano A.-
Sibari

534

Doria

106

534

Sybaris
Copia

Riserva Naturale della
Foce del Fiume Crati

Altomonte

Boscari

Spezzano Albanese
Terme

Apollinara

F. Crati

Thurio

Spezzano
Albanese

F. Grondo

S. Lorenzo
d. Vallo

Cantinella

Marina Schiavonea

F. Esaro

Spezzano
Terme

Tarsia
Lago
di Tarsia

19

Terranova
da Sibari

Sant'Agata

San Nicola

T. Mizofato

Torricella

106

Corigliano
Scalo

Lido
S. Angelo

Corigliano
Calabro

Piragineti

Roggiano
Gravina

283

Riserva Naturale d.
Bacino di Tarsia

S. Demetrio
Corone

S. Cosmo
Albanese

S. Giorgio
Albanese

Santa Maria
del Patire

Rossano

Madonr

4

Abbazia Santa Maria
della Matina

arco Argentano

vicati

A 3

S. Sofia
d'Epiro

Serra Crista d'Acri

S. 233

Piana
Caruso

CALABRI

Cozzo del Pesco
1183 m

KALABRIEN

Montea 1785 m
Artemisia
Sosti
Mottafollone
Monte la Caccia 1744 m
Passo d. Scalone 740 m
S. 230
F. Rosa
F. Esaro
Spezzano Terme
Tarsia
Sant'Ag
da Sib
Cozzo la Limpa 1094 m
Belvedere Marittimo
edere
S. Agata di Esaro
Roggiano Gravina
Lago di Tarsia
San
Sangineto
Bonifati
Malvito
S. Caterina Albanese
Riserva Natu
S. Demetrio
Cozzo Capo Bianeo 993 m
Abbazia Santa Maria della Matina
Bacino di Tarsia
Corone
Serra d. Monaci 1037 m
Lago dei due Uomini
Fagnano Castello
S. Marco Argentano
S. Sofia d'Epiro
adella d. Capo
Torrevecchia
Sant'Angelo
Monte Caloria 1183 m
Cervicati
Mongrassano
Cozzo della Chila 240 m
Torano
Bisignano
Serra
Cetraro
Riserva Naturale Serra Nicolino Piano d'Albero
Cavallerizzo
Cetraro Marina
Acquappesa
Torano Cast.
Marina di Acquappesa
Terme Luigiane
Serra Nicolino 1257 m
S. Martino di Finita
Luzzi
Abbazia della Sambucina
Guardia Piemontese Marina
Guardia Piemontese
Rota Greca
Lattarico
Contessa
Rose-Montalto Uffugo
Serra Pantanolata 1404 m
S. Benedetto Ullano
Riserva
dell
Marina di Fuscaldo
Fuscaldo
Cozzo Cervello 1389 m
San Nicola
Montalto Uffugo
Rose
F. Arente
Parantoro
Santuario di San Francesco
Paola
Gesuiti
S. Vincenzo la Costa
Cosenza Nord
Castiglione Scalo
Castiglione Cosentino
Marina di Paola
Monte Luta 1231 m
S. Fili
Rende
A3
Lappano
Celico
Passo Crocetta 979 m
Marano Marchesato
Cosenza
S. Lucido
Monte Martinella 1100 m
Marano Principato
Cosenza
Trenta
Cerisano
Madonna della Catena
Falconara Albanese
Pietraferruggia 1239 m
Mendicino
Bivio Donnici
Abbazia di Santa Domenica
Dipignano
Fiumefreddo Bruzio
Monte Cocuzzo 1541 m
Paterno Calabro
Rogliano-Grimaldi
Terre Donniche
Domanico
Longobardi Marina
Longobardi
Monte Verzi 1000 m
Monte Serratore
Belsito
Potame
Lago
Monte S. Lucerna 1256 m
Marzi
Belmonte Calabro
Malito
Marina di Belmonte
Grimaldi
Amantea
Monte Faeto 1103 m
Altilia
Scigliano
Altilia-Grimaldi
C. S. Maria 1006 m
Corica
Monte Pellegrino 644 m
Aiello Calabro
Cleto
Martirano
Motta S. Lucia
Confleni
Serra d'Aiello
S. Mango d'Aquino
Martirano Lomb.
Campora S. Giovanni
A3
S. Mango d'Aquino
Monte Revent 1417 m
S. Mazzeo
232
S. 236
Nocera Terinese
San Gennaro

Mar Tirreno

D E F

S. 231

Corigliano Scalo
Corigliano Calabro
Piragineti
Lido S. Angelo
Capo Trionto
Mirto
Fiumarella
Amica
106r.

S. Cosmo Albanese
S. Giorgio Albanese
Santa Maria del Patire
Rossano
Madonna delle Grazie
Crosia
Calopezzati
Marina di Mandatoriccio

1

Cristà d'Acri
1124 m
uglia
Piana Caruso
Cozzo del Pesco
1183 m
Castiglione di Paludi
Paludi
531
Colle S. Elia
448 m
Cari

C A L A B R I A

Baraccone
Riserva Naturale Trentacoste
Monte Scarborato
962 m
Cropalati
Caloveto
Pietrapaola
Colle d. Rose
624 m

cri
Monte Paleparto
1481 m
Destro
Monte Turentina
1064 m
Puntadura
Cozzo Granato
878 m
Mandatoriccio
383
Scala Co

S i l a
G r e c
177
Scala Co

Monachelle
Lagarò Lupinacci
T. Trionto
Longobucco
Monte Basilicò
Serra Ceraso
799 m
Flume Nicà
383
Gzo. Cerzu

Monte Forgiari
1424 m
Serra Pomieri
1274 m
1013 m
Campana
532 m

2

Monte Altare
1651 m
Riserva Naturale Macchia di Giumenta-San Salvatore
282
Bocchigliero
108ter
Cozzo di Calamacca
938 m
Monte Mazzagullo
695 m

Besucherzentrum Cupone
282
Fossiata
della
Monte Pettinascura
1708 m
Monte Malmare
1026 m

Riserva Naturale Fasso
Lago di Cecita o Mucone
177
Parco Nazionale
Calabria
Colonia Don Bosco
Monte Ruggiero
1521 m
Mezzocampo
Serra Toppale
1454 m

Camigliatello Silano
Croce di Magára
Monte Popini
1352 m
Monte Volpintesta
Germano
Savelli
Verzino
Pallag

S. 235

Mucco
F. Ne
1730 m
Vallepiccola
Colle Donato
F. Neto
Serra Paluri
645 m
Sa

Monte Curcio
1768 m
Silvana Mansio
Monte Carrumango
1670 m
108bis
1473 m
108ter
Castelsilano
107
Serra di Frea
429 m
Zing

Monte Botte Donato
1928 m
Torre Mellaro
Lorica
Rovale
Cagno
S. Giovanni in Fiore
Abbazia Florense
Monumento Fratelli Bandiera
Cerenzia
Acerenzia
F. Lese
Serra di Frea

Monte Cristo
1643 m
Barracchella
Montenero
1881 m
S i l a
1506 m
Caccuri
Spinello
Belve di Spi

L
Monte Cardoneto
1684 m
Lago Arvo
Caporosa
Lago Ampollino
Monte Zingomarro
Casa Pasquale
1205 m
Altilia

Colle d. Preti
1305 m
Poverella
Colle Pierarva
1455 m
Villaggio Palumbo
Trepido
B o s c o   d i
G a r g l i a n o
M

Parenti
Bocca di Piazza
179
Monte Scorciavuoi
1745 m
Cotronei
F. Tacina

Monte Brutto
1267 m
108bis
Parco Nazionale della Calabria
Ciricilla
Monte Gariglione
1765 m
Pagliarelle
109
Rocca-bernarda

Colosimi
Colle Bastarda
1495 m
179dir
Tne. Morello
1665 m
Monte Femminamorta
1723 m
Petilia Policastro
Monte Fus
565 m
109

Bianchi
Monte Comunelli
1168 m
Lago Passante
Tirivolo
Santuario Santa Spina
Mesoraca

Villaggio Racise
Buturo
Colle Malavista
1276 m
Filippa Ecce Homo
Mesoraca

Panettieri
Carlopoli
Castagna
19
Villaggio Mancuso
Colle Castagna
1299 m
179dir
Colle Ariano
1402 m
F. Simeri
Colle Saetta
1128 m
Petrona
Cerva
Marcedusa

uzzo Sorrastrata
F. Corace
Cicala
Sorbo
Taverna
Albi
Magisano
Andali
Belcastro

S. 237

233

KALABRIEN

234

1 cm = 4,2 km 1 : 420.000
0   15 km

Calopezzati
Marina
di Mandatoriccio
S. Elia
8 m
T. Acquaniti
Cariati
Marina
Cariati
Pietrapaola
Colle d. Rose
624 m
Terravecchia
Mandatoriccio
Sorvito
Granato
878 m
Scala Coeli
Serra Ceraso
799 m
Campana
Monte Lelo
529 m
Czo. Cerzullo
532 m
Cozzo di Calamacca
938 m
Monte Mazzagullo
695 m
Umbriatico
Monte Suvaro
631 m
Savelli
Verzino
Pallagorio
Carfizzi
Sant'Antonio
S. Nicola
dell'Alto
Serra Paluri
645 m
Madonna dell'
Acqua Dolce
Le Murgie
404 m
Castelsilano
Serra di Frea
429 m
Zinga
Casabona
Acerentia
Cerenzia
Caccuri
Santa Maria
della Scala
Serra Militino
177 m
Spinello
Belvedere
di Spinello
Rocca di Neto
Cicoria
Altilia
Cocina
Cotronei
179
F. Tacina
S. Severina
Rocca
bernarda
Petilia
Policastro
109
Monte Fuscaldo
565 m
Madonna di Condolio
Scandale
Serra di Galloppà
179 m
S. Mauro
Marchesato
Timpone Centonze
260 m
ippa
omo
Mesoraca
Papanice
Marcedusa
Termine
Grosso
Cutro
Belcastro
ali
Fallania
196 m
Timpone Tenese
199 m
Magliacane
Steccato
ropani
Calabricata
Botricello
Cropani Marina

Madonna di Manipuglia
Torretta
106
Punta Fiume Nicà
Punta Alice
Crucoli
Madonna di Mare
T. S. Venere
Cirò
Madonna d'Itri
Cirò Marina
Monte Mennola
236 m
T. Lipuda
T. Manzella
Melissa
Torre Melissa
Serra S. Basilio
333 m
Petelia
Strongoli
Marina di
Strongoli
Serra Mulara
189 m
Fasana
F. Vitravo
F. Neto
Madonna di Condolio
107
Bivio
Passovecchio
106
Crotone
San Leonardo
Timpone Rosso
159 m
Santuario
Hera Lacinia
Capo
Colonna
Salica
S. Anna
Monte Perrotta
172 m
Punta
Scifo
Riserva Naturale
Lago di
S. Anna
Rosito
Antenna
202 m
Vermica
S. Leonardo
di Cutro
Isola di
Capo Rizzuto
Capo Cimiti
Campolongo
Praialonga
L'Annunziata
Marina di
Le Castella
Capo Rizzuto
Capo Rizzuto
Capo Rizzuto

M a r
I o n i o

383
108ter
2

109

235

S. 232

A B C

1

Conca
Serra d'Aiello
Campora S. Giovanni
S. Mango d'Aquino
Martirano Lomb.
S. Mango d'Aquino
Mont
S. Mazze
Nocera Terinese
San Gennaro
Marina di Nocera
Falerna
Falerna
Monte Mancuso 1328 m
Gizzeria
Nic
Falerna Marina
Falerna Scalo
Sambia
Lame

Mar

2

Capo Suvero
S. Eufemia Vetere
Lamezi
Gizzeria Lido
Gizzeria Lido
S. Eufemia Lamezia
Lamezi
Tirreno
Piana di S. Eufemia
Maida Marina
Golfo di
S. Eufemia
Piana di Angitola
A3
Filadelf
Fra
An
Pizzo
Oasi del dell' Ang

3

Piedigrotta
Torre Rocchetta
Punta di Safò
Pizzo
Briatico
Vibo Marina
Monte Santo 216 m
Punta di Zambrone
San
Briatico Vecchia
Vibo-Pizzo
Maierato
Marina di Zambrone
Costantino
Longobardi
Zambrone
Cono
Paradisoni
Mantineo
S. Onofrio
S. Onofrio
Filogaso
Tropea
Parghelia
Vena
Vibo Valentia
Santa Maria dell'Isola
Zaccanopoli
Piscopio
Monte la Motta 276 m
S. Nico da Criss
Baia di Riace
San Ruba
Santa Domenica
Orapia
Zungri
Cessaniti
Vazzano
Torre Ruffa
Caria
Cresta di Zungri 608 m
S. Gregorio d'Ippona
Pizzon
Ciaramiti
Serre
San Francesco
Soriano Calabro
S. Nicolò
Torre Marrano
Nao
Filandari
S. Angelo
Ricadi
Spilinga
Mileto
Francica
Ciano
Capo Vaticano
Coccorinello
Rombiolo
Paravati
Sorianello
Grotticelle
Monte Poro 710 m
S. Maria
Dasà
Arena
Colle 1
Marina Joppolo
Caroniti
Madonna del Carmine
S. Calogero
Mileto
Acquaro
Joppolo
Badia
Limpidi
Cola Bel 1150
Torre Parnaso
Limbadi
Calimera
Monte Bazia 251 m
S. Pietro di Carida
Dinami

4

Nicotera
Nicotera Marina
Candidoni
Serrata
Riserva Naturale Marchesale
Monte Croc 1276 m
Golfo di
Gioia
F. Mesima
Rosarno
Laureana di Borrello
Feroleto d. Chiesa
S. Ferdinando
S. 238
Rosarno
F. Metramo
Bosco
Galatro
F. Metramo

Mar Tirreno

S. Ferdinando

Carno

S. 236

Rosarno

Bosco Selvaggio

281

Meli

Drosi

Pol

Marina di Gioia Tauro

Gioia Tauro

Metauro

Rizziconi

Amato

Gioia Tauro

Taurianova

Ci

Pietrenere

Tauroentum

Lido di Palmi

Cirello

536

Capo Barbi

Palmi

Palmi

Monte Sant'Elia

Seminara

Terrano

Sappo M

Barritteri

Castellace

Varapodio

Oppido

Mamerto

Mamertina

Grimaldo

S. Elia

Melicuccà

S. Procopio

Cosoleto

111dir

Par

Bagnara Calabra

Bagnara C.

112

Scido

S. Cristina
d' Aspromonte

Aria

Mar

Tirreno

Sparta

Monte Pace
419 m

Castánea
d. Furie

113dir

Mortelle

Faro Sup.

Monte Ciccia
609 m

Contemplazione

Ganzirris

Cannitello

Punta del Faro
o Capo Peloro

Scilla

Costa Viola

18

A3

Solano

S. Eufemia
d'Aspromonte

Sinopoli

Delianuova

183

Piani d'Aspromonte

Monte Scorda
1572 m

SICILIA

Scilla

Melia

Salvatore
dei Greci

Villa
S. Giovanni

Villa S. Giovanni
Campo Cal.

Campo
Calabro

S. Nicola

S. Roberto

Monte Mannoti
982 m

Pizzo
Garibaldi

Monte Cannavi
1668 m

S. Trada

Messina Boccetta

A20

113

Catarratti

Messina

Messina Gazzi

Catona

Gallico

Calanna

Laganadi

S. Stefano
in Aspromonte

Gambarie

Santuario di Polsi

Monte Antenna
1426 m

184

Galati

A3

S. Alessio in
Aspromonte

Podorgoni

183

Monte Basilico
1738 m

Montalto
(M. Cocuzza)
1955 m

Monte F
1146

Contesse

Gallico Marina

Monte Chiarello
760 m

Straorini

Sella Entrata

Fra di Butran

Pentimele

Porto
Orti

T. Calopinace

Monte Micheletta
1507 m

Puntone Galera
1437 m

Monte lo.
1128 m

Tremestieri

Messina Sud-
Tremestieri

A20

114

Reggio di

Reggio di C.
Portanova

Consolazione

dell'Aspromonte

Moleti

V. Petrata

Spirito Santo

Cataforio

Cardeto

Monte Cavallo
1333 m

Monte Sc
105

Ponte
S. Stefano

Reggio
di Calabria

Calopinace
Modena

Arangea

Monte S. Angelo
1085 m

Roghudi

Roccaforte
del Greco

Briga Marina

Madonna del Buonconsiglio

S. Gregorio

Armo

Oliveto

Monte Embrisi
1051 m

Monte Scafi
1139 m

Gallicianò

Monte Ceras
1013 m

Piet

Pellaro

106

Madonna
dell'Oleandro

Bagaladi

Condofuri

Bova

Punta di
Pellaro

Lume

Monte Scarrone
781 m

S. Lorenzo

Amendolea

Palizzi

Bocale

Motta

Chorio

S. Pantaleone

Fra. S. Pasquale

Masella

Montebello
Ionico

S. Carlo-
Passomasseria

Palizzi
Marina

Lazzaro

Saline
Joniche

Pentedattilo

Prunella

Condofuri
Marina

C o

Capo dell'Armi

183

Roghudi

106

Bova
Marina

S. Leonardo

Melito di
Porto Salvo

Marina di
S. Lorenzo

D

Ireana
Borrello

Monte Crocco
1276 m

Fabrizia

Nardodipace

E

**Marmarico-
Wasserfall**

Pazzano

S. 237

Punta Maria
della Stella

F

109 m

Guardavalle

Punta Stilo

F. Metramo

Monte Lievoli
1020 m

Paradiso

Fra. Allaro

Monte Mammicomito
1048 m

Monasterace

Kaulonia

Monasterac

Iatro

Maropati

Monte Seduto
1143 m

Monte Granieri
857 m

Camini

Stignano

Riace

Ellera

110

Cinquefrondi

Giffone

Piano d.
Limina

281

Ursini

Placanica

SS. Cosma e Damiano

1

S. Giorgio
Morgeto

Monte Cappellano
810 m

Monte Elia
864 m

Monte Limina
889 m

Caulonia

Monte Singa
193 m

Riace Marina

S. M. d. Catena

Mammola

Grotteria

Monte S. Elia

S. Giovanni
di Gerace

Monte S. Andrea
893 m

Foca

Bosco
Catalano

Marina di Caulonia

I. Mercante
952 m

Canolo 746 m
Nuovo

Gioiosa
Ionica

Iunchi

2

Monte Bruverelio
870 m

Canolo

Agnana
Calabra

281

Giardini di
Gioiosa

Roccella
Ionica

Ostello

Monte S. Ionio
647 m

Siderno
Sup.

Marina di
Gioiosa Ionica

Antonimina

Gerace

111

Siderno

Ionionale

Monte Petrondo
808 m

Cimina

Fra. di Condojanni

Locri

Gioppo

Portigliola

S. Ilario
d'Ionio

Locri Epizefiri

2

Monte Canolo
586 m

Benestare

Ardore

Marina di S. Ilario

106

Careri

Bovalino

Ardore Marina

Luca

112

Fra. Bonamico

Bovalino Marina

Casignana

Bianco

affa
nco

3

Fra. la Verde

Africo
Africo Nuovo

Capo Bruzzano

uzzano

zano
ffirio

Marinella
di Bruzzano

M a r

Razzà
**Torre
ongara**

106

Brancaleone Marina

I o n i o

ati

Gelsomini

i Capo Spartivento

4

Abbildungsnachweis

Raffaele Celentano/laif, Köln   Titelbild, Umschlagklappe vorn und hinten, S. 1, 2/3, 10, 12, 16, 18, 19, 30, 34, 37, 39, 43, 44, 49, 52, 54, 57, 62, 70, 79, 88/89, 92, 95, 96, 100, 111, 113, 120, 127, 141, 142, 144, 147, 150, 153, 158, 164, 169, 171, 179, 186, 189, 191, 199, 209, 210

Ekkehart Rotter, Bad Vilbel   S. 21, 36, 91, 105, 107, 114, 123, 128, 135, 182, 206

Abbildungen

Titelbild: Tropea mit Isola Bella

Umschlagklappe vorn: Peperoncini-Angebot im Lebensmittelladen

Umschlagklappe hinten: Orangenplantage

Vignette S. 1: Fußbodenmosaik in der Kirche Sant'Adriano in San Demetrio Corone

Seite 2/3: Briatico, Blick auf La Rocchetta

Kartografie

DuMont Reisekartografie
    © DuMont Reiseverlag, Köln

Grazie: Ein herzliches Dankeschön für ihre Unterstützung bei der Arbeit an diesem Buch gilt: Maria e Angelo Stumpo, Concetta Carioti, Maria Pata, Pasquale Lorenzo, Maria Teresa Barini, Pasquale Fillardi, Francesco Vallone, Francesco Cirillo, Signora Carioti, Tommaso Leone, Marcella Romano, meinen Eltern, Heidemarie und Oskar Olaf Witten, Angelika Bartoldus, Stefani Brinck, Tim Seckert, Gabriele Nagath, Kirsten Hemling, Ute Schwarz und Ralf Kelle. Zu guter Letzt ein Dank an Giovanni Bosk, der mich mit *bella Calabria* bekannt gemacht hat.

© 2003 DuMont Reiseverlag, Köln
Alle Rechte vorbehalten
Grafisches Konzept: Groschwitz, Hamburg
Druck: Rasch, Bramsche
Buchbinderische Verarbeitung: Bramscher Buchbinder Betriebe

Printed in Germany   ISBN 3-7701-5989-6